# 古典文獻研究輯刊

## 二二編

潘美月・杜潔祥 主編

### 第 **10** 冊

## 陸楫及其《古今說海》研究（上）

李昭鴻 著

國家圖書館出版品預行編目資料

陸楫及其《古今說海》研究（上）／李昭鴻 著 -- 初版 --
新北市：花木蘭文化出版社，2016〔民105〕
目 6+178 面；19×26 公分
（古典文獻研究輯刊 二二編；第 10 冊）
ISBN 978-986-404-503-7（精裝）
1.（明）陸楫 2. 筆記小說 3. 文學評論
011.08                                                    105001918

ISBN-978-986-404-503-7

9 789864 045037

古典文獻研究輯刊
二二編　第十冊　　　　　　ISBN：978-986-404-503-7

陸楫及其《古今說海》研究（上）

作　　者　李昭鴻
主　　編　潘美月　杜潔祥
總 編 輯　杜潔祥
副總編輯　楊嘉樂
編　　輯　許郁翎
企劃出版　北京大學文化資源研究中心
出　　版　花木蘭文化出版社
社　　長　高小娟
聯絡地址　235 新北市中和區中安街七二號十三樓
　　　　　電話：02-2923-1455 ／傳眞：02-2923-1452
網　　址　http://www.huamulan.tw 信箱 hml 810518@gmail.com
印　　刷　普羅文化出版廣告事業
初　　版　2016 年 3 月
全書字數　324677 字
定　　價　二二編 15 冊（精裝）新台幣 28,000 元

# 陸楫及其《古今說海》研究（上）

李昭鴻　著

## 作者簡介

李昭鴻，一九七三年生於臺北市。中國文化大學中國文學系文學博士，師事劉兆祐教授和王國良教授，研究以中國古典小說、文獻學和詩話學為主要範疇。曾任實踐大學博雅學部兼任助理教授，現職為新生醫護管理專科學校通識教育中心專任助理教授，教授「小說欣賞」、「中國文學賞析」和「靈修宗教與文學」等專業課程。著有《孟棨《本事詩》研究》（碩士學位論文）及學術論文二十餘篇。

## 提　　要

　　《古今說海》乃中國第一部小說叢書，旨在成為古今說部之淵藪。由陸楫號召姜南、顧定芳、談萬言、黃標、姚昭、瞿學召、唐贊、顧名世、沈希皋、余采、董宜陽、張之象、瞿成文，或提供藏書，或負責謄錄，或擔任校勘，共同編纂完成。明朝嘉靖二十三年（1544），雲間陸氏儼山書院家刻刊行。全書一百四十二卷，分「說選」、「說淵」、「說略」、「說纂」四部，採以類相從方式，分為小錄、偏記、別傳、雜記、逸事、散錄、雜纂七家，收錄唐宋到明代文言小說一百三十五種，在小說史和叢書史上皆有值得關注之處。

　　本書分成上、下兩篇，各四章，第九章則為結論。上篇按照分章分節方式，依所標目予申論考證；下篇遵循《古今說海》分四部七家原則，考述各子目書之作者、傳本和內容。茲將本書要點分述如下：

　　首先，陸楫乃促成《古今說海》刊刻成書的關鍵人物，故先針對其家世背景與生平事蹟進行探索，再就所著作《蒹葭堂稿》，概述其命名、成書、版本和內容，並探討陸楫的政治、經濟、史學、民族等思想主張。

　　其次，歸納《古今說海》之成書原因，包括出版印刷事業發達、小說纂輯風氣盛行、雲間文人集團推動和陸氏家藏數量充沛。再者，論其編選校勘的動機是出於牟利之需，或為崇尚博雅、廣行好事，且編輯群與陸深父子多存在世交、姻親或師友關係，說明《古今說海》之編纂係屬區域性和集團性的文學活動。

　　其三，《古今說海》雖有還原《昨夢錄》、《清尊錄》撰者與《鄴侯外傳》、《薛昭傳》篇名之例證，又能根據《三水小牘‧王知古》之特殊性質而節鈔改置「說淵部」。然其不題撰人和改題篇名情形嚴重，且偶有篇目重複之現象，反映陸楫等對於作品版權的輕忽與編輯態度的大意。

　　其四，透過對《古今說海》子目書之版本研究，明白《古今說海》主要引據《太平廣記》和《說郛》，間有刪削、脫文或衍文情形。復因《古今說海》具備匯聚資料和保存書籍文獻之價值，提供今本《太平廣記》研究參稽之用，及後世刊刻叢書、類書之珍貴文獻，又收錄許多唐人志怪傳奇和宋代筆記小說的精品，可見兼具學者研究和讀者閱讀之學術和實用價值。

# 上　篇

# 第一章 緒 論

　　《古今說海》乃中國第一部小說類叢書〔註1〕，不論在版本文獻和選書內容方面，都保存許多珍貴資料，在小說史和叢書史上有其重要地位。歷來有關陸楫及《古今說海》之研究，多著眼於陸楫崇奢經濟主張，或泛論《古今說海》之文獻價值，未能針對陸楫的生平世系、陸楫與《古今說海》之關係、《古今說海》所錄各書情形深入探討，致使對陸楫及《古今說海》之瞭解不夠全面，未能給予公允之評價與地位，而有待釐清說明。在此，先將研究動機、目的、方法和成果，前賢研究陸楫及《古今說海》之成果，陳述如下：

## 第一節　研究動機與目的

　　中國古代小說被視爲小道的傳統由來已久，或從佐助史書還原歷史的角度視之，未能給予適切的評價和應有的重視，連帶影響收藏保存小說的態度，

---

〔註 1〕 從收書體例以觀，古代叢書分爲兩大類，一是彙編叢書，即綜合性叢書，一是類編叢書，即專門性叢書。類編叢書又根據四部性質分爲經類叢書、史類叢書、子類叢書和集類叢書，其中，子類叢書則再按照內容分爲諸子百家兼收的諸子叢書、專收某一子書的叢書和某一學科方面的叢書，而《古今說海》乃被歸爲子類叢書的小說家類。又從四部分類來看，《古今說海》所收書雖橫跨史、子二部，甚至包括經部樂之書，但以古小說發展常出入史、子二部，且全書中只有《樂府雜錄》和《教坊記》曾被歸入樂類，故李春光等成多認爲《古今說海》乃中國最早的小說類叢書。文參李春光著：《古籍叢書述論》（瀋陽：遼瀋書社，1991 年），頁 73；郭雅雯著：《明代叢書研究》（臺北：淡江大學中國文學研究所碩士論文，2005 年），頁 128～130 和俞頌雍著：《古今說海考》（上海：華東師範大學中國語言文學系碩士論文，2007 年），頁 1。

造成小說在流傳過程中散佚情形嚴重。宋元以降，隨著印刷技術的革新與開創，一新書籍的出版形式與流通市場，或有書賈出於牟利之需，變換篇目、內容以眩惑讀者耳目，企圖混淆視聽，增加研究古代小說的挑戰性與困難度，卻也指引研究小說的途徑——從版本文獻的角度著眼，先予探析各版本優劣、考辨其內容真偽，方得研討是書思想。

　　特別自明代以來，印刷出版技術的革新與發展，社會經濟的穩定繁榮，小說觀念改變及其接受度的提高，助長小說創作與刊刻前作風氣的興盛。尤其叢書匯刻體例完備，幫助小說的保存與流傳，其於傳抄刊刻過程的疏失，則引發各版本內容差異的結果。雖然透過對同一部書不同版本之比對，得檢覈其彼此間的優劣得失，以備文本討論之擇取和研究過程之參酌，避免得到錯誤結論，卻不得據此推論各叢書版本之良窳。唯有提出更多例證說明，甚或就各叢書子目書逐一檢視，才能得到詳實的評價。因此，若能充分理解各叢書的文獻價值，明瞭該叢書引據版本和影響後世情形，愈能快速掌握所欲研究作品的版本狀況，作為援引論述的依據，是益突顯叢書研究的重要性。然而，歷來有關叢書研究，多只集中在《百陵學山》、《格致叢書》、《寶顏堂秘笈》、《祕冊匯函》、《津逮秘書》、《函海》、《經訓堂叢書》、《士禮居叢書》、《粵雅堂叢書》、《滂喜齋叢書》、《古逸叢書》等少數幾部作品，明顯有涵蓋未廣之事實。又縱使能夠得到研究者青睞，卻往往因為卷帙繁多關係，僅能針對叢書裡的局部探索，或進行概論式地介紹，未能就各子目書的差異性說明，藉此得到適切且客觀評價，是不免令人感到遺憾。

　　尤其《古今說海》自明嘉靖間刊刻以來，歷經重刊、影印和重排等過程，各子目書又輒為後代叢書、類書收錄，說明《古今說海》具備相當程度的重要性與實用性，在小說史和叢書史上都具有開創性的地位。若再考索各子目書的版本優劣情形，實係因書而異，無法一概而論，復以從事說部研究者輒論及此一版本，是突顯研究《古今說海》的迫切性。但從今人研究以觀，不管是陸楫或《古今說海》，其所受到的重視度卻未相稱。特別是部分排印本點校不精、脫漏訛舛嚴重，近代圖書目錄或著錄錯誤、妄添撰人，學者研究引據時或未按原典覆核，或僅就所見叢書之部分以偏概全，或強作解人而大發厥詞，或迷信權威而人云亦云，致使研究者對《古今說海》普遍存在妄題撰人、刪削割裂、不取全書等印象。細究箇中原委，發現對《古今說海》的一些似是而非的價值判斷，有許多乃是陸楫生活時代的侷限，需待釐清說明始

能給予公允評論，或有部分乃引據後世版本問題，與明刊本《古今說海》的實際情形並不相符。緣於陸楫《古今說海》之有值得關注處而如前所述，縱使在編輯過程存在一些弊病，卻只有透過深入研究始能客觀賦予應有地位。此乃筆者萌生研究陸楫及其《古今說海》之動機，相信對其人其書的研究成果，可幫助瞭解陸楫、《古今說海》和所錄各書之價值與貢獻。

## 第二節　文獻分析與探討

　　肇因於清代以前對叢書概念模糊〔註2〕，致使對叢書的研究起步較晚。隨著叢書體例、特色、價值、影響等之釐清，完足建構叢書發展史的脈絡體系，奠定叢書在圖書出版史、古籍文獻史的意義後，單部叢書的獨特性與不朽性，於焉在縱向的歷史傳承和橫向的空間廣度裡突顯。當代有關陸楫及其《古今說海》之探討，輒從其人或其書擇一深論，或著眼於陸楫的崇奢思想，探討明代經濟發展和消費情形，間及其家世背景和生平資料；或探討《古今說海》成書、著錄及作偽等問題，並言其特色、影響和價值所在。以下析論之：

### 一、陸楫經濟思想之研究成果

　　《古今說海》雖由陸楫、黃標、顧定芳、董宜陽、張之象等共同編撰完成，唐錦謂其乃陸楫「集梓鳩工，刻置家塾」〔註3〕；《四庫全書總目·古今說海》提要謂爲「明陸楫編」〔註4〕；顧千里轉述西山堂邵松巖語云：「雲間陸楫儼山書院《古今說海》，明嘉靖時匯刻也」〔註5〕；明清公私家藏目錄和

---

〔註2〕　明人對叢書體例的界定與認知，雖能從其目錄著作的分類情形窺見一二，卻要到清代以後才有具體討論。劉寧慧的研究指出：「清代乾嘉以後，所謂『樸學』的考據學風蔚起。學者治學往往窮畢生心力，用功於經史、小學、名物制度等的考證與辨疑。……叢書這種新體例的討論便首見於這些著作中。……從王鳴盛、錢大昕至民國初年的葉德輝、傅增湘，他們或在自己的筆記雜著中考辨叢書的相關問題，或藉由刊刻叢書的序言呈現對叢書的思考。」文參劉寧慧著：《叢書淵源與體制形成之研究》（臺北：臺灣師範大學國文研究所博士論文，2001 年），頁 55。

〔註3〕　（明）唐錦撰：〈古今說海引〉，見（明）陸楫編：《古今說海》（臺北：國家圖書館藏明嘉靖甲辰（1544）雲間陸氏儼山書院刊本）。

〔註4〕　（清）永瑢等奉敕著：〈古今說海提要〉，見（明）陸楫編：《古今說海》（臺北：臺灣商務印書館，1983 年影清文淵閣《四庫全書》本），頁 231。

〔註5〕　（清）顧千里撰：〈重刻古今說海序〉，見（明）陸楫編：《古今說海》（臺北：

民國以來資料庫索引亦多將《古今說海》之著者題爲「陸楫」，足見陸楫於《古今說海》之成書過程居功甚偉。

綜觀近世論及陸楫之研究，多著重於其《蒹葭堂稿》卷六〈論治者類欲禁奢以爲財節〉和卷七〈太祖高皇帝生二十四子〉、〈今世士大夫居鄉居官，相反有二事〉三則有關經濟思想之論述，主要論文有吳申元〈明代經濟思想家——陸楫〉〔註6〕、林麗月〈晚明「崇奢」思想隅論〉〔註7〕、林麗月〈陸楫（1515～1552）崇奢思想再探——兼論近年明清經濟思想史研究的幾個問題〉〔註8〕、陳國棟〈有關陸楫禁奢辨之研究所涉及的學理問題〉〔註9〕、湯標中〈陸楫論「崇侈黜儉」〉〔註10〕、陳國棟〈從蜜蜂寓言到乾隆聖諭——傳統中西經濟思想與現代意義〉〔註11〕、黃彩霞〈林中的響箭——評明代中葉陸楫的經濟思想〉〔註12〕、林麗月〈蒹葭堂稿與陸楫反禁奢思想之傳衍〉〔註13〕、劉志丹〈明朝中後期崇奢思想探析——以陸楫、郭子章爲例〉〔註14〕和周巍《浦東文脈：陸深陸楫家學研究》〔註15〕。各論著或偏重陸楫經濟主張之思想來源及其傳衍，明代宗祿問題造成國家財政負擔之解決，「奢易爲生」說之可行性與否，陸楫崇奢黜儉思想與曼德維爾（Bernard Mandeville，1670～1773）《蜜蜂寓言》（Fable of the Bees）之比觀等議題，兼論明代經濟發

傅斯年圖書館藏清道光元年（1821）莒溪邵氏西山堂重刊本）。

〔註6〕 吳申元撰：〈明代經濟思想家——陸楫〉，《學習與探索》1982 年第 3 期，頁 95、98～99。

〔註7〕 林麗月撰：〈晚明「崇奢」思想隅論〉，《歷史學報》第 19 期（1991 年 6 月），頁 215～234。

〔註8〕 林麗月撰：〈陸楫（1515～1552）崇奢思想再探——兼論近年明清經濟思想史研究的幾個問題〉，《新史學》第 5 卷第 1 期（1994 年 3 月），頁 131～153。

〔註9〕 陳國棟撰：〈有關陸楫禁奢辨之研究所涉及的學理問題〉，《新史學》第 5 卷第 2 期（1994 年 6 月），頁 159～179。

〔註10〕 湯標中撰：〈陸楫論「崇侈黜儉」〉，《商業研究》1995 年第 6 期，頁 31～32。

〔註11〕 陳國棟撰：〈從蜜蜂寓言到乾隆聖諭——傳統中西經濟思想與現代意義〉，《當代》第 142 期（1999 年 6 月），頁 44～61。

〔註12〕 黃彩霞撰：〈林中的響箭——評明代中葉陸楫的經濟思想〉，《安徽史學》2003 年第 3 期，頁 99、108～109。

〔註13〕 林麗月撰：〈蒹葭堂稿與陸楫反禁奢思想之傳衍〉，見陳國棟、羅彤華主編：《經濟脈動》（北京：中華大百科全書出版社，2005 年），頁 244～259。

〔註14〕 劉志丹撰：〈明朝中後期崇奢思想探析——以陸楫、郭子章爲例〉，《中國集體經濟》2010 年第 28 期（2010 年 10 月），頁 83～84。

〔註15〕 周巍著：《浦東文脈：陸深陸楫家學研究》（上海：上海師範大學中國古代文學博士論文，2014 年）。

展和消費情形，陸楫家世背景及生平資料，《蒹葭堂稿》其他思想內容與價值。所著重點，主要從經濟思想角度，形塑陸楫在歷史上的地位。

## 二、《古今說海》之研究成果

近世有關《古今說海》之評論，除唐錦〈古今說海引〉外，應以胡應麟《少室山房集》卷一○四〈讀古今說海〉為最早。明清以來各重刊序跋和目錄讀書記之介紹，雖間論《古今說海》的著作緣起和內容特色，屬提要、敘錄式的說明，卻仍具備文獻意義。但若就《古今說海》之研究成果，得從今人論著談起，至其成果展現如下：

### （一）通論古代叢書之著作言

《古今說海》選錄作品以小說為主，性質則屬叢書類，故今人著作中國小說、明代小說、文言小說或傳奇小說等專著論文時雖偶有提及，卻多只有一語帶過，沒能深入探討。如陳文新《中國傳奇小說史話》認為《古今說海》「說淵部」和《文苑楂橘》、《豔異編》等傳奇文選集「擴大了唐人傳奇的影響，促成明代傳奇小說創作的再度復甦」〔註16〕。丁峰山〈宋代小說在中國小說史上歷史地位的重新估價〉主張《古今說海》與《虞初志》、《顧氏文房小說》、《國色天香》等小說選本將宋、元舊作重新出版，促進小說流通，擴大影響力，拓寬人們的閱讀和創作視野，推動明清的小說發展〔註17〕。宋莉華《明清時期的小說傳播》論「影響深遠的明清小說類叢書」亦標舉《古今說海》是明代小說類叢書的起點，《稗乘》、《稗海》、《古今名賢說海》等乃繼之迭起，與《顧氏文房小說》、《五朝小說》對後世小說類叢書之影響相當〔註18〕。陳國軍《明代志怪傳奇小說研究》論「嘉靖時期的小說匯編」時，以《古今說海》的特色在選錄書乃兼顧古今經典，言其對「列朝小說」系列的匯編產生影響〔註19〕。

《古今說海》既部居於叢書類，對後世影響如前述而可見一斑，因此專

---

〔註16〕陳文新著：《中國傳奇小說史話》（臺北：正中書局，1995年），頁402。

〔註17〕丁峰山撰：〈宋代小說在中國小說史上歷史地位的重新估價〉，《福建師範大學學報（哲學社會科學版）》2003年第6期，頁77。

〔註18〕宋莉華著：《明清時期的小說傳播》（北京：中國社會科學出版社，2004年），頁218～225。

〔註19〕陳國軍著：《明代志怪傳奇小說研究》（天津：天津古籍出版社，2006年），頁285～291。

論叢書之著作亦多提及，如李峰〈中國古今叢書述略〉歸納《古今說海》之
內容包括歷史掌故、典章制度、異域風土、奇聞趣事，強調具有文史資料價
值〔註20〕。李春光《古籍叢書述論》論明代「專門性叢書」時，亦以《古今
說海》與《顧氏文房小說》、《稗海》同為小說類叢書中，質量較高，且較有
名之作〔註21〕。劉兆祐〈論「叢書」〉言及叢書之缺失時，則例舉《古今說海》
存在誤題作者和漏題撰人之問題〔註22〕。吳哲夫〈四庫全書館臣處理叢書方
法之研究〉論四庫館臣選錄叢書之原則、對叢書之隸類、摘取叢書子目書分
散著錄和處理違礙文字情形，亦皆以《古今說海》為例證說明〔註23〕。彭邦
炯《百川匯海——古代類書與叢書》謂《古今說海》是一部以說部為主的小
說叢書，認為陸楫將全書分為「說選」、「說淵」、「說略」、「說纂」四大部分，
在體例上有所創新，是明代中期很有影響力的叢書〔註24〕。郭雅雯《明代叢
書研究》以解題方式書寫，參據《叢書大辭典》和《中國叢書綜錄》將叢書
體式分為彙編和類編兩種，將《古今說海》置於「類編－子類叢書－小說」
中的第一部，且在介紹《古今說海》之名稱、編者、版本、內容、編輯過程、
體例特色等時，言其乃明代最早的小說類叢書〔註25〕。秦川《中國古代文言
小說總集研究》以《古今說海》屬叢書性質的小說總集，肯定《古今說海》
在分類家數時有獨創想法，特色為所錄書籍具有較強的小說性〔註26〕。

### （二）專論《古今說海》之著作言

　　有別於從叢書研究的角度，總結《古今說海》在小說史和叢書史的價值
和影響，此處以研究論著之篇名或書名中，即標舉以《古今說海》為討論對
象者，發表在期刊上者有五篇：

　　鄧夏〈明本古今說海及其篇目〉：此乃今人專論《古今說海》之最早作
品，文中略述陸楫家世及著作，抄錄提供《古今說海》底本和校書者姓名，

---

〔註20〕李峰撰：〈中國古今叢書述略〉，《河南圖書館學刊》1989 年第 3 期，頁 51。

〔註21〕李春光著：《古籍叢書述論》，頁 73～75。

〔註22〕劉兆祐撰：〈論「叢書」〉，《應用語文學報》創刊號（1999 年 6 月），頁 22。

〔註23〕吳哲夫撰：〈四庫全書館臣處理叢書方法之研究〉，《故宮學術季刊》第 17 卷
　　　　第 2 期（1999 年 12 月），頁 24～39。

〔註24〕彭邦炯著：《百川匯海——古代類書與叢書》（臺北：萬卷樓圖書公司，2001
　　　　年），頁 158。

〔註25〕郭雅雯著：《明代叢書研究》，頁 128～130。

〔註26〕秦川著：《中國古代文言小說總集研究》（上海：上海古籍出版社，2006 年），
　　　　頁 78～81。

且羅列明本《古今說海》目錄，便利關心小說史和上海地方文獻者之研究參考〔註27〕。

王義耀〈也談古今說海〉：本文從中國古代小說的概念與發展出發，衡之以《古今說海》四部七家之分類和取材，謂陸楫將史部別史類、雜史類和子部裡其他類目作品都歸入小說家類叢書，乃古小說概念不斷變化和異常混亂之結果。再者，以《叢書集成初編》和《中國叢書綜錄》對《古今說海》之選錄和著錄情形，及程毅中《古小說簡目・存目辨證》考辨《古今說海》「說淵部」別傳家錄自《太平廣記》者多改換書名及作者，又其他各家所錄作品亦多有刪削原書現象，歸結《古今說海》在保存史料和校對古籍之缺失與價值所在〔註28〕。

程有慶〈古今說海有無妄題撰人〉：本文主要對王義耀〈也談古今說海〉評論陸楫妄題撰人進行澄清。作者舉明嘉靖本和清道光本為例，說明《古今說海》編輯上的問題在妄制篇目，認為今人誤解《古今說海》妄題撰人，恐怕是受到《中國叢書綜錄》題署「說淵部」作品時多著錄作者姓名，卻未能針對不同版本差異，在目錄中分別著錄之影響所致〔註29〕。

李昭鴻〈從《古今說海》的版本差異論清代處理違礙字詞政策的發展——以嘉靖本、文淵閣本、文津閣本和道光本「說選部」為討論範疇〉：本文以明刊本《古今說海》「說選部」為例，提出其中作品有詆毀夷風陋俗之論，因此清乾隆間纂修《四庫全書》時，除禁毀其部分子目書外，還改竄其違礙字詞。由於文淵閣和文津閣本之改竄處及方式並未一致，甚至有前後矛盾情形，知四庫人員評定違礙字詞的標準不一；在處理違礙問題時，或先釐清違礙字詞的內涵，至其改易方式，則只給予原則性的參考，是乾隆朝時禁毀情形之大略。然而道光間邵松嚴重刊《古今說海》時，卻得能按照原樣雕版刊刻，認為是因為漢滿逐漸融合後，民族歧視問題不再那樣敏感，對違礙字詞的敏感度銳減。且當時誨淫、誨盜的小說戲曲猖獗，為整頓世風、轉移人心，清廷查禁改以此類圖書為主。益以西山堂採取影刻刊行，獲得版本學家顧廣圻

---

〔註27〕鄧夏撰：〈明本古今說海及其篇目〉，《圖書館雜誌》1984年第4期（1984年12月），頁28、51～52。

〔註28〕王義耀撰：〈也談古今說海〉，《圖書館雜誌》1985年第2期（1985年5月），頁52～55。

〔註29〕程有慶撰：〈古今說海有無妄題撰人〉，《圖書館雜誌》1986年第1期（1986年2月），頁53。

的推薦，提供爲《古今說海》的品質保證，同時得見清廷不同時期處理違礙字詞的差別〔註30〕。

李昭鴻〈《四庫全書》之異文現象——以文淵閣、文津閣本《古今說海》「說選部」爲討論範疇〉：本文以《古今說海》「說選部」爲討論範圍，根據文淵閣、文津閣本改動嘉靖本情形進行研究，說明除違礙字句外，造成《四庫全書》與底本異文的原因，包括正俗字通用未統一、形近訛誤倒衍脫漏、刪改譯名序跋抬頭和校勘改訂底本誤謬。據此，不僅可以作爲四庫館臣功過論斷的參考，評價文淵閣和文津閣本優劣的依據，使對《四庫全書》異文現象有較爲全面性的瞭解，還能突顯《四庫全書》所收錄叢書在四庫學研究上的價值〔註31〕。

此外，今人專論《古今說海》之學位著作有上海華東師範大學中國語言文學系碩士論文——俞頌雍《古今說海考》。本論文主要就背景的考察、文本的細察和版本的翻檢，針對《古今說海》之成書、著錄和作僞問題研究，提出《古今說海》有保存大量唐傳奇的經典文本、鞏固明代文言小說的陣地和地位，及引發後世作僞風潮之結論。

## 第三節　研究方法與成果

基於前述的研究動機與目的，過去探討《古今說海》之侷限，和作品無法獨立於編撰者之外的認知，本書的研究方法和預期成果，係先以陸楫及編輯群爲論述對象，再針對《古今說海》及其子目書逐部討論，最後歸結陸楫等及《古今說海》的貢獻和價值。

### 一、研究範圍和方法

本書以「陸楫及其《古今說海》研究」爲題，命題上承襲明清以來公私家藏目錄對《古今說海》之著錄方式，將其著作權歸屬於陸楫，但在探討時則求諸實事，推而及其編輯群體，期能針對陸楫及《古今說海》深入研究。

---

〔註30〕 李昭鴻撰：〈從古今說海的版本差異論清代處理違礙字詞政策的發展——以嘉靖本、文淵閣本、文津閣本和道光本「說選部」爲討論範疇〉，《東吳中文學報》第 26 期（2013 年 11 月），頁 161～186。

〔註31〕 李昭鴻撰：〈四庫全書之異文現象——以文淵閣、文津閣本古今說海「說選部」爲討論範疇〉，《東吳中文學報》第 29 期（2015 年 5 月），頁 169～196。

本書除上、下兩篇各四章外，另有第九章載其結論。上篇各章採取分章分節方式，依所標目予申論考證：第一章緒論，說明本書的研究動機、目的、方法、成果和回顧文獻；第二章針對陸楫的家世、生平、著述與思想論述；第三章透過《古今說海》的成書經過、編纂情形和版本流傳予分析考察；第四章歸納《古今說海》的價值與缺失。下篇之第五至第八章，按照《古今說海》分四部七家原則，考述各子目書之作者、傳本和內容。上、下篇之論述方法雖不相同，實則互為表裡，得彼此參證。結論處則總結本書要點、尚待解決之問題和研究主題之未來發展。

經由篇章安排之說明，洞見上、下兩篇的關係後，筆者撰述本書之方法，主要以陸楫的家世背景為核心，運用傳統批評法，結合歷史與地理等外緣因素一併探討，提供認識《古今說海》之成書環境及時代意義。接著以陸家為核心，考察陸深父子交遊對象所撰祭文、墓誌銘和生平傳略等資料，考索陸楫〈古今說海校書名氏〉所列出藏書和校勘者之生平經歷及彼此關係，闡明《古今說海》之版權歸屬、著述內涵和編纂動機。再者，《古今說海》原係鴻篇鉅制，翻刻和重新排印頗多，造成閱讀比勘時的繁瑣，唯有選擇善本而論之，才不致於因為翻刻或排印者的錯誤，影響判讀結果。據此，從目錄、版本學的角度，以明嘉靖二十三年儼山書院家刻為底本，逐一考辨《古今說海》子目書之作者生平、版本源流和思想內容，並與其他相關類書、叢書比較分析，明其優劣，互見得失。最後從《古今說海》之編纂體例及價值與影響，給予《古今說海》在歷史上的客觀地位和應有評價。

## 二、研究評估與成果

有鑒於過去詮釋陸楫與《古今說海》者之侷限，或著眼於陸楫的經濟思想，或僅解決「說淵部」中唐人傳奇問題，或強調刪削文句與不著撰人現象，未見有做整體性的研究，造成對陸楫和《古今說海》之誤解或認識不清。因此，本書從考述陸楫的生平世系與時代背景起始，藉以瞭解陸楫在政治、經濟、史學、民族等方面之思想與成就，和《古今說海》的成書動機、著述內涵、刊刻情形與編輯群體之特質。

其次，從《古今說海》四部七家著錄書目方式、收錄書籍內容和纂輯體例規範，剖析並呈現存在於部與部之間的關係和原則，探討造成節鈔和篇目重複現象之根柢。同時歸結《古今說海》子目書之不著撰人及出處情形，

係是輕忽著作版權所致，至若改題篇名現象，則是出於牟取利益的考量，使相稱明人好奇尚博的風氣，藉此增加讀者的興趣，提高《古今說海》的銷售量。

再者，詳察明清以降公私家藏書目錄著錄《古今說海》情形，得知《古今說海》自成書後，約五十年間已經流傳至江浙、兩湖地區，尤其道光本重刊發行後，更成為後世出版社重排、重印的依據，擴大《古今說海》的流傳範圍。經比對《古今說海》和所據原本，及與明清其他叢書、類書之版本差異，提點今人研究《古今說海》及其子目書在使用時所需注意事項，突顯《古今說海》對後世之影響。

由於《古今說海》具備提供校讎、輯佚、辨偽等功用，其版本文獻和選書內容都頗有可觀，卻因為編纂過程未盡嚴謹，引據刊刻未皆為善本，歸納得到《古今說海》在小說史、叢書史和文獻研究之價值與缺失。最後總結前述具體、可觀的研究成果與發現，期能對於陸楫及《古今說海》有完整客觀的認識，裨益研究明代文人集團、江南藏書文化、陸楫思想主張，以迄明代小說理論等相關主題時，能藉此找到支持論據。同時指引日後研究者去取《古今說海》本的依據，為論及《古今說海》子目書之學者，提供目錄卷次和版本流傳資料，成就本書在文獻研究方面的貢獻。

# 第二章　陸楫之生平與著述

　　雲間（今上海）陸氏家族的先世雖可遠溯至三國時代，然其成為科甲世家、詩禮之族，卻要到進入明朝後才漸備規模〔註1〕。陸楫祖父平原為明初富商，但家學淵源，雅好詩文筆翰，子深耳濡目染，攻讀詩書，後以科舉及第，係當時著名詞臣。陸楫之科舉宦途雖不若其父順遂，然天性好學，除諸經子史外，稗官虞初之類，亦皆有涉獵。所著《蒹葭堂稿》一書，收錄詩詞、序跋、祭文、文書和雜著作品，書載〈宋南遷解〉、〈華夷辯〉、〈隱惡辯〉和部分雜著條文，更為陸楫闡述政治、經濟、史學和民族思想之所在。

## 第一節　陸楫家世

　　元朝末年，陸龜蒙（？～881）十三世孫子順由河南開封遷居松江府華亭縣馬橋鎮（今上海），子順即陸楫六世祖。子順生餘慶，餘慶生德衡，德衡號竹居，仕元為承事郎，復徙邑治黃浦東洋涇之原，勤於藝植，業稍復振，積

---

〔註1〕 明末清初上海人葉夢珠即言：「東門陸氏，自文裕公儼山先生於宏治辛酉應天發解，乙丑登進士，官至大宮詹，晉階少宗伯，其後代有聞人。如小山楫、舜陵岑，雖不登科甲，俱以才名顯。至萬曆中，從孫襟玄與侄起龍，先後登乙榜，為邑令。起龍字雲從，弟起鳳字雲翔，以明經薦，雲翔仲子鳴珂，成順治乙未進士，司教廣陵，旋以奏銷註誤，家居幾二十載。至康熙十五年丙辰，授例納復，補常州教授。十七年，陞國子監博士。自文裕迄今百七十餘年，衣冠奕葉，子孫蕃衍，舊第寬廣，至不能容，因而別營第宅者甚眾。若其聚族所居，從未有他姓竄入，亦吾鄉所僅見者。」文見葉夢珠輯：〈門祚二〉，《閱世編》（臺北：成文出版社，1983年《上海掌故叢書》影民國24年（1935）鉛印本），卷5，頁445。

功累仁，貽圖裕後。

德衡生瀋，瀋字廷美，號筠松。筠松自少倜儻奇偉，弱冠北遊至梁而還。爲人崇德秉禮，以古人規範自持，舉止言談，儼然鄉閭師表，每見後生晚輩，必教之向學。益以天賦不群，博學好古，多留心農卜雜家之說，聲望隱然，爲人敬服。尤精於鑑賞眞贗，望而知之，每見法書、名畫、鼎彝，必重價購取。平昔則慷慨任眞，信義自持，能赴人之急難，卒然捐數十百金亦無吝情。

筠松生平（1438～1521），平字以和，號竹坡。陸平即陸楫之祖，少從鄉先生治經學，後遠游出入兩都，北走三邊諸關，南泛沅湘之間，精擅理財，積致千金，爲當時富商。凡遇義事輒慷慨解囊，賙恤鄉中貧乏、死亡者尤多，甚或散施無餘。平居與名公卿遊，無不受推崇敬愛，奉賓客務盡其歡，復嘗輸粟賑邊，得償品官章服。陸平生性勤愼誠恪，思致極精，凡器物房舍經其指授，罔不造妙。嚴謹持重，不喜人犯過，子姪行之違禮，即形於顏色，不少寬恕，俟其改遷，則歡然如舊；至有善事義舉，則讚不容舌，故親黨無怨之者。陸平待親故甚有恩禮，歲時祭祀必敬，每及先世遺事，必愴然流涕。早年善於筆札，眞、行、草書皆有晉唐人風致；晚年尤精明，時時燈下讀細書，或作蠅頭字滿紙。典章條格，亦習熟通練，若素宦然，循其言可以運掌而效，不得少試。初娶瞿晟女，生沺（字宗海，號友琴先生，1461～1519）；繼娶吳氏，生深；妾高氏，生二子：曰溥、曰博。後以子深顯貴，正德七年（1512），敕封翰林院編修文林郎。

陸深（1477～1544），初名榮，字子淵，號三汀，因居第北隅輦土築五岡，望之儼然眞山，遂號儼山。陸深即陸楫之父，長身玉立，神采英毅，望之若天人然，凜凜不可冒犯。然性度軒豁，接物明坦，樂善好施，仗義輕財，親友咸樂親之。生性至孝，事父母先意承志，恒恐不及；四時祀享，輒哀戚盡禮。遇諸昆弟暨群從子姪，懇懇然導之爲善；或有小失，則委曲掩覆，諷其悔悟；稍涉非義，即閉目搖手，不與相聞，因是族人多知敬畏。

陸深穎慧迥異他人，五、六歲即能辯字義、誦古詩。幼有器識，與徐禎卿（1479～1511）相切磨，稍長而洞究經史。尤善料度大事，辨析義理，無不出人意表，歐歷外中，多所經涉，學者質疑問難，愈叩而愈不見其窮。除文章禮樂外，刑名錢穀甲兵之類，靡不精練。才思警銳，爲文渾雄典贍，有名於時。論著繁夥，式憲當世，每一篇章出，士大夫輒傳誦推遜。平生敬慕李

泌（722〜789）、韓琦（1008〜1075）、邵雍（1011〜1077）、程顥（1032〜1085）等人，材器志識，與之相類。因嘗重修〈蘇文忠傳〉，故時人品第，率以蘇軾（1037〜1101）比擬。爲人恬素自適，不涉世慮，除應酬詩文外，日讀諸子不輟。工於書法，妙通鍾繇（151〜230）、王羲之（321〜379）二家，眞、草、行書如鐵畫銀鉤，遒勁有法，與李邕（678〜747）、趙孟頫（1254〜1322）相頡頏，堪爲一代名筆。邑中石刻如行書王冕（1310〜1359）〈梅花詩〉、蒹葭堂草書〈大字格言〉四幅等多出其手。賞鑒博雅，亦爲詞臣之冠。每與客品隲古今，商榷經史，掀髯抵掌，竟日不休。復爲著名藏書家，編有《江東藏書目錄》，惜今日無傳。

弘治十四年（1501），陸深舉應天鄉試第一，至十八年會試第九、廷試二甲第八，館選爲庶吉士。正德五年（1510），授翰林院編修。時太監劉瑾（？〜1510）嫉翰林官員亢己，一律謫放外派，陸深亦被調南京主事。迄劉瑾伏誅，始得恢復原職，繼任同考官和國子監司業等職。正德十六年，陸深遭父喪歸家，後屆服滿，亦不入京赴補。祇於舊居後樂園中增拓後樂堂、澄懷閣、小滄浪、四友亭、小康山徑、望江洲等處所，逸暇讀書，得其所哉。後以廷臣交章推薦，復起爲祭酒，充經筵講官。時有內閣桂萼（？〜1531）易其講章，陸深不悅故而面奏皇帝，條陳箇中曲直。但經筵面奏非舊例，遂爲當路所忌，先降福建延平府同知，續遷山西提學副使。嘉靖九年（1530），御史趙鏜（1513〜1584）彈劾，指深違慢不法；幸下科道官會勘得直，方得官復原職，旋補浙江副使。數月後，陞江西布政司左恭政署掌司事，爲死犯數十年不決者平反，使脫死籍者凡數十人，而爭以陸深像爲祀。又數月，遷陝西布政司右布政使，道轉四川左使。

嘉靖十四年五月，陸深抵保寧，適當地苦旱災情，民不聊生。深易服卻輿，率諸屬祝禱；頃刻霖雨如注，遠近霑足。後至成都視事，憫其百事凋瘵；復見藩庫弊甚，遂命鳩工改建。時松茂諸蕃爲亂，陸深調兵食有功，徵拜光祿寺卿預脩玉牒。十六年，召爲太常卿兼侍讀學士，後以嘉靖帝御筆刪去「侍讀」二字，累官詹事府詹事兼翰林院學士。二十三年，陸深病卒，追贈禮部右侍郎，賜諡文裕。次年，墓北建有陸文裕公祠。

陸深子女凡十三人，然多夭折不育〔註2〕，除陸楫外，尙有一女贅瞿學

---

〔註2〕據陸深爲子楫作祭文云：「正德十六年，歲次辛巳，臘月辛卯日，陸子自京師歸楫兒櫬，前日甲申葬。……鳴呼，予年三十有八，得抱此兒，一何遲也。

召。時以陸楫五舉子皆不育，深乃置酒大會族黨，尋得從姪陸標季子郊（1534前～1601後）以備爲繼。陸深卒後，妻梅夫人（1476～1553）〔註3〕哭泣不欲生，會子楫卒，以無嗣承祧，遂上疏朝廷，立郊爲楫後，並補其廪。陸深著作豐碩，現存《儼山集》一百卷、《儼山外集》〔註4〕四十卷、《儼山續集》十卷，皆由陸家書坊──儼山書院刊刻出版。

陸楫之母梅夫人，慈愛婢妾，賞罰井然，見識卓然。嘉靖三十二年，倭寇屢犯上海，時以上海無城牆故，士紳顧從禮奏請築城，捐米四百石爲助。陸家所居雖非倭寇入侵處，但夫人深明大義，胸襟智慮殆出丈夫之右，割田

汝才七齡，棄予而殀，又何早也。汝之同胞兄弟姐妹凡十三人，是何多也，今所存者，一姊一弟，抑又何寡也。」文見（明）陸深著：〈祭桴兒文〉，《儼山集》（臺北：臺灣商務印書館，1983 年影清文淵閣《四庫全書》本），卷83，頁 531。又根據是書卷 9〈長女卒後赴攜家渡江〉、卷 76〈京女誌銘〉：「余客南都，癸亥，以七月哭吾女四歲者。明年三月，哭吾兒兩歲者。今丙寅，客北都，亦以七月哭吾兒八日者。十月未盡一日，吾女京姐又死，且三歲矣。余又哭之。三歲之間，四哭子女於客舍。」卷 76〈清女權厝銘〉：「女清年十三病痞，死於京師。……以丙辰臘月望前一日生，以戊辰五月望後一日死。」卷 76〈不成殤女權厝誌銘〉：「嗚呼痛哉，女乳名定桂，上海陸子淵之第三女也。……生以弘治庚申之八月廿八日，死以癸亥之七月廿五日。壬戌九月廿二日，隨余來南都。距來南都之前一月十二日，劉方問名至南都之三月。十二月朔，病痘。其二姐屢頻殆危，兒獨不舉藥，懽然就愈。」卷 76〈不成殤兒子誌〉：「嗚呼，吾年二十有七始生汝。……生汝兩月，遭汝季姊之殤。……弘治甲子三月一日，夜夢兒病癇……明日而疾作，果先腹瀉，發疹不可，藥九日死矣。……而陸姓，繼恩其乳名也。」知陸深子女十三人中，除陸楫與其姐（約 1497～？）外，其他姓名可考者有女清（1496～1508）、定桂（1500～1503）、京姐（1504～1506），子繼恩（1503～1504）、桴（1514～1521）。另有未能考知名字之子嗣一人，1506 年 7 月出生，生八日而夭。

〔註 3〕據（明）徐階著：《世經堂集》（臺南：莊嚴文化事業出版社，1997 年《四庫全書存目叢書》影北京大學圖書館藏明萬曆徐氏刻本），卷 17〈梅淑人墓誌銘〉載梅夫人「以歲癸巳十二月十八日卒……生成化丙申　月　日，卒時年七十八。」筆者按：成化丙申年（1476），而文謂「癸巳」年當爲嘉靖十二年（1533），是時陸深與陸楫尚在，與墓誌銘中所謂陸深、陸楫皆亡之事實不符，亦與年七十八不相稱，是知「癸巳」當爲嘉靖「癸丑」（1553）之誤。

〔註 4〕陸深《儼山外集》四十卷，實即包括：《傳疑錄》二卷、《河汾燕閒錄》二卷、《春風堂隨筆》一卷、《聖駕南巡日錄》一卷、《大駕北還錄》一卷、《淮封日記》一卷、《南遷日記》一卷、《知命錄》一卷、《金臺紀聞》二卷、《願豐堂漫書》一卷、《谿山餘話》一卷、《玉堂漫筆》三卷、《停驂錄》一卷、《續停驂錄》三卷、《科場條貫》一卷、《豫章漫抄》四卷、《中和堂隨筆》二卷、《史通會要》三卷、《平胡錄》一卷、《春雨堂雜抄》一卷、《同異錄》二卷、《蜀都雜抄》一卷、《古奇器錄》一卷、《書輯》三卷。

五百畝助鄉人役，出金二千兩城其邑；又自以金三百築邑之小東門（賓帶門），保家衛國不讓鬚眉。後因建築材料不足，慷慨拆去陸氏祖屋供應，地方人士感念其獨資興建之義，特稱小東門爲夫人門。

據《（同治）上海縣誌》卷三〈水道上〉釋「浦」云：上海當時地名用詞規定，以河流彎曲部位取名時，凹進去的一側叫作「灣」，相反凸出的一側叫作「嘴」〔註5〕。因黃浦江於此處拐了個近九十度大彎，留下一片突出的沖積灘地，而從黃浦江西向對岸眺望，這塊灘地猶如一隻巨大的金角獸伸出腦袋、張開嘴巴在此飲水，且陸深舊居及陸氏祖塋皆建於此，遂將此處名爲「陸家嘴」，即現今上海最具魅力之地〔註6〕。

陸楫繼子郟，字承道，號三山，因陸深廕官都察院都事。時臺長以郟爲世族少年而心易之，迄集議講論，郟援據典故，風發泉湧，方肅然改禮。陸郟授貴州石阡守時，當地苗獠錯居，繇役龐雜，其仿吳下條編，法著爲令，愛民如子。又以郡處僻陋無書，教化不彰，而自家蓋經史文集，捐俸購置古今書籍，貯藏尊經閣爲教，士始勤奮向學，地方風俗爲之一變。其後力辭歸家，居二十餘載，內行純備，舉族尊禮，與陸深並祀郡邑鄉賢。郟子埔，字舜封，博聞強識；埔弟垮，字舜陟，書法妍秀，出入蘇軾和米芾（1051～1107）間，董其昌（1555～1636）器之，有二陸詞翰之目。埔子鑪，字元美，砥礪名行，於書無所不窺；鑪弟鎧，力敦孝友，工詩。陸郟輯《宗譜》四卷、《文裕遺稿》十卷，補刻《儼山文集》百餘篇，著有《百一詩集》。

有關陸楫之家世背景，主要參見：《儼山集》卷八一〈勑封文林郎翰林院編修先考竹坡府君行實〉、卷八二〈重修祖陵之碑〉、〈陸氏先塋碑〉、〈筠松府君碑〉，陸楫《蒹葭堂稿》〔註7〕卷三〈家廟奠新主祭文〉，唐錦《龍江集》〔註8〕卷一二〈詹事府詹事兼翰林院學士儼山陸公行狀〉，徐階《世經堂集》卷一三〈陸文裕公集序〉、卷一七〈梅淑人墓誌銘〉，顧璘《息園存稿文》〔註9〕卷三

〔註5〕（清）涂宗瀛等纂：〈水道上〉，《（同治）上海縣誌》（臺北：國家圖書館藏清同治10年（1871）吳門臬署刊本），卷3，頁4。
〔註6〕薛理勇著：《上海灘地名掌故》（上海：同濟大學出版社，1994年），頁279～283。
〔註7〕（明）陸楫著：《蒹葭堂稿》（臺北：國家圖書館藏明嘉靖45年（1617）上海陸氏家刊本）。
〔註8〕（明）唐錦著：《龍江集》（上海：上海古籍出版社，1995年《續修四庫全書》影上海圖書館藏明隆慶3年（1569）唐氏聽雨山房刻本）。
〔註9〕（明）顧璘著：《息園存稿文》（臺北：臺灣商務印書館，1983年影清文淵閣

〈壽光祿陸儼山先生序〉，何喬遠《名山藏》〔註 10〕卷七五〈臣林記〉，許讚〈通議大夫詹事府詹事兼翰林院學士贈禮部右侍郎諡文裕陸公深墓表〉〔註11〕，夏言《夏桂洲先生文集》〔註 12〕卷一六〈通議大夫詹事府事兼翰林院學士贈禮部右侍郎諡文裕陸公墓誌銘〉，張廷玉等《明史》〔註 13〕卷二八六〈列傳・陸深〉，西園老人等《南吳舊話錄》〔註 14〕卷二〈忠義・陸文裕〉、卷六〈廉介・陸儼山〉、卷一一〈規諷・陸文裕公〉、卷一四〈閒逸・陸文裕〉、卷一七〈賞譽・陸三山〉、卷二四〈閨彥・陸文裕公夫人梅氏〉，方岳貢等《(崇禎)松江府志》〔註15〕卷三九〈賢達四〉，應寶時等《上海縣志》〔註16〕卷一八〈人物志〉，宋如林等《(嘉慶)松江府志》卷五二〈古今人物傳四〉〔註 17〕，何喬遠《閩書》〔註 18〕卷五八〈文蒞〉，衛既齊等《貴州通志》〔註 19〕卷一七〈名宦・陸郊〉，《皇明詞林人物考》〔註 20〕卷五〈陸子淵〉。

---

《四庫全書》本)。

〔註10〕 (明)何喬遠輯：《名山藏》(成都：巴蜀書社，2000 年《中國野史集成續編》影明崇禎刻本)。

〔註11〕 (明)許讚撰：〈通議大夫詹事府詹事兼翰林院學士贈禮部右侍郎諡文裕陸公深墓表〉，見(明)焦竑輯：《國朝獻徵錄》(臺南：莊嚴文化事業出版社，1996年《四庫全書存目叢書》據中國史學叢書影印明萬曆 44 年(1616)徐象橒曼山館刻本)，卷 18。

〔註12〕 (明)夏言著：《夏桂洲先生文集》(臺南：莊嚴文化事業出版社，1997年《四庫全書存目叢書》影北京圖書館藏明崇禎 11 年(1638)吳一璘刻本)。

〔註13〕 (清)張廷玉等著：《明史》(臺北：藝文印書館，1958 年影清乾隆間武英殿刊本)。

〔註14〕 (清)西園老人口授，李尚綱補撰，蔣烈編：《南吳舊話錄》(臺北：傅斯年圖書館藏民國 4 年(1915)排印本)。

〔註15〕 (明)方岳貢、陳繼儒纂：《(崇禎)松江府志》(北京：書目文獻出版社，1991年《日本藏中國罕見地方志叢刊》)。

〔註16〕 (清)應寶時修，俞樾纂：《上海縣志》(臺北：成文出版社，1975 年影清同治 11 年(1872)刊本)。

〔註17〕 (清)宋如林修，孫星衍、莫晉纂：《(嘉慶)松江府志》(上海：上海古籍出版社，1995 年《續修四庫全書》影華東師範大學圖書館藏清嘉慶 23 年(1818)松江府學刻本)。

〔註18〕 (明)何喬遠著：《閩書》(臺南：莊嚴文化事業出版社，1996 年《四庫全書存目叢書》影福建省圖書館藏明崇禎刊本)。

〔註19〕 (清)衛既齊修，(清)薛載德等纂：《貴州通志》(蘭州：蘭州大學出版社，2003 年《中國西南文獻叢書》影 1965 年貴州省圖書館油印清康熙 36 年(1697)原刊本)。

〔註20〕 (明)王兆雲輯：《皇明詞林人物考》(臺北：明文書局，1991 年《明代傳記叢刊》影明刊本)。

茲附錄陸楫世系如下：

陸子順——陸餘慶——陸德衡（號竹居）——陸濬（字廷美，號筠松）——陸平（字以和，號竹坡）——陸深（字子淵，號儼山）——陸楫（字思豫，號小山）——陸郯（字承道，號三山）——陸堣（字舜封）、陸埒（字舜陟）——陸鑪（字元美）、陸鎧

# 第二節　陸楫傳略

陸楫，字思豫，號小山。生於明武宗正德十年九月廿八日，卒於世宗嘉靖三十四年五月晦日（1515～1552），年三十八。據〈與姚時望〉曰：

（陸）楫將冠，煩時望字之，乞一説爲教如何？僕意楫以操舟，必先舟作，乃繫安危；欲以思豫與豫舟字之，必得發揮乃可。〔註21〕

陸深爲陸楫命字之初，除「思豫」外，另一考量爲「豫舟」，皆寄寓其能成爲身繫天下安危之棟樑。

陸楫自少聰明穎敏，幼從里師學習句讀，讀書過目不忘，才筆風度迥出流輩鄉里中。正德十六年（1521），陸楫兄栲病亡，據〈祭栲兒文〉、〈哭栲兒〉六首和〈五七哭栲次吳朝言御史韻〉二首等，知老年喪子對陸深打擊甚大〔註22〕，故而教育陸楫多慈少嚴，輒在詩中流露親子溫情，如〈晚自西提攜楫兒散步〉：「夕陽江水外，曲曲帶沙堤。生意隨汀草，閒心付杖藜。漁舟天上下，人語瀼東西。稚子偏憐我，相攜過竹谿。」〔註23〕又若〈山堂晚晴觀楫兒作字〉：「論文說劍更爭棋，五十年來兩鬢絲；無事可爲甘袖手，有山如畫且題詩。望中禾黍秋風粒，夢後芭蕉夜雨枝。小几映窗承落日，雙鉤古帖坐教兒。」〔註24〕

嘉靖三年（1524），陸楫師從姚時望，篤志於史學要籍，領會瞭解而有識辯，壯志駸駸向進。七年，陸深以廷臣薦召，後讁福建延平府同知；因與時望親厚，更不忍爲楫易師，遂同挈攜之延平。延平故多理學家聚集，時《道

---

〔註21〕（明）陸深著：〈與姚時望〉二首，《儼山集》，卷94，頁609。

〔註22〕如〈哭栲兒〉云：「經行無處不傷神，新剪羅衫四尺勻。病母五更能送藥，昨階三揖解迎賓。渾疑死別還生別，莫問前身與後身。我已白頭聊哭汝，高堂更有白頭人。」文見（明）陸深著：《儼山集》，卷10，頁64。

〔註23〕（明）陸深著：〈晚自西提攜楫兒散步〉，《儼山集》，卷7，頁45。

〔註24〕（明）陸深著：〈山堂晚晴觀楫兒作字〉，《儼山集》，卷11，頁69。

南三書》成，陸楫受而讀之，慨然欣慕楊龜山（1053～1135）、羅豫章（1072
～1135）、李延平（1093～1163）三先生思想，激勵志學，奮發向上。然天生
孱弱，甫成童後，即患尫濕沉痾。陸深懼無以自保，令束舉子業不問，至弱
冠始出試有司〔註25〕。既而陸深督學山西，家中常有邑中文學望士數輩聚集，
結文社以藻藝相磨訂；陸楫耳濡目染，文譽日起，上下秦漢、馳騁屈宋，爭
標榜於藝苑中。

　　陸楫氣體虛弱、腰有痛疾，頗令陸深憂懸〔註26〕，而告之要節量讀書，
「學問大事在養心，養心先須養氣；元氣充足，百事可辦。汝性靜定，有可
進之資，不可虛負了。家中閒雜不必管，接見人務要揀擇，無益之事足以費
日力害身心，當畏之如蛇蝎。」〔註27〕然為順遂望子成龍之願，陸深又鼓勵
以「我出巡在九江，六月五日得家書，始知汝考試的信。但列名在四等，得
與觀場，亦是當道獎進之意。汝宜自立，以無負知己也。」〔註28〕惟恐陸楫
太過勞累，復叮囑赴京趕考路途不需計較花費，「須往丹陽上陸路顧一女轎，
多備一二夫力擡之，行李盤用，江行載入城，顧一闊頭船，甚為方便，不可
於此等處惜費。」〔註29〕據陸深與姚時望、姚子明父子書信，多見其所盼
望。如曰：

> 提學到吾家，子姪輩恐作一番畫餅耳，如何？如何？令郎當在高
> 選，卻有費用辦否？楫兒只令讀書與靜坐，夙興夜寐，便是功夫。
> 〔註30〕

> 舊恙秋來都好，小兒得拘束誨益大矣。……令郎能來與小兒講學，
> 已命楫禮之，僕當圖報也。〔註31〕

> 楫兒學未成，遂蒙當道與進，誠所謂附青雲也，何幸！何幸！〔註32〕

〔註25〕文見（明）陸楫著：〈復嚴亭山正郎書〉，《蒹葭堂稿》，卷4。其文曰：「（陸楫）
　　　　甫成童後，即患尫濕沉痾，幾不起。先公懼無以自保已，令束舉子業不問，
　　　　至弱冠始出試有司。」
〔註26〕（明）陸深著：〈山西家書〉二首，《儼山集》，卷96，頁620，其文曰：「知
　　　　汝有腰痛疾，少年豈宜有此，莫是跌撲來，吾甚憂懸。」
〔註27〕（明）陸深著：〈山西家書〉十一首，《儼山集》，卷96，頁620～621。
〔註28〕（明）陸深著：〈山西家書〉十一首，《儼山集》，卷96，頁621。
〔註29〕（明）陸深著：〈山西家書〉十一首，《儼山集》，卷96，頁621。
〔註30〕（明）陸深著：〈與姚時望〉二首，《儼山集》，卷94，頁608。
〔註31〕（明）陸深著：〈與姚時望〉二首，《儼山集》，卷94，頁609。
〔註32〕（明）陸深著：〈與姚子明〉二首，《儼山集》，卷94，頁609。

嘉靖十三年（1534），陸楫以儒士入試，次年進松江府府學。時陸深轉往四川，曾有家書云：「家事遠，吾不能計慮，吾兒量能照管。但凡事務減省併，工學業科場。」〔註33〕又說：「只望汝來秋科舉一場，吾一生事決矣。」〔註34〕嘉靖十五年，午山馮公按試，首錄陸楫，陸楫自郡邑至入院，三試皆高等，名籍卓甚。十八年，帝詔京朝官三品以上廕子，時陸深以太常卿兼翰林學士，陸楫始由廩生入太學，試復冠六館諸生。十九年，陸楫以北監監生應順天鄉試，同試者五百餘人，楫以首卷應試不第，幡然曰：「士明一經不足以名世。」〔註35〕除《詩經》外，復治《小戴禮》和《易經》，闡析奧旨，皆究指要。

　　陸楫自負激昂，視名第當俯拾，曾謂：「年踰三十，尚滯蒿萊，然疎狂之性，每每闊視古今，尤賤世之齪齪無聞者。」〔註36〕及屢試不利〔註37〕，意怏怏遘疾，乃泫然泣曰：「嗟壯夫已矣，即死何以下報先公於地下？」〔註38〕又以「知己之遇千古為難，世之負瓌瑋特達之士，偶不售時，至有籲天扼腕而不能止。自有道者視之，雖不免淺中狹己之累，要之卞和懷璞、伏驥哀鳴，亦霄壤間所難於忘情者也。」〔註39〕後謂謬進即不自量，又以棘圍繩墨已得梗槩，遂不復苦志窮研，落落肆力於古文章及搜研名實之學。每聞學士文行高古，能樹赤幟於後生者，輒興登龍識荊之願〔註40〕。

　　陸楫天性好學，秉承庭訓教誨，嘗言：「先文裕公出入館閣前後幾四十年，每見國朝前輩，抄錄得一二事，便命不肖熟讀而藏之。蓋士君子有志用

〔註33〕　（明）陸深著：〈四川家書〉七首，《儼山集》，卷96，頁624。

〔註34〕　（明）陸深著：〈四川家書〉七首，《儼山集》，卷96，頁626。

〔註35〕　（明）林樹聲撰：〈明故恩廕太學生小山陸君墓誌銘〉，見（明）陸楫著：《蒹葭堂稿》，卷8附錄。

〔註36〕　（明）陸楫著：〈奉包蒙泉侍御〉，《蒹葭堂稿》，卷4。

〔註37〕　據〈明故恩廕太學生小山陸君墓誌銘〉，知陸楫曾應嘉靖十九年和嘉靖二十八年兩次鄉試。又陸楫在〈祭先師竹齋姚先生室沈孺人文〉曾自述：「三舉鄉闈，不獲見售。」則陸楫應至少還參加嘉靖二十二年或二十五年鄉試中的其中一次，惜前後三次均告落榜。相關推論請參林麗月撰：〈蒹葭堂稿與陸楫反禁奢思想之傳衍〉，見陳國棟、羅彤華主編：《經濟脈動》（北京：中華大百科全書出版社，2005年），頁245。

〔註38〕　（明）林樹聲撰：〈明故恩廕太學生小山陸君墓誌銘〉，見（明）陸楫著：《蒹葭堂稿》，卷8附錄。

〔註39〕　（明）陸楫著：〈復嚴亭山正郎書〉，《蒹葭堂稿》，卷4。

〔註40〕　（明）陸楫著：〈復嚴亭山正郎書〉，《蒹葭堂稿》，卷4。

事，非兼通今古，何得言經濟？」〔註41〕除諸經子史外，稗官虞初之類，亦皆有涉獵，叩輒響應。居嘗習聞先朝故實及前輩風猷，每眾中高談娓娓，如懸河倒峽，終日忘倦，聽者充然有得；屬文善議論，古文詩歌皆為時輩推崇，莫能追及。雖出身貴閥之家，然自奉寒素，癯貌清立，氣恂恂如；商榷古今，辯論時事，談鋒灑然，所與交布衣文學之士皆謹禮。為人樂善好施，德厚著稱，振贍內外族，割田以業貧民；自朝貴名達至郡邑大夫而得與議論者，無不以國士期待。

陸楫生性極孝，孺慕之情溢乎言表，屢為其父之事抱不平。陸深曾云：「每見吾兒論吾升沉事，詞意輒不平。此雖父子之情，却甚不可。吾老矣，出處進退有義有命，各求其本心而已。之後見人問及，但曰家父亦安之，如此即了。苟委曲之，不惟於吾無益，亦非養汝和平之福也。」〔註42〕又曰：「連得吾兒書，皆與我論官級轉遷，此是人間父子至情。但汝父自發身以來，未嘗擇官而仕，亦未嘗厚望於人，至於清階榮任，固聽其自至耳。」〔註43〕先時陸深仕蜀，梅夫人病，楫囊金馳使者迎浙醫至，又厚遺之；已而浙醫客死，楫為經紀後事，宅心仁慈。深生平喜賓客，客至輒出圖史萘局賞晤終日；及解官歸門，下客過從無虛日；楫為張羅所需，務使諸客造訪甚適。嘉靖二十三年，陸深病劇，楫晝夜調治湯藥，衣不解帶，膝席以進，數郡名醫無不延至。深病卒後，楫哀毀骨立，及疏請葬祭贈諡皆如典，既襄事，即哀遺集以傳，凡所為安榮親者必殫心力。其後，陸深入祀郡邑鄉賢，楫留城近一月，復以梅夫人患痰疾幾殆，楫日侍湯藥，足不出戶，三閱月矣〔註44〕。

陸楫妻唐氏，側室瞿氏，凡五舉子不育，故梅夫人以楫從姪郊廎襲，另有女一許聘潘大理評事。陸楫除輯《古今説海》一百四十二卷外，尚撰有《陸文裕公年譜》和《陸文裕公榮哀錄》，今皆不見〔註45〕；並撰有《蒹葭堂稿》八卷，收錄其詩文雜著。事實上，《蒹葭堂稿》第八卷僅附錄林樹聲〈明故恩廎太學生小山陸君墓誌銘〉，非陸楫作品。又唐錦〈文裕公續集序〉：「太學

---

〔註41〕（明）陸楫著：〈每見館閣諸先達對後學縷縷道國朝典故〉，《蒹葭堂稿》，卷7。

〔註42〕（明）陸深著：〈山西家書〉十一首，《儼山集》，卷96，頁623。

〔註43〕（明）陸深著：〈京中家書〉二十二首，《儼山集》，卷97，頁640。

〔註44〕（明）陸楫著：〈奉畢梓石憲副〉，《蒹葭堂稿》，卷4。

〔註45〕楊月英指出，上海圖書館曾藏有《陸文裕公榮哀錄》，惜已不見。文參楊月英著：〈摘要〉，《陸深年譜》（上海：復旦大學中國古典文獻學研究所碩士論文，2008年）。

生楫字思豫，發所藏藁，類而成編，凡爲集百卷，外集四十卷，咸登諸文，梓壽其傳矣。茲復訪蒐散佚，隨遇箚錄，編爲續集十卷，刻附集後以傳。」〔註46〕知陸楫亦曾參與編定《儼山文集》、《儼山外集》和《儼山續集》。

有關陸楫之生平經歷，主要參見陸楫《蒹葭堂稿》卷三〈祭先師竹齋姚先生室沈孺人文〉、卷四〈復嚴亭山正郎書〉、〈奉田豫陽憲副〉、卷八附錄林樹聲〈明故恩廕太學生小山陸君墓誌銘〉，應寶時等《上海縣志》卷一八〈人物志・陸深〉，西園老人等《南吳舊話錄》卷一一〈規諷・陸文裕公〉，唐錦《龍江集》卷一二〈詹事府詹事兼翰林院學士儼山陸公行狀〉，李紹文《雲間人物志》〔註47〕卷三〈陸思豫〉等。

# 第三節　陸楫著述——《蒹葭堂稿》

《蒹葭堂稿》，一名《蒹葭堂集》，乃陸楫現存的唯一著作。全書八卷，卷一至卷七收錄陸楫詩詞、序文、祭文、書啓和雜著條文，卷八僅附錄國子司業林樹聲〈明故恩廕太學生小山陸君墓誌銘〉。今就其成書、版本和內容，略論如下：

## 一、《蒹葭堂稿》之命名及成書

陸楫曾參與編定《儼山文集》、《儼山外集》、《儼山續集》，留下研究陸深生平、思想等重要資料，還撰有《陸文裕公年譜》和《陸文裕公榮哀錄》，以追念其父。上海浦東陸氏墓地的出土文物中，並有「陸楫買地券」一塊，木質朱書，上有陸郊載錄其生卒資料，餘者未詳〔註48〕。由於《陸文裕公年譜》和《陸文裕公榮哀錄》未見留存，「陸楫買地券」亦未得見，無法討論其內容，故此處以《蒹葭堂稿》爲討論範疇。

前述陸深有蒹葭堂草書〈大字格言〉四幅，董其昌亦有《蒹葭堂法帖》〔註49〕，推知兩人活動之松江地區有名爲「蒹葭堂」者。又《（萬曆）上海縣

---

〔註46〕　（明）唐錦著：〈文裕公續集序〉，《龍江集》，卷2，頁519。

〔註47〕　（明）李紹文著：《雲間人物志》（北京：人民文學出版社，2006年）。

〔註48〕　王正書撰：〈上海浦東明陸氏墓記述〉，《考古》1985年第6期，頁544。

〔註49〕　根據記載，董其昌有《眾春堂帖》、《董宗伯尺牘法帖》、《董氏家藏帖》、《蒹葭堂法帖》、《銅龍館帖》、《蓮花經帖》、《寶鼎齋帖》等。文參陳爾俊撰：〈歷代匯帖述略〉，見中國文物報社編：《大家談收藏》（北京：學苑出版社，2006年），頁30。

志》載當時有「滬城八景」云:「海天旭日、黃浦秋湖、龍華晚鐘、吳淞烟雨、石樑夜月、野渡蒹葭、鳳樓遠眺和江皋霽雪」〔註50〕。「野渡蒹葭」原指浦南一帶蓮徑葦塘、遍地蒹葭和石橋野渡的溪舍漁莊景象,蒹葭堂或即建築於此,唯因陸楫生前常遊歷其間,繼子郊乃據以爲書名。另據莫如忠(1508~1588)〈蒹葭堂集敍〉云:

> (陸)楫思豫甫蚩英稺齡,嫺於藻繢,談鋒摧坐,殊有父風。……所存劻草詩文若干首,輯自其子臺幕君郊梓焉,命曰《蒹葭堂集》。雖零落散編,不能十一,而讀者以遡家學之承,知文裕公蓋有子云。嗟夫!美好不祥,修名賈忌,意長晷促,哲士興悲,若思豫君兼斯悼矣。然余第考自古以才而厄于年者,如賈長沙之〈治安〉、〈上書〉、〈過秦〉著論,雄篇巨麗,動關國體,施名不朽,固無復疑。即若文王考、禰正平、酈文勝之流,寥寥短章,僅詞賦者,而垂芳來禩,亦具稱奇。何哉?夫片石韞琦,均資珪瓚,寸株中墨,不廢工倕,君子愛其人,斯美其言而傳之,又奚暇較妍拙於多寡,有遺善而弗錄乎?余讀《蒹葭堂集》,詩不滿百,而命詞遒逸,屬思沖和,務嚴體裁,弗矜色澤;文不數十,而議論慨慷,率依名節,深切世務,薄視浮榮。總厥撰著,非苟而已也,欲無傳得乎?或謂思豫以彼其才,假令早致青雲,得盡餘力攻古文詞,計其所存直不啻是,否則或假之年,以須追琢而優其成,亦當深闡作者之堂矣。乃造物咸靳之,而姑有託焉,以表見於世,所謂不能盡其材者也。〔註51〕

唐錦以爲陸深「崛起東海之濱,天生學力,超邁卓絕,駿發精英。其光燄燁燁迫人,宏博而不繁,古奧而不晦。周之典雅,秦之雄暢,西京之豐蔚精密,蓋無乎不備也。縱橫運化,名一家言。所謂黼藻化工,芬馥宇宙,浩然獨立乎萬物之表者,非先生其疇當之?」〔註52〕陸楫承家學之傳,其雖英年早逝,斷簡殘篇十不存一,無法盡窺全貌,但現存詩文都有可觀,得入賈誼(200 B.C.~168 B.C.)、文王考、禰衡(173~198)和酈炎(150~177)之流。「又幸文裕公歿而文獻之存,乃有是徵如是,故並論敍之,以明古今家聲隆替所繇,

---

〔註50〕 (明)顏洪範修,(明)張之象、黃炎纂:〈地理志‧形勝〉,《(萬曆)上海縣志》(臺北:傅斯年圖書館藏明萬曆16年(1588)刻本),卷1。
〔註51〕 (明)莫如忠撰:〈蒹葭堂集敍〉,見(明)陸楫著:《蒹葭堂稿》。
〔註52〕 (明)唐錦著:〈文裕公續集序〉,《龍江集》,卷2,頁519。

俾後有覽焉。」〔註53〕林樹聲於陸楫墓誌銘中亦云：「憶歲己酉，君如京試，予時與莫祠部中江覽其文，賞之曰：『如陸君者不當橫鶩文場，拔全陣耶？』迺是歲，君失舉，已聞有抑之者。嗟乎！以君才志，使不死，即一第，豈是盡君哉！」〔註54〕既是爲陸楫失第抱不平，亦是對其才華之肯定。

〈蒹葭堂集敘〉題署時間爲「嘉靖丙寅（1566）春三月望日」，時陸楫亡故已十多年，期間政治動盪，內憂外患頻仍，倭寇剽掠無忌憚，書籍檔案俱失。當時遭兵馬倥傯災害者，尤以江浙內陸爲鉅，如出書五卷供《古今說海》編纂之上海著名藏書家董宜陽，即在祖父三代藏書處「西齋」遭倭亂之際，目睹書齋毀於烈焰、藏書亡於餘燼時，爲守護書籍而「不避鋒刃，夜半身犯賊中，取其先世恩誥遺像及書數篋馳出，賊壯而釋之。亂定，稍稍理其殘缺，每從友人處借而手錄之，乃刊定舛誤，然較昔十僅得其二三耳。」〔註55〕可見戰爭對藏書之毀傷，縱使竭盡心力聚亡補散，終無法恢復昔日規模。

陸家所居地雖非倭寇侵犯處，但兵連禍結，隨時有波及之虞，人心惶惶勢所難免，且倉忙慌亂中，未刊文稿保存不易。再者，自《儼山續集》出版至《蒹葭堂稿》付梓間，其後亦未見陸家刊刻他作，若非戰爭重挫陸家書業，便乃陸楫作品搜羅匪易，否則以家刻陸深詩文集之積極及規模，《蒹葭堂稿》不該延宕多時才出版，益突顯陸郊輯錄之可貴。

由於莫如忠與陸深有師生情誼，與陸楫爲舊識知交〔註56〕，其爲文介紹《蒹葭堂稿》卻題作〈蒹葭堂集敘〉，文中亦稱作「蒹葭堂集」，與陸郊刻本目錄處、各卷刊頭及版心處所作「蒹葭堂稿」不相符，形成一書二名之情形。又敘中言「詩不滿百」，而《蒹葭堂稿》卷一有六十六首詩、卷二有三十四首詩（含詞），符合「滿百」之數，與莫如忠所說有誤差。但若把詩詞兩分，將

---

〔註53〕 （明）莫如忠撰：〈蒹葭堂集敘〉，見（明）陸楫著：《蒹葭堂稿》。

〔註54〕 （明）林樹聲撰：〈明故恩廕太學生小山陸君墓誌銘〉，（明）陸楫著：《蒹葭堂稿》，卷8附錄。

〔註55〕 （明）皇甫汸著：〈董氏西齋藏書記〉，《皇甫司勳集》（臺北：臺灣商務印書館，1983年影清文淵閣《四庫全書》本），卷49，頁830。

〔註56〕 陸深〈跋莫子良送行詩〉云：「中江莫子良舉戊戌（1538）進士，予時叨充讀卷官，得所對策佳甚封上，御覽親批第二甲第四人。……其父汝明省軒則起癸酉，今需次禮闈，又吳松文獻第一家也，子良其行矣。」又林樹聲〈明故恩廕太學生小山陸君墓誌銘〉有「予時與莫祠部中江覽其文」句。文見（明）陸深著：〈跋莫子良送行詩〉，《儼山集》，卷90，頁584和（明）林樹聲：〈明故恩廕太學生小山陸君墓誌銘〉，（明）陸楫著：《蒹葭堂稿》，卷8附錄。

卷二裡的二十四闋詞扣除，則《蒹葭堂稿》存七十六首詩，與「不滿百」之數相合。

再推敲〈蒹葭堂集敍〉：「余讀《蒹葭堂集》，詩不滿百，而命詞遒逸，屬思沖和，務嚴體裁，弗矜色澤；文不數十，而議論慨慷，率依名節，深切世務，薄視浮榮」語意。竊以爲莫如忠將陸作粗分爲詩、文二類，即未再細別詩、詞之異，其所謂「詩不滿百」確實與卷一、卷二總數不符。據此認爲莫如忠受邀寫敍在《蒹葭堂稿》刊刻前，當時原或欲以「蒹葭堂集」爲書名，期間陸郊持續輯得陸楫詩詞，恰符合百首之數，又因其他理由改動書名，卻以莫如忠擔任貴州按察司提學副史關係，與松江府天遠地隔，適才未能及時告知調整。但由於兩書名僅一字之差，遂皆採行，是如《千頃堂書目》和《明史‧藝文志》乃題作《蒹葭堂集》〔註57〕。

## 二、《蒹葭堂稿》之版本

《蒹葭堂稿》，八卷，嘉靖四十五年（1566）由陸郊集稿刊行，即未見重刻，嘉靖、隆慶間似亦流傳甚少〔註58〕。書前有莫如忠〈蒹葭堂集敍〉，卷一至七收錄陸楫詩文，卷八除國子司業林樹聲〈明故恩廕太學生小山陸君墓誌銘〉，再無其他作品，故《明史》卷九九〈藝文志〉別集類著錄「陸楫《蒹葭堂集》，七卷」〔註59〕，上海古籍出版社 1995 年《續修四庫全書》影清華大學圖書館藏明嘉靖四十五年陸郊刻本亦只印前七卷。

此外，沈節甫（1532～1601）輯、萬曆四十五年（1617）陽羨陳于廷刊刻之《紀錄彙編》卷二〇四，將《蒹葭堂稿》第六、七卷共二十七則條文，刪除原本卷六之〈人謂唐宣宗之弒太皇太后郭氏〉〔註60〕，又增加未見於原

---

〔註57〕 （清）黃虞稷著：《千頃堂書目》（臺北：臺灣商務印書館，1983 年影清文淵閣《四庫全書》本），卷 24 別集類，頁 595 和（清）張廷玉等著：〈藝文志〉，《明史》，卷 99 別集類，頁 1081。

〔註58〕 林麗月先就陸楫〈禁奢辨〉與李豫亨《推蓬寤語》卷 8〈毗政篇上〉一段論奢文字對勘，認爲陸楫〈禁奢辨〉在其身後的傳衍，《推蓬寤語》應是一個最早的、重要的線索；再以《推蓬寤語》僅稍晚於《蒹葭堂稿》刊刻，且李豫亨與陸楫同屬松江府人，卻對《蒹葭堂稿》中談論禁奢之文，「聞諸長者云然，爲筆識於此」，而非親睹目讀，最後歸結「似乎《蒹葭堂稿》在嘉、隆年間的流傳很少」之論。文參林麗月撰：〈蒹葭堂稿與陸楫反禁奢思想之傳衍〉，見陳國棟、羅彤華主編：《經濟脈動》，頁 254～256。

〔註59〕 （清）張廷玉等著：〈藝文志〉，《明史》，卷 99 別集類，頁 1081。

〔註60〕 《蒹葭堂稿》卷五至七爲雜著作品，各則未有標題，爲便利討論，筆者將篇

書之〈皇朝輿地，千古無比，倚與盛哉〉和〈徐武功在史館，修何尚書文淵事〉，凡二十八則，書名作《蒹葭堂雜著摘抄》〔註61〕。茲將此二則內容附錄如下：

> 皇朝輿地，前古無比，倚與盛哉！然有可疑者一事：堯舜時冀州為王畿，四方皆二千五百里，今冀州之北能幾何耶？三吳在古不入職方，其民皆斷髮文身，以與蛟龍雜處，若空其地為職下也。今財賦日繁，而古之遺跡不異，其水之不為害者天幸爾，萬一澤水，不知何以處之，區區開築，難以言善。

> 徐武功在史館，修何尚書文淵事，賦詩曰：「溫州太守重來歸，昔何廉退今何違？卻金館在已如掃，掩月堂寒空掩扉。人間固有假仁義，天下豈無公是非。老夫忝秉春秋筆，不作諛詞取世譏。」〔註62〕

《蒹葭堂稿》存錄陸楫詩文雖只約佔其全部作品的十分之一，但現存家刻本可信度高，且《蒹葭堂稿》出版時，沈節甫已屆而立之年，具備擁有《蒹葭堂稿》及掌握未刊資料之能力。《紀錄彙編》雖晚於《蒹葭堂稿》五十一年刊行，但沈節甫既只擇取《蒹葭堂稿》第六、七卷，且連〈人謂唐宣宗之弒太皇太后郭氏〉都予刪除，似更無捏造或將他書作品擷入《蒹葭堂雜著摘抄》之理由。則〈皇朝輿地，千古無比，倚與盛哉〉與〈徐武功在史館，修何尚書文淵事〉若非陸楫文章補遺，或可能為沈節甫摘自陸家其他人作品〔註63〕，而誤收入《蒹葭堂雜著摘抄》。

後世流傳之《蒹葭堂稿》即以《紀錄彙編》之節錄本較為普及，據以影印出版者有：民國二十七年，上海涵芬樓，收入《景印元明善本叢書十種》；民國五十四年，臺北民智出版社；民國五十五年，臺北藝文印書館，收入《百部叢書集成》；民國五十八年，臺北臺灣商務印書館，收入《宋元明善本叢書

---

首一或二句擬為標題。

〔註61〕按：是書總目不作《蒹葭堂雜著摘抄》，而題《蒹葭堂雜著》，故（清）丁丙《八千卷樓書目》卷14小說類《紀錄彙編》下著錄「《蒹葭堂雜著》一卷」。引文見（清）丁丙著，丁仁撰：《八千卷樓書目》（上海：上海古籍出版社，1997年《續修四庫全書》影民國12年（1923）鉛印本），頁273。

〔註62〕（明）陸楫著：《蒹葭堂雜著摘抄》，見（明）沈節甫編：《紀錄彙編》（臺北：國家圖書館藏明萬曆45年（1617）陽羨陳于廷刊本），卷204。

〔註63〕現存陸深文集未見此二則，又陸郯詩文未傳，則〈皇朝輿地，千古無比，倚與盛哉〉、〈徐武功在史館，修何尚書文淵事〉出處，或摘自陸家其他人文集亦未可知。

十種》；1993 年，成都巴蜀書社影《宋元明善本叢書十種》，收入《中國野史集成》；1994 年，北京中華全國圖書館文獻縮微複製中心，收入《中國文獻珍本叢書》。排印出版者有：民國二十五年，上海商務印書館《叢書集成初編》本；民國七十四年，臺北新文豐出版公司《叢書集成新編》本；1985 年，北京中華書局《叢書集成初編》本。

　　除《紀錄彙編》外，《續說郛》卷二〇節錄《蒹葭堂雜著摘抄》之〈皇明太祖黃帝用夏變夷，恢復中華之正統〉、〈國朝成化弘治間，大學生劉文靖公健，邱文莊公濬〉、〈自隋設進士科，至宋則定甲第〉、〈第一甲例取三名〉、〈本朝靖難死事之臣，以天台方孝孺爲首〉、〈本朝兩畿十三省，鄉貢士俱有定額〉、〈嘉靖己丑，邃菴楊公爲首相〉、〈太保費文憲公，年十六〉、〈每見館閣諸先達，對後學縷縷道國朝典故〉、〈吳中名士陸楠，登鄉薦〉、〈嘉靖庚子，予自京師還〉、〈皇朝輿地，前古無比，倚與盛哉〉和〈徐武功在史館，修何尙書文淵事〉等十三則，書題作《蒹葭堂雜抄》，爲一卷本〔註64〕。民國十五年，上海掃葉山房據《續說郛》本石印出版，收入《五朝小說大觀‧明人小說》；民國七十四年，臺北新興書局再據《五朝小說大觀‧明人小說》本影印，收入《筆記小說大觀》三十八編第四冊。另，民國三年，上海商務印書館《舊小說》戊集取《蒹葭堂稿》原刊本卷六之最末則和卷七第一則，凡二則，篇目作〈邃菴楊公〉和〈太保費文憲公〉，書題爲《蒹葭堂雜鈔》〔註65〕。

　　綜合上述，《蒹葭堂稿》原刊陸楫詩文七卷，附錄林樹聲〈明故恩廕太學生小山陸君墓誌銘〉於第八卷，即今所謂八卷本。沈節甫取六、七卷計二十六則，益以〈皇朝輿地，千古無比，倚與盛哉〉和〈徐武功在史館，修何尙書文淵事〉，凡二十八則而合爲一卷，收入《紀錄彙編》卷二〇四，書題作《蒹葭堂雜著摘抄》。其後，《續說郛》自《蒹葭堂雜著摘抄》節錄十三則，題作《蒹葭堂雜抄》，是爲一卷本。民國三年，《舊小說》戊集取〈邃菴楊公〉、〈太保費文憲公〉二則，亦題作《蒹葭堂雜鈔》。

## 三、《蒹葭堂稿》之內容概述

　　〈蒹葭堂集敘〉謂《蒹葭堂稿》所收未及陸楫作品的十分之一，陸深亦

---

〔註64〕參見（明）陶宗儀等編：《說郛》三種（上海：上海古籍出版社，1988 年）。
〔註65〕吳曾祺輯：《舊小說》戊集（上海：商務印書館，1914 年），頁 197～198。

曾對陸楫言：「得汝所撰〈筠松府君行實〉，文字亦可觀，但欠世次。事蹟詳贍，遂留俟吾兒到京商量。要求得神道碑，文字須慎之。」〔註66〕知陸楫或有將詩文與陸深分享，或請代爲審視之習慣。尤其祭文、行實和墓誌銘等，因有其事實根據，不能虛擬杜撰，格外得謹慎處理。復以《蒹葭堂稿》未見〈筠松府君行實〉一文，適可作爲《蒹葭堂稿》闕漏現象之證明。

　　雖然《蒹葭堂稿》不足以稱爲陸楫作品全集，無法彰顯其寫作技巧和思想主張之全部，卻是現存文獻中，提供認識陸楫最直接有利之憑證。是書本諸別集體例編排，按照作品體裁，依詩詞、序跋、祭文、文書和雜著等順序分別卷次，除〈宋南遷解〉、〈華夷辯〉、〈隱惡辯〉和部分雜著條文立論明確與架構完整，可藉以察照陸楫政治、經濟、史學、民族等思想，留待在下一節專論外，其他部分介紹如下：

## （一）詩詞

　　《蒹葭堂稿》卷一、二收錄詩詞作品，卷一有詩六十六首，卷二有詩十首、詞二十四闋，俱有標目。按其內容，或以抒懷遣興，如〈初夏山居小集〉、〈春日山居偶作〉、〈懷山月軒〉、〈書思竹卷〉、〈飲玉泉〉、〈題海棠〉、〈懷思甚切因韻奉酬〉等，茲錄五絕一首，譬若〈梅花〉：

　　　　疏影落寒枝，清香流夜月；欲獻調美人，獨先百花開。〔註67〕

藉月夜暗香疏影之風韻，及寒冬傲霜凌雪之清高，刻畫梅花先百花開放之不同凡俗。又七絕一首，如〈題竹〉：

　　　　淇水蕭蕭碧玉寒，龍孫匝地長闌干；不知念舊情多少，風露翻疑淚
　　　　未乾。〔註68〕

此詩借景抒情，先就聽覺部分，敘微風吹過竹葉，其聲蕭蕭；再及視覺部分，寫竹筍蔓延，縱橫地面景象。轉而思及到底念舊之情有多少，不禁教人懷疑連風露都是未乾之淚。又七律一首，如〈鶴津山亭歌五首之桃巷〉：

　　　　青山曲巷多桃花，千株萬朵蒸紅霞。賣花山人頻折去，一朝春色天
　　　　之涯。誰攜美人醉花前？朱顏相暎迷金鈿。重憶當年劉阮事，尋芳
　　　　何必武陵源。〔註69〕

---

〔註66〕　（明）陸深著：〈京中家書〉二十二首，《儼山集》，卷97，頁631。
〔註67〕　（明）陸楫著：〈梅花〉，《蒹葭堂稿》，卷1。
〔註68〕　（明）陸楫著：〈題竹〉，《蒹葭堂稿》，卷1。
〔註69〕　（明）陸楫著：〈鶴津山亭歌五首之桃巷〉，《蒹葭堂稿》，卷2。

此詩先寫曲巷中桃花盛開豔如紅霞，適因賣花人攀折，讓春色布滿天涯；續以劉晨、阮肇採藥遇仙典故，強調桃花巷裡即如人間仙境，而未必得到武陵源尋訪。長短句如〈春日病起書懷調武陵春〉：

> 春心種種憑誰語？和淚灑東流。朝來病起望林丘，空山宿雨收。　催花幾陣東風惡，猶自上簾鉤。池塘新漲曉烟浮，洗不盡沈郎愁。
> 〔註70〕

此首小令敘春日朝來病起時，山中宿雨雖已停歇，但春風摧折、花落滿地，撩人滿腹憂愁。又〈懷汪石川調浣溪紗〉：

> 百尺流泉骨共清，懷君終日恨難平，當年猶記望行旌。　千里魚械渾未到，數聲鶯語夢魂驚，何時重會碧山亭？〔註71〕

上闋敘陸楫與友人汪石川分隔兩地，千里相思，回想當年往事，倍覺歷歷在目；下闋敘其原欲藉書信解愁，卻以久候未歸，連作夢都被鶯語驚擾，興發相會何時之問。

莫如忠評陸楫詩詞「命詞遒逸，屬思沖和，務嚴體裁，弗矜色澤。」〔註72〕言其用詞勁健，情致超逸，雖性情平和，然佈局構思嚴密，不假雕琢。此與陸楫非持詩人詞客心態寫作，無意以之揚名立萬有關，故皆能平實呈現主題，而強調情感的發抒。除前舉例外，陸楫亦不乏附庸風雅之作，尤以應酬往來居多。如〈送潘竹菴歸海門兼問鷺汀、鹿汀、鶴汀崔氏三兄弟〉：

> 城隅立馬暫躊躇，日暮留君欲引裾。風滿鷺帆催客棹，花飛麂渚亂儵魚。千行綠樹人何處？兩岸青山畫不如。爲問三汀崔伯仲，年來讀盡五車書。〔註73〕

此詩採用借景抒情手法，藉眼前景物象徵陸楫的不捨情緒及內心紛亂，並請潘竹菴代問崔氏三兄弟近況。再如〈送董紫岡上南雍調喜遷鶯〉：

> 天南春暮，看嫩綠初舒。落紅無數，陌上王孫，江頭騷客，折柳向長亭路。風翻錦浪眠鷗，香染征衣飛絮，落日裡，旌搖旌，無計爲春留住。　空竚一任春風，颺柳絲添我愁千緒，多病沈郎，知心鮑子，煙浦遙相顧。春倦那能載酒，把袂與君重敘。謾登樓，見綠樹，

---

〔註70〕　（明）陸楫著：〈春日病起書懷調武陵春〉，《蒹葭堂稿》，卷2。
〔註71〕　（明）陸楫著：〈懷汪石川調浣溪紗〉，《蒹葭堂稿》，卷2。
〔註72〕　（明）莫如忠撰：〈蒹葭堂集敘〉，見（明）陸楫著：《蒹葭堂稿》。
〔註73〕　（明）陸楫著：〈送潘竹菴歸海門兼問鷺汀、鹿汀、鶴汀崔氏三兄弟〉，《蒹葭堂稿》，卷1。

青山行人何處。〔註74〕

此詞先敘花落滿地，春光留不住，轉而言及長亭折柳，絲絲撩撥離愁，寄寓知交遠行，相見無期之嘆。其他如〈七夕和孫名府〉、〈送秦鳳樓鄉試〉、〈送沈瞻嶽上太學〉、〈送古溪家兄遊太和〉、〈送黃東溪北上〉、〈送楊大行抑齋還朝〉、〈賀諸守谷新居〉、〈送顧方壺北試賦帝臺春三闋〉、〈送孫望川考績序〉、〈上徐少湖閣老書〉二首、〈奉楊朋石考功〉二首、〈奉畢梓石憲副〉、〈謝王窟山贈筆〉、〈送姚晉明就試〉、〈為唐一涵題畫調風入松〉和〈贈別吳養亭調風入松〉等，或為送行、祝賀、上書、謝贈、酬和等目的而作，可見詩詞實非陸楫馳騁才華之主力。

其後，明代曹學佺（1574～1646）輯《石倉十二代詩選・明詩選次集》卷一一四《儼山集》附錄陸楫〈送朱象岡北上用唐雲山韻〉、〈庚戌端陽日約馮江樓不至〉、〈寄戴鳳梧〉、〈北上留別朱岱輿〉、〈七夕和孫明府〉、〈送潘竹菴歸海門兼問鷺汀、鹿汀、鶴汀崔氏三兄〉、〈送文仰古少尹陞王府紀善〉、〈送沈瞻嶽上太學〉、〈題遠峰卷〉、〈寄李雲塘〉、〈丁未春日黃玉淙節推登山樓有作因和〉二首、〈次韻送顧龍山南歸〉、〈初夏山居小集〉、〈送唐晉泉遊金陵〉、〈送古谿家兄遊太和〉和〈書怡靜巷〉等十七首詩〔註75〕，是目前收錄陸楫詩作最多數量之選集，且都取自《蒹葭堂稿》卷一。詞作方面，則有清人顧璟芳、李葵生、胡應宸合選《蘭皋明詞匯選》卷五「風入松」收〈題畫〉〔註76〕、卷八「望海潮」收〈送顧漱玉入雍〉〔註77〕等陸楫詞作二

---

〔註74〕（明）陸楫著：〈送董紫岡上南雍調喜遷鶯〉，《蒹葭堂稿》，卷2。

〔註75〕《明詩選次集》見（明）曹學佺輯：《石倉十二代詩選》（北京：北京圖書館，1984年據明崇禎刻本攝製）。按：《石倉十二代詩選》，主要分為《古詩選》、《唐詩選》、《宋詩選》、《金元詩選》、《明詩選》、《明詩選次集》、《明詩選三集》、《明詩選四集》、《明詩選五集》、《明詩選六集》、《續五集》、《再續集》、《三續集》、《社集》、《閨集》、《閨閣秀集》，各部又按照人物別集依次排列。《石倉十二代詩選》明崇禎刻本現存八百八十八卷，或因卷帙龐大關係，後世刻書多有刪節，如文淵閣《四庫全書》本有《石倉歷代詩選》五百六十卷，收錄古詩至明朝詩集，其《明詩次集・儼山集》即未附錄陸楫詩作。

〔註76〕按：《蒹葭堂稿》置此詞於卷2，標題及內容分別為〈為唐一涵題畫調風入松〉：「白雲紅葉楚天秋。蘭桂香浮。青山萬疊無人到，那堪落日凝眸。一曲瑤琴聲徹，千竿翠竹烟收（《蘭皋明詞匯選》作「初收」）。　夕陽衰柳野溪頭，數點輕鷗。清夜獨眠金露冷，最憐新月如鈎。多少井梧飄謝，不禁涼籟悠悠。」

〔註77〕按：《蒹葭堂稿》置此詞於卷2，標題及內容分別為〈送顧漱玉上太學調望海潮〉：「江帆飛鷁，汀莎（《蘭皋明詞匯選》作「汀沙」）沒鶋，玉人方上皇州。

首。顧璟芳評陸楫詞云:「其詞清華,頗可相繼。」又評〈題畫〉:「青山萬疊無人到,那堪落日凝眸。」為「可想空山獨立之句。」〔註78〕李葵生評〈送顧漱玉入雍〉:「朔月關心,燕風刮耳,誰云悔覓封侯。」為「不作婦人語,高甚。」〔註79〕胡應宸評〈題畫〉:「夕陽衰柳野溪頭,數點輕鷗。」為「酒醒後殘陽亂鴉,未見其妙也。」評〈送顧漱玉入雍〉云:「猶是祝詞耳,何其恬雅,可云善頌。」〔註80〕另,朱彝尊輯(1629～1709)《明詞綜》卷三收〈送顧漱玉上太學調望海潮〉〔註81〕,亦是對陸楫詞作之肯定。綜觀陸楫詩詞特色,主要在字裡行間流露真情,自然不造作,還藉此得知其與顧從禮、秦嘉楫、顧從德、孫謂、張野津和唐一涵等多有往來,是有助於瞭解其交遊情形。

## (二)序文、祭文和書啟

《蒹葭堂稿》卷三、四收錄贈序、祭文、論辯和書啟等,除〈宋南遷解〉、〈華夷辯〉和〈隱惡辯〉留待本章第四節探論外,其他介紹如下:

### 1.序文

《蒹葭堂稿》卷三收錄序文五篇:〈送太父母何述齋副憲河南序〉、〈送孫望川考績序〉、〈送孫望川之冬官序〉、〈送邑博方中洲應召序〉和〈送嘉興郡侯畢梓石膺召序〉。各篇除闡明敬贈目的和敬贈者之生平事蹟外,或藉以表達個人觀感,間帶有議論性質。如敘何述齋(繼之)云:

酒泛(《蘭皋明詞匯選》於此處多一字作「酒後泛」)霞觴,潮生烟浦,那堪淚灑蘋洲。雲樹兩悠悠,蓬窗迷岸草,一任夷猶。羨爾(《蘭皋明詞匯選》作「美爾」)詞源,倒傾三峽楚天秋。 清時肯臥林丘。看詩(《蘭皋明詞匯選》作「有詩」)題杏苑,名徹宸旒。朔月關心,燕風刮耳,誰云悔覓封侯。壯志奮吳鈎。故園芳草合,魚鳥含愁。何日京塵,夜沽清醑瀉牀頭。」

〔註78〕 參見(清)顧璟芳、李葵生、胡應宸編選,曾昭岷審定,王兆鵬校點:〈題畫〉,《蘭皋明詞匯選》(瀋陽:遼寧教育出版社,1998年),卷5「風入松」,頁113。

〔註79〕 參見(清)顧璟芳、李葵生、胡應宸編選,曾昭岷審定,王兆鵬校點:〈題畫〉和〈送顧漱玉入雍〉,《蘭皋明詞匯選》,卷5「風入松」,頁113和卷8「望海潮」,頁172。

〔註80〕 參見(清)顧璟芳、李葵生、胡應宸編選,曾昭岷審定,王兆鵬校點:〈送顧漱玉入雍〉,《蘭皋明詞匯選》,卷8「望海潮」,頁172。

〔註81〕 參見(清)朱彝尊、王昶輯:《明詞綜》(上海:上海古籍出版社,1995年《續修四庫全書》影上海圖書館藏清嘉慶7年(1802)王氏三泖漁莊刻本),頁645～646。

先宗伯文裕公以學士在講筵，每從朝士中聞公名；而公寡交慎際，可未之識也。值松守闕，先公颺言於朝曰：「吳松畿輔重郡，國賦係焉，邇饑饉頻仍，加以海寇數警，彫瘵甚矣，不有賢守，其何能牧？」自館閣退朝，輒有憂色。……竊聞朝議稱東南賢守，必曰述齋公。公亦不自知何脩，而得於此人人也。嗟乎！公行矣，渡江泝淮，由河以達於汴。訪伊洛之遺蹟，歷漢魏之故墟，采風觀俗，以有事於梟饢，河之吏民，無問遠近，相與洗心，以望公之風裁，可計日待矣。今天之勢，錢賦重於東南，而戎馬要於西北，公典賦吾松已最大矣。〔註82〕

本篇先敘陸深得知何述齋經過，繼而謂其寡交慎際特質，和賢守東南、報國盡忠之貢獻。最後以陸楫「感公世誼，圖報無階，但公正學偉人，尤不喜遊辭佞色，故敢於公之行，略述其感遇之私，以一吐衷曲。至於仁風懿政，良法美意，足以躋休于古之名碩者，自當從郡先達屬詞勒石，肖儀建祠，以備太史采擇，非俚言之所敢與也。」〔註83〕言己寫作動機，強調對述齋的感佩之意。

### 2. 祭文

《蒹葭堂稿》卷三收錄祭文四篇：〈家廟奠新主祭文〉、〈祭先師竹齋姚先生室沈孺人文〉、〈祭伯母楊孺人文〉、〈宗黨合祭從兄望夫文〉。除〈家廟奠新主祭文〉外，餘三篇的祭祀對象分別爲陸楫之師母、伯母和從兄。因皆爲陸楫至親，有助於瞭解陸家譜系、所祭者生平及彼此情誼；并見陸楫撰述祭文時，情感眞摯且不失質樸之個性。如〈祭伯母楊孺人文〉云：

維嘉靖二十六年，歲次丁未，冬十二月戊申朔，越十八日乙丑。從姪男楫，僅以羊一、豕一、清酌，庶羞之儀，致祭于伯母楊孺人之靈。曰：嗚呼，孺人竟不復起。自孺人之歸吾門也，爲小宗之冢婦；宗之人稱賢者踰四十年，而吾從伯東庄公亡。公之凶也，又踰二十年而吾孺人亡。孺人相吾伯以起家也，爲宗之巨室。及其以業貽後人也，日望乎家祚之遠昌。詎意乖違者弗若于訓，而卒無救於中落之門墻。故雖年躋大耋，人將謂天祐於平格，而桑榆寂寞，乃弗充于甘旨之嘗。然則孫曾繞膝，亦何補於孝養？而九原不昧，尚寄恨

〔註82〕（明）陸楫著：〈送太父母何述齋副憲河南序〉，《蒹葭堂稿》，卷3。

〔註83〕（明）陸楫著：〈送太父母何述齋副憲河南序〉，《蒹葭堂稿》，卷3。

以徬徨。嗚呼！天耶，人耶，於孺人其何尤耶？哀哉，尚饗！〔註84〕
謹遵祭文的撰述原則，陸楫於起首處交代致祭時間及對象，接著略述伯母楊
氏歸陸家後得宗人稱賢和興利家業情形，最後直陳其桑榆寂寞，卻未能得到
甘旨奉養之生活。由於楊氏守寡多年，益顯其處境堪憐，致讓通篇讀來哀婉
動人，不捨之情溢乎言表。

### 3. 書啟

《蒹葭堂稿》卷四收錄〈上徐少湖閣老書〉二首、〈奉包蒙泉侍御〉、〈奉
楊朋石考功〉二首、〈奉張須野文選〉二首、〈奉畢梓石憲副〉、〈奉田豫陽憲
副〉、〈奉黃翠巖侍御〉、〈奉張萬山福清〉、〈奉方中洲司務〉、〈復嚴亭山正郎
書〉和〈奉黃韋軒華亭啟〉等十四篇文書。各篇內容不一，卻提供瞭解當事
者與陸家情誼，觀見陸深生平軼事，或得藉此梳理陸楫的成長經歷、交友情
形、理想抱負及對時事觀感。如〈奉田豫陽憲副〉云：

> 楫自庚午歲卒業上都時，稍知問學，每見先文裕公評騭天下學士大
> 夫，未嘗不歸重我公。至辛丑歸田，獲讀公策問諸篇及散見別作，
> 亦未嘗不擊節歎賞。且謂一代文人如我公者，竟不蒙當道相惜，以
> 爲蘭堂載筆，俾之散棄於時，嘲弄風月爲湖山主人，豈盛世所以憐
> 才求士之意耶？又未嘗不改容稱屈，憤悒見眉睫間，信公爲先公文
> 章知己也。不肖雖鄙劣無狀，負媿箕裘，然不能釋去鉛槧，妄有當
> 世之志。自數年來神遊門下，欲爲奉匜童子而不可得。幸即夏枉棹
> 海曲，光奠先塋，存歿之情，金石之誼，唯有矢心銜結而已。〔註85〕

田汝成（1503～1557），字叔禾，號豫陽，杭州人，嘉靖五年進士。爲人果敢
直言，不見容於當道，曾上疏直諫遭罰薪俸。嘉靖十三年謫爲廣東僉事始，
遂展遊宦生涯，最後去官歸田，專志著述。由於陸深曾因劉瑾、桂萼遭貶，
頗識宦海浮沉，故對田汝成境遇體會尤深。陸楫以之爲陸深文章知己，言
其所著《行邊紀聞》「間及雲南諸紀尚少，斷論數篇，幸即補之，以爲全書」
〔註86〕，足見其交情與寄望。

其他與陸楫往來書信者，如徐少湖（即徐階，1503～1583）、包蒙泉（即
包節，1506～1556）和楊朋石（即楊豫孫，生卒未詳）亦皆仕宦名流，且都

---

〔註84〕 （明）陸楫著：〈祭伯母楊孺人文〉，《蒹葭堂稿》，卷3。
〔註85〕 （明）陸楫著：〈奉田豫陽憲副〉，《蒹葭堂稿》，卷4。
〔註86〕 （明）陸楫著：〈奉田豫陽憲副〉，《蒹葭堂稿》，卷4。

有文集傳世，若徐少湖《世經堂集》、包蒙泉《包侍御集》和楊朋石《西堂日記》。透過其信件往返，得知彼此交誼，同時能識見陸楫為人行事。

### （三）雜著條文

《蒹葭堂稿》卷五、卷六、卷七收錄雜著條文，各則俱未標目，目錄註明各卷分別有七、十四和十一則。卷五所錄七則依次為〈孟子曰：唐虞禪，夏后殷周繼，其義一也〉、〈世儒嘗稱武帝好大喜功〉、〈光武帝兄弟同起興復漢室〉、〈自孫堅敗死已無孫氏矣〉、〈儒者之論曰：務廣德者強，務廣地者荒〉、〈稱唐有功之賢相者〉和〈愚嘗讀前史，見石勒之言曰〉；卷六、卷七實分別收錄十五和十二則，與目錄所載不符，其卷六為〈我太祖高皇帝用夏變夷，恢復中華之正統〉、〈孝康敬皇后張氏，孝皇配也〉、〈論治者類欲禁奢以為財節〉、〈國朝成化弘治間，大學士劉文靖公健、丘文莊公濬同朝〉、〈自隋設進士科，自宋則定甲第〉、〈邑先達有沈雲者，字子龍，以鄉進士就教〉、〈人謂唐宣宗之弒太皇太后郭氏〉、〈本朝不設丞相，惟翰林官遷至大學士〉、〈太師、太傅、太保為三公，少師、少傅、少保為三孤〉、〈尚書吳文定公寬，字原博，號匏菴〉、〈沈周，號石田，吳中名士也〉、〈本朝靖難死事之臣，以天台方孝孺為首〉、〈本朝兩畿十三省鄉貢士俱有定額〉、〈太師劉文靖公健，河南洛陽人〉和〈嘉靖己丑，邃菴楊公為首相〉，卷七為〈太保費文憲公，年十六，領癸卯鄉薦赴試禮部〉、〈古者天王教世子，必齒讓於學〉、〈每見館閣諸先達對後學縷縷道國朝典故〉、〈邑士有楊學禮者，別號東濱〉、〈吳中名士陸楠登鄉薦上南宮〉、〈嘉靖庚子，予自京師還，過淮陰漂母祠〉、〈予嘗有理外之論，物外之想〉、〈今世士大夫居鄉居官，相反有二事〉、〈方洲名，名字實夫，四川遂寧人〉、〈先文裕公以祭酒在講筵面奏，外謫將十年〉、〈常熟楊夢羽名儀，別號五川，官至按察副使〉和〈我太祖高皇帝生二十四子〉。內容總數多於目錄記載，或刻工誤記，或條文增入，或各則分合不同，故才造成前後不一情形。今依內容主題分類如下：

#### 1. 人物事例

《蒹葭堂稿》各雜著條文相互獨立，除闡述政治、經濟和道德論點較為完足，適得反映現實外，其他多屬人物和制度的記錄與探討。人物事例方面，如敘明孝宗與張皇后事：

> 孝康敬皇后張氏，孝皇配也。孝皇平生無別幸，與后相得甚歡。后
> 二弟俱封爵，勢傾中外，有仇家奏其侵民業為莊田者，上命司禮太

> 監蕭敬、刑部侍郎屠勳、太理寺盛某往勘之。敬與勳等俱秉公，將
> 二張家奴數人依律問發。敬復命於內廷，適上與后方對膳，后聞甚
> 怒，曰：「外邊官人每無狀猶可，汝狗奴亦若是耶！」上亦佯怒且罵。
> 及后退，呼敬曰：「纔所言非我本意，汝得無泄此語耶，恐外邊官人
> 每聞之驚破膽也。」敬力辯，未嘗聞於外。上猶不信，即遣人各以
> 白金五十兩賞二勘官，且云：「偶與后有怒，言特戲耳，恐爾等驚怖，
> 以此爲壓驚。」〔註87〕

明孝宗打賞白金予蕭敬、屠勳，使二人不道皇后是非，展現寬厚謙恭、情急
生智的特質；其不僅討好皇后，且不失體恤勘官應有的作爲。

　　除帝王事蹟外，陸楫亦多稱道歷代賢相，尤以唐代李泌爲最，認爲「代
宗所以能紹其業，德宗所以能保其終，憲宗所以能復其烈，皆泌成之也。雖
然泌之學深矣，方其與肅宗爲布衣交也，不肯領宰相之秩；及其見忌於元載，
則密領代宗意，爲浙西觀察判官。使泌不知處變而猶亢節，當不免於陳寶之
禍矣。始肅宗之成功也，自謂有五不可留而歸衡山，及德宗特相之也，乃謂
錢穀甲兵不可分委諸人，竟卒於位，而不惜其出處之大義如此。」〔註88〕陸
楫視李泌爲社稷功臣，謂三代以下有聖人之權者僅此一人；史臣論其好談神
仙詭誕，是不明白李泌假其術以養心之道。

　　再者，如述劉健、方孝孺、丘濬、吳寬、沈周、楊一清、費宏、楊學禮、
陸楠、方實夫、楊儀等當朝人物，陸楫皆側重其生平特色，掌握性格精髓充
分發揮，呈現其不同流俗、見解獨到的才華。茲舉方孝孺事如下：

> 本朝靖難死事之臣，以天台方孝孺爲首。孝孺博學宏材，少時嘗
> 過嚴陵釣臺，有古詩一章：「敬賢當遠色，治國須齊家；如何廢郭
> 后，寵此陰麗華。」「糟糠之妻尚如此，貧賤之交安足倚？羊裘老子
> 早見幾，却向桐江釣烟水。」此不獨工於詩，亦天下第一等議論
> 也。〔註89〕

《蒹葭堂稿》雜著條文所述當朝人物中，除了方孝孺（1357～1402）、丘濬
（1421～1495）等天下名儒外，其他多係陸深故舊知交，因此文中多述及與
陸家往來事，如記楊學禮與陸深爲忘形交，陸楫爲童子時嘗憶其〈春興詩〉

---

〔註87〕　（明）陸楫著：〈孝康敬皇后張氏，孝皇配也〉，《蒹葭堂稿》，卷6。
〔註88〕　（明）陸楫著：〈稱唐有功之賢相者〉，《蒹葭堂稿》，卷5。
〔註89〕　（明）陸楫著：〈本朝靖難死事之臣，以天台方孝孺爲首〉，《蒹葭堂稿》，卷
　　　　　6。

一絕〔註90〕；陸深刊刻《史通》時曾向方實夫索序，而後陸楫搜先稿時曾見
其詩一律〔註91〕；楊夢羽「一聲黃葉楚天秋」句為陸深所喜，結下日後同朝
時相與親厚緣分〔註92〕。陸楫議論平實，言語從容，娓娓道述中，人物形貌
躍然紙上，類於志人小說寫法，唯載沈雲斷案事有志怪色彩而獨樹一幟。
文曰：

> 邑先達有沈雲者，字子龍，以鄉進士就教，擢國子學正。夜忽夢一
> 婦人，囚服，再拜曰：「妾名迎春，以冤抑入死獄，公其為我釋之。」
> 沈不知所謂。及丁外艱，服闋，上天曹補選，復夢如初。已而，除
> 授河南汝寧府通判，到任，與諸僚就公宴，忽上司委一獄詞來勘。太
> 守方宴畢，即謂沈曰：「有婦人迎春死犯事，君初政，當一審鞫之。」
> 沈愕然道前夢，諸僚皆以為異，遂為此婦白其冤。復審知此婦入獄
> 未久，計得夢時其婦尚未獲罪也。吉凶事前定類如此。〔註93〕

陸楫不因襲前說，人物評論獨具匠心，讓人耳目一新，猶如翻案文章之對歷
史陳說重新解讀，引證充分，見解精闢，突顯其學識廣博、卓爾出群特質。

### 2. 典章制度

陸楫憂國憂民，關切明代典章，認為制度得失攸關國計民生，尤著眼於
其因襲變革，凡立論皆從文獻稽考始，待鑿鑿有據，再條分縷析，陳其脈絡，
使一目瞭然。如論三公三孤制度，言「自高皇帝革丞相，陞六部為正二品，
故職官以尚書為極。三公秩正一品，三孤秩從一品，俱為大臣加官。」〔註94〕
論喪服制云「唐武后與政時，上便宜十二條，其一欲令父在，為母服齊衰三
年，為罔極之恩，一也。雖制與父同，然猶不敢服斬衰，沿於宋元不廢，猶
知有大義也。至本朝，則父母之服，不分存亡，俱服斬衰矣；獨祖在，嫡孫
為祖母不承重，尚沿舊制爾。」〔註95〕論明朝兩畿十三省鄉貢士俱有定額，
如「雲南貴州二省以夷方地僻，解額獨少，鄉試士俱合試于雲南，共五十五

---

〔註90〕　（明）陸楫著：〈邑士有楊學禮者，別號東濱〉，《蒹葭堂稿》，卷7。
〔註91〕　（明）陸楫著：〈方洲，名名，字實大，四川逐寧人〉，《蒹葭堂稿》，卷7。
〔註92〕　（明）陸楫著：〈常熟楊夢羽名儀，別號五川，官至按察副使〉，《蒹葭堂稿》，
　　　　卷7。
〔註93〕　（明）陸楫著：〈邑先達有沈雲者，字子龍，以鄉進士就教〉，《蒹葭堂稿》，
　　　　卷6。
〔註94〕　（明）陸楫著：〈太師、太傅、太保為三公，少師、少傅、少保為三孤〉，《蒹
　　　　葭堂稿》，卷7。
〔註95〕　（明）陸楫著：〈古者天王教世子，必齒讓於學〉，《蒹葭堂稿》，卷7。

名，雲南三十四，貴州二十一。」〔註96〕陸楫多方引據，務求清楚交代本末，並以個人見解作結。如論明太祖於進士第一甲例取三人，得授翰林修撰、編修等官之由來：

> 自隋設進士科，至宋則定甲第，其第一甲賜進士及第，或二十餘人。及國朝，我太祖高皇帝定制進士第一甲例取三名，釋褐曰，即授翰林脩撰、編脩等官，儲之館閣，以備台輔，其重無以加矣。然讀蘇老泉之文有曰：「今進士三人之中，釋褐之日，天下望爲卿相，不十餘年，未有不爲兩制者。」豈宋時第一甲進士雖多，而詮選資序或亦以三人爲重？國朝之制，亦祖其意而爲之與？然不可考矣。〔註97〕

陸楫治學嚴謹，不妄發議論，向有經國濟民宏願，但見制度不妥，損害民生，則提出檢討，尋求解決之道，如指當時財政困窘，乃明初分封制度缺失，以諸子皆得襲封，致食祿日逐龐大，人民賦稅俱增，才建議先遞減常祿，再舉漢唐世爲例，讓宗族遠親意欲爲士、爲農或爲商者，悉聽其自便，使紓解國家危困〔註98〕。

　　《蒹葭堂稿》雖不以文學成就著稱，詩文作品也以交際應酬爲主，觀其措辭用句，文氣沛然，不掩陸楫才華洋溢。尤可稱道者，在雜著條文，其雖屬隨筆雜錄，結構未臻嚴謹，但旁徵博引，義理自然，乃陸楫思想之所寄存。至若人物行誼記錄，可提供瞭解傳主生平及陸氏家世；典章制度內涵，則爲陸楫心繫國家未來之證明。最難能可貴處，在行文立論不落窠臼，凡所談議皆有證爲憑，展見立意創新與實事求是的寫作態度。由於陸楫作品十不存一，益說明《蒹葭堂稿》留存之可貴，箇中作品雖非曠世鉅作，足能稱道者亦所在多有，是肯定對散逸作品的價值，堅信陸楫對當時貢獻或甚於目前研究所得。

## 第四節　陸楫思想論述

　　陸楫的思想論述主要有四：政治方面，認爲明朝代元乃天命所歸，強調帝位承嗣和君臣名分關係，主張國君除務廣德外，唯能廣大土地方爲有遠見

〔註96〕（明）陸楫著：〈本朝兩畿十三省鄉貢士俱有定額〉，《蒹葭堂稿》，卷6。
〔註97〕（明）陸楫著：〈自隋設進士科，至宋則定甲第〉，《蒹葭堂稿》，卷6。
〔註98〕（明）陸楫著：〈我太祖高皇帝生二十四子〉，《蒹葭堂稿》，卷7。

之舉。經濟方面，建議改革宗室祿米制度，減輕國家財稅支出；以爲奢侈可以均富天下，增加謀生機會，促進地方經濟繁榮，則爲政者應因俗而治。史學方面，肯定《春秋》乃孔子憂世道、悲人窮之作，唯能諱其名而不諱其實，方乃不隱惡之大者；認爲《春秋》之記載皆有寓意，申明所以支持不隱惡，全係出於國家興亡考量。民族方面，主張華夷之別乃人視之造成，若從天視之則夷夏無別，並以史上行王道者有爲夷狄，藉此申辯華夏齊等夷狄之說。

## 一、政治思想

　　中國學術思想向以儒家爲主流，目的在落實修齊治平事業，士子莫不冀望能爲天地立心，爲生民立命，爲往聖繼絕學，爲萬世開太平，以建功立業，啓迪世道人心，造福社會黎民，實踐個人理想，使無愧怍於天地間。然自明太祖建國以來，礙於知識、學識之侷限，助長其自卑心理萌芽，對內施行高壓統治，苛酷集權，濫殺功臣，打擊文士，造成人心惶惶。其雖有選擇避世遠禍、笑傲林泉，藉此保全生命者，然儒家教育的具體實踐爲救民水火，讓更多士子願意投身其中，以任重道遠自許，肩負保家衛國使命。陸楫於舉業上雖失利，常有懷才不遇之嘆，卻不減其雄心萬丈、壯志凌雲。關心國家政治發展，以歷史爲借鑑，對現處環境重新評估，或開門見山切入主題核心，或旁徵博引強化立論觀點，尤其重視帝位承嗣和名實問題。如述明太祖推翻蒙古統治，恢復中華正統，功高遠勝商周漢唐宋等開國君王，推崇其改朔易元，乃是爲千古除兇、百王雪恥。文曰：

> 我太祖高皇帝用夏變夷，恢復中華之正統，人謂闢乾坤於再造，功高湯武，不但邁漢唐宋而已。愚以爲此固天命聖神，爲千古除兇，爲百王雪恥，無足異者。但高皇帝即位改元之年，已混一四海，在位三十一年，身致太平，壽七十有一。諸子二十餘人，親封王爵，星布海內，古今帝王之全福，亦我高皇一人而已。〔註99〕

陸楫從仕位日久、天下太平、高齡長壽和諸子封爵等角度，言明太祖之爲古今帝王唯一享有全福者，乃是上天肯定明代元祚之結果。

　　其次，陸楫援引孔子觀點，強調君臣名分不可違背，申辯國君果若無

---

〔註99〕　（明）陸楫著：〈我太祖高皇帝用夏變夷，恢復中華之正統〉，《蒹葭堂稿》，卷6。

道，臣子應先予放逐，再擇其子孫之優能者承繼；切不可妄自篡奪，即位登龍，損害君臣大義。故如湯武伐桀、取而代之，儼然為淪喪君臣綱紀的千古罪人。文曰：

> 至論湯伐桀，武王伐紂，謂其誅獨夫而非弒君，斯言過矣。萬世是非之公，當以孔子為的，孔子之稱舜曰德為聖人；至稱武王，乃易而曰身不失天下之顯名，固不以聖稱之矣。其論文王之事殷，泰伯之避周，皆嘆其為至德，而叩馬之夷齊，則稱之曰求仁而得仁，孔子之微意可見矣。……若湯武伐暴救民，而復立夏商之後，以不廢君臣之大分，上下豈有疑而忌之者乎？惜乎，湯武竟利于天下，而遂使千萬世君臣之義自我壞之，豈不深可悼哉？〔註100〕

關於侵奪政權的方法與時機，陸楫強調要像大丈夫之磊落坦蕩，如日月之光明潔白，方是取之有道；否則淪為曹操、司馬懿之輩，專欺孤兒弱寡，狐媚謀取天下，徒然引人非議。更有甚者如宋太祖之流，為達目的而枉顧仁義，故論「周世宗，不世之英君也，宋祖親受世宗之奇遇，唯殿前都點檢，初非為曹馬之功也。一旦世宗崩，正宜協力輔其孤，以全宗社可也。若主少國疑，姦雄四起，幼主不幸而失國，吾雖取諸他人之手亦可也。胡乃世宗之骨未寒，遽扼其孤而奪之，而心何忍乎？」〔註101〕

陸楫將君臣名分喻為國家根基，縱然是自家子弟興討、非異姓篡奪，其時若身居人臣，則不可冒然進犯，棄置倫理，而得先行廢黜，再即帝位以承天序，故以為「（劉）玄雖不才，天下固知其為漢王也。光武以大司馬徇河北，封蕭王承制，皆更始與之也。雖首唱義兵，天下願其紹漢祚，而當時名分既定，實則更始佐命之臣也。更始委靡不道，不足以成祚明矣。但光武即位之日，更始尚在也。倘更始有謀臣見光武自立，輔更始奉辭舉兵，曰：『本欲興漢，而漢今有二主，是漢子孫先自叛也，何以討不庭。』不知光武何辭以對？」〔註102〕

其三，陸楫重視皇統繼承問題，主張若以非正當手法獲致帝位，將遭天地神人共憤，謂國祚非人力能改變，冥冥中自有安排。如〈宋南遷解〉云：

> 宋藝祖之受禪也，太宗之謀居多；藝祖私德之，且遵昭憲之命而傳

〔註100〕　（明）陸楫著：〈唐虞禪夏后，殷周繼其義〉，《蒹葭堂稿》，卷5。
〔註101〕　（明）陸楫著：〈愚嘗讀前史，見石勒之言〉，《蒹葭堂稿》，卷5。
〔註102〕　（明）陸楫著：〈光武兄弟同起興復漢室〉，《蒹葭堂稿》，卷5。

位焉。雖燭影斧聲爲千古疑獄，要之，宋之天下，藝祖之天下也。太宗使弟姪之不得其死，而私傳位於其子，不深負藝祖乎？不爲天地神人之所共憤乎？金太祖之興也，百戰而百勝，莫不與太宗共之。太宗亦弟也，卒之滅遼定鼎，其功浮於宋太宗，何嘗倍蓗什百哉？然太祖之傳位於其弟，猶之宋藝祖也，金太宗諸子蒲盧虎等皆稱傑一時而不得立，竟立太祖之孫亶，是爲熙宗。吁！可謂不負其兄者矣。〔註103〕

陸楫將宋太宗負其兄與金太宗不負之義對比，認爲北宋遭金人入侵，實肇禍於宋太宗負義行爲，故上天假金太宗之手，臨逼宋室南遷，教太祖一脈半享宋祚。爲說明世系祖源，強調國統脈絡，陸楫舉孫權即帝位後追贈其父孫堅，於其兄孫策則封贈長沙桓王，據此批評孫權嗣國於孫策而未能帝之，乃重大罪過，再以西晉司馬氏、北齊高歡氏對照，表達對皇統繼承看法。文曰：

> 晉之業始於司馬懿，懿傳之師，師無嗣，而傳之弟昭。及昭進王爵，則追王懿及師，以其少子攸嗣師，且曰：「天者，景王之天下也，大業宜歸攸。」及武帝受命，則又追帝其祖父及師。北齊之業始於高歡，歡傳之澄，澄傳之弟洋。及洋受魏禪，追帝父及澄。權之視策，猶昭之視師、洋之視澄，不知彼何厚而此何薄哉？〔註104〕

其四，陸楫以國君除務廣德外，若能強人武功，廣闊國土面積，更是明智表現。其舉漢武帝的文治武功爲例，認爲輿圖大小攸關君王威德，肯定武帝開拓疆域、使夷狄稱臣之貢獻，駁斥迂儒妄論其爲好大喜功之說，提點學者評史論事要有定見，不可一味地守舊因襲。文曰：

> 世儒嘗稱武帝好大喜功，虛耗海內，不足爲漢家之令主，此真俗儒之說，惡足以語帝王之略哉？……帝自即位後，赫然震怒，選天下名將四征不庭，東并朝鮮、遼左，西開酒泉、張掖，南取甌、越、交、象，北掃匈奴單于；而滇南、夜郎、牂牁、越巂之地，皆入職方。幅員之廣，幾倍於三代，而中國帝王之氣象始大。號令頒於西域，至使三萬里外皆重譯來獻，不再傳而呼韓邪款塞稱臣，無復有疆圉之警，此三代以後未之有也。使非武帝開闢之，則漢魏以後，遞至今日，四海之境未必能如今日之盛也。文帝恭儉玄默，

〔註103〕（明）陸楫著：〈宋南遷解〉，《蒹葭堂稿》，卷3。
〔註104〕（明）陸楫著：〈自孫堅敗死已無孫氏矣〉，《蒹葭堂稿》，卷5。

以德化民，稱爲三代以下之令主，此特可以爲盛德守文之法耳。至於功在萬世，武帝烏可少之？愚謂三代而下，可以無百孝文而不可以無一孝武。後之品帝王者，慎毋跡因襲之說，以漢武爲不足尚哉！〔註105〕

陸楫肯定漢武帝拓展疆土成就，批擊「務廣德者強，務廣地者荒」之論，言其顛倒本末，貽害天下，歸結「人君之御天下，德固其本矣。然以一身爲宇宙民物之主，不務廣地，將誰務耶？……惟沙磧之區，瘴海之外，風氣之所不齊，教化之所不及，雖不域其地、不臣其人可矣。至於幅員相踵，得寸則寸安，得尺則尺安，惡可以爲無益而輕棄之？若必求貢賦之沃壤，則是富家翁欲盡買負郭良田以爲子孫業，而甘以瘠鹵之地棄諸人，豈宇宙民物之主哉！我朝北棄大寧，南棄交趾，西棄燉煌，尤爲失策之甚。」〔註106〕最後以唐太宗不罷西州而爲內地屏障之鑑，申辯有廣大土地者方是有遠見國君之論。

綜合上述，陸楫結合與時代關聯，援古證今強調明朝代元係天命所歸，訴說對國家民族的認同感，申述朱明政權的正統性。同時表達皇統繼承和君臣名分問題看法，主張不論同姓、異姓，凡欲取他人天下而代之者，皆得遵循禮法，不能違背倫理綱常，國祚始得綿延久遠。最後以廣德爲治國之本、廣地乃有遠見之舉，展現其洞燭機先、不苟世俗的政治創見，是寄寓對國家未來的期許。

## 二、經濟思想

明太祖取得天下後開始分封諸王，且「皆據名藩、控要害」〔註107〕，然「百姓稅糧有限，而宗枝繁衍無窮。」〔註108〕隨著宗室人口與日俱增，嘉靖三十一年時，平均每人一年要負擔宗祿米一石四斗〔註109〕。因負擔沉重，多數百姓無力繳納，國家財政日漸困難。爲避免國家財用枯竭，陸楫建議自郡

〔註105〕 （明）陸楫著：〈世儒嘗稱武帝好大喜功〉，《蒹葭堂稿》，卷5。
〔註106〕 （明）陸楫著：〈儒者之論曰：務廣德者強，務廣地者荒〉，《蒹葭堂稿》，卷5。
〔註107〕 （明）王世貞著：《弇山堂別集》（成都：巴蜀書社，2000年《中國野史集成續編》影明萬曆庚寅（1590）金陵刻本），卷32，頁352。
〔註108〕 （明）梁材撰：〈會議王祿軍糧及內府收納疏〉，見（明）陳子龍選輯：《明經世文編》（北京：中華書局，1962年影明崇禎年間雲間平露堂刊本），卷103。
〔註109〕 參見黃彩霞撰：〈林中的響箭——評明代中葉陸楫的經濟思想〉，《安徽史學》2003年第3期，頁108。

王以下，「嫡降一位，庶降二位：如郡王長子爲鎮軍，餘子則爲輔軍；鎮軍長子爲輔軍，餘子則爲奉軍；輔軍長子爲奉軍，餘子則爲鎮尉；奉軍以下同至奉尉。則自親王以來，爲五世當斬，其餘不分嫡庶，俱稱宗庶人，每月支祿米五石。若有志讀書者，照依民間俊秀一體送入學校，聽其科貢出身，倣藩親不得內補例，稍爲限制，其餘遷擢黜革悉同異姓，以示至公。」〔註110〕如此一來，祿米可省數十倍，親王庶子不必至八世後才得從事四民之業，而能及早自營生計，以減輕財稅支出，紓緩經濟壓力。

　　另一方面，陸楫一反流俗之見，以蘇、杭風俗尚奢，卻得保有富足爲例，提出崇奢主張。要點有四〔註111〕：其一，從孟子「通功易事，羨補不足」觀點出發，認爲節儉不能使整個社會富有，奢侈則可「均天下而富之」。其曰：

> 不知所謂奢者，不過富商大賈、豪家巨族自侈其宮室、車馬、飲食、衣服之奉而已。彼以梁肉奢，則耕者、庖者分其利；彼以紈綺奢，而鬻者、織者分其利，正孟子所謂「通功易事，羨補不足」者也。上之人胡爲而禁之？

> 若今之寧、紹、金、衢之俗，最號爲儉。儉則宜其民之富也；而彼諸郡之民，至不能自給，半遊食於四方。凡以其俗儉而民不能以相濟也。〔註112〕

〔註110〕（明）陸楫著：〈太祖高皇帝生二十四子〉，《蒹葭堂稿》，卷7。
〔註111〕歷來探論陸楫思想者，多從崇奢角度言其經濟主張，如吳申元撰：〈明代經濟思想家——陸楫〉，《思想與探索》1982年第3期，頁95、98～99；林麗月撰：〈晚明「崇奢」思想隅論〉，《歷史學報》第19期（1991年6月），頁215～234；林麗月撰：〈陸楫（1515～1552）崇奢思想再探——兼論近年明清經濟思想史研究的幾個問題〉，《新史學》第5卷第1期（1994年3月），頁131～153；陳國棟撰：〈有關陸楫禁奢辨之研究所涉及的學理問題〉，《新史學》第5卷第2期（1994年6月），頁159～179；湯標中撰：〈陸楫論「崇侈黜儉」〉，《商業研究》1995年第6期，頁31～32；陳國棟撰：〈從蜜蜂寓言到乾隆聖諭——傳統中西經濟思想與現代意義〉，《當代》第142期（1999年6月），頁44～61；黃彤霞撰：〈林中的響箭——評明代中葉陸楫的經濟思想〉，《安徽史學》，2003年第3期，頁99、108～109；林麗月撰：〈蒹葭堂稿與陸楫反禁奢思想之傳衍〉，見陳國棟、羅彤華主編：《經濟脈動》，頁244～259和劉志丹撰：〈明朝中後期崇奢思想探析——以陸楫、郭子章爲例〉，《中國集體經濟》2010年第28期（2010年10月），頁83～84等。此處所列四項要點，主要參見林麗月撰：〈陸楫（1515～1552）崇奢思想再探——兼論近年明清經濟思想史研究的幾個問題〉，頁136～137。
〔註112〕（明）陸楫著：〈論治者類欲禁奢以爲財節〉，《蒹葭堂稿》，卷6。

陸楫深稽博考，言治天下經濟之道，在先富後奢，鼓勵富商巨族過奢華生活，至若個人及一般家庭，則仍強調要節用儉約，因此推崇羅倫（1431～1478）「不爭田地，不占山林，不尚鬪爭，不肆強梁，不敗鄉里，不凌宗族，不擾官府，不尚奢侈」〔註113〕爲齊家守則。

其二，認爲風俗奢侈之地謀生機會較多，強調「其地奢則其民必易爲生，其地儉則其民不易爲生」。文曰：

> 今天下之財賦在吳、越。吳俗之奢，莫盛於蘇、杭之民，有不耕寸土而口食膏粱，不操一杼而身衣文綉者，不知其幾。何也？蓋俗奢而逐末者眾也。只以蘇、杭之湖山言之，其居人按時而遊，遊必畫舫、肩輿、珍饌、良醞、歌舞而行，可謂奢矣。而不知興夫、舟子、歌童、舞妓仰湖山而待爨者，不知其幾。故曰：彼有所損，則此有所益。〔註114〕

陸楫主張「天地生財，只有此數」，從損益平衡觀點立論，欲以富豪之有餘濟助小民之不足，認爲消費能增加就業機會，照顧百姓生計。

其三，主張習尚奢侈，則從事工商末業者多，促進地方經濟繁盛。由於農業生產已無法自足，成爲貿易往來商品，而以銀爲貨幣及工商市鎮興起，能達到刺激市場貿易繁榮、不復以工商爲末業的結果。因此黃宗羲言「市儒不察，以工商爲末，妄議抑之。夫工固聖王之所欲來，商又使其願出於途者，蓋皆本也。」〔註115〕特別自嘉靖以來，松江郡治商賈聚集，棉紡織業鼎盛，手工業發達，帽鞋襪等行業和攢盒、細木傢伙店相繼開設〔註116〕，以「吳、越之易爲生者，其大要在俗奢；市易之利，特因而濟之耳」〔註117〕，可見奢侈消費促進工商發達，交易買賣讓業者賺得利潤，具備提振經濟之效果。

其四，主張風俗儉奢，係因各地貧富不同造成，爲政者應「因俗而治」，不宜一律強制禁奢。陸楫強調「先富而後奢，先貧而後儉，奢儉之風，起於

〔註113〕（明）陸楫著：〈今世士大夫居鄉居官，相反有二事〉，《蒹葭堂稿》，卷7。

〔註114〕（明）陸楫著：〈論治者類欲禁奢以爲財節〉，《蒹葭堂稿》，卷6。

〔註115〕（清）黃宗羲著：〈財計三〉，《明夷待訪錄》（臺北：藝文印書館，1966 年影清道光錢熙祚校刊子培讓培杰續刊本）。

〔註116〕參見（明）范濂著：〈紀風俗〉，《雲間據目抄》（臺北：新興書局，1978 年《筆記小說大觀》印本），卷 2，頁 2625、2626、2628、2630。

〔註117〕（明）陸楫著：〈論治者類欲禁奢以爲財節〉，《蒹葭堂稿》，卷6。

俗之貧富。」〔註118〕認為經濟條件優劣決定各地風俗奢儉，侈非人們主觀意欲侈費可獲致，而由客觀條件的富裕決定〔註119〕。奢侈既是富豪者習氣，無法杜絕禁止，唯有「長民者因俗以為治，則上不勞而下不擾。」〔註120〕

明朝中葉以來，朝廷花費日漸龐大，庫藏空虛蔓延，政府雖意欲增加百姓賦役，填補國用日竭之缺口，終無法解決財政負擔。當時市場經濟迅速成長，商品大量流通，工商市鎮崛起，棄農經商風氣日盛，引發社會各階層的注意，思欲透過不同方式，解決貧富差距問題。由於陸家早先以經商致富，留心社會經濟走向，對消費問題敏銳度高。陸楫關切國計民生，主張改革宗祿制度，企圖減輕百姓賦稅壓力；又一反傳統尚儉思想，謂「一人儉，則一人或可免於貧；一家儉，則一家或可免於貧。」〔註121〕認為個人或家庭節儉雖能累積財富，避免墮入貧窮境地，卻無益於社會繁榮，更非治理天下之法。因此鼓勵富豪消費，主張消費能促進工商發達，活絡社會經濟，增加就業機會，尤有助於輿夫、舟子、歌童、舞妓等之生計。但前提是「先富而後奢，先貧而後儉。」〔註122〕足見陸楫所謂消費並非浪費，係讓多數百姓從富豪者享受奢華的過程中得到利益，促進社會繁榮與發展，就國家整體來說，具有正面積極意義。

總之，陸楫認同《管子‧侈靡篇》中「富者靡之，貧者為之，此百姓之治生」〔註123〕觀點，強調富商大賈、豪家巨族之侈費可使小民分其利，踐履「彼有所損，此有所益」的論證邏輯，而非對傳統尚儉思想之全盤否定〔註124〕，是遵行「儒家風俗教化的一套道德論述，終極的目標是為了社會秩序的和諧與穩定。」〔註125〕雖然《蒹葭堂稿》流傳未廣，根據李豫亨（生

---

〔註118〕（明）陸楫著：〈論治者類欲禁奢以為財節〉，《蒹葭堂稿》，卷6。

〔註119〕參見林麗月撰：〈陸楫（1515～1552）崇奢思想再探——兼論近年明清經濟思想史研究的幾個問題〉，頁140。

〔註120〕（明）陸楫著：〈論治者類欲禁奢以為財節〉，《蒹葭堂稿》，卷6。

〔註121〕其原文曰：「一人儉則一人或可免於貧；自一家言之，一家儉則一家或可免於貧。」文見（明）陸楫著：〈論治者類欲禁奢以為財節〉，《蒹葭堂稿》，卷6。

〔註122〕（明）陸楫著：〈論治者類欲禁奢以為財節〉，《蒹葭堂稿》，卷6。

〔註123〕（周）管仲著，（唐）尹知章注，（清）戴望校正：〈侈靡第三十五〉，《管子》（成都：四川人民出版社，1998年影吳興叢書本），卷12，頁235。

〔註124〕林麗月撰：〈陸楫（1515～1552）崇奢思想再探——兼論近年明清經濟思想史研究的幾個問題〉，頁141。

〔註125〕巫仁恕以明清方志作者將有關消費現象描述放在〈風俗志〉而非〈食貨志〉，認為在當時知識分子的心中，消費並非經濟層面而屬社會層面問題，教

卒年不詳）《推篷寤語》、魏源（1794～1875）《默觚》和法式善（1753～1813）《陶廬雜錄》之轉抄，及葉權（1522～1578）《賢博編》、王士性（1546～1598）《廣志繹》、顧公燮（生卒年不詳）《消夏閑記》和魏世傚（生卒年不詳）〈奢吝說〉等對侈奢觀點之闡述〔註126〕，陸楫經濟思想影響後世乃無庸置疑。

## 三、史學思想

　　明太祖廢相後集大權於一身，致使內閣學士並無實權，才能之士貢獻有限，形成輔弼無人之局面。尤當皇帝幼弱即位，或昏庸無能、乏人忠諫，輒造成朝綱不振、吏治敗壞結果。自明中葉以來，黨爭日熾，排斥異己，宦官專權，帝柄旁落，奸邪之士欺罔惑世，貪污行賄盛行，阿諛奉承成風。時人為求自保，或以護過飾非為尚、隱惡為厚德。為矯正此錯誤觀念，陸楫以《春秋》為標的，讚賞其論是非不論利害之堅持，不僅讓亂臣賊子畏懼，有歷史殷鑑效果，且能拯救淪喪世風，安定社會人心。至其要點如下：

　　首先，陸楫從寫作動機及對後世影響，主張《春秋》乃孔子憂世道、悲人窮而作，是聖人之刑書、萬世之勸懲。凡「位之所在，則以此為賞罰而示勸懲；道之所在，則以此為是非而定榮辱」〔註127〕，評騭他人短長未或能改變世風，故《春秋》「言善善而惡惡，是是而非非，若權衡低昂，不爽銖兩，豈徒貴乎隱惡哉？」〔註128〕唯能像史官秉筆直書，善者惡者瞭然在目，觀其事者方知所勸戒，否則，以「君子稱舜之德，曰隱惡而揚善」〔註129〕，勢將造成是非不明、準則無據之後果。

　　其次，認為《春秋》採隱諱記載非為隱惡，其所以「君弒則書薨，易地

　　　化百姓崇儉黜奢的終極目標是為了社會秩序的和諧與穩定。詳論請參巫仁恕著：《品味奢華：晚明的消費社會與士大夫》（北京：中華書局，2008 年），頁 299。

〔註126〕有關李豫亨《推篷寤語》、魏源《默觚》和法式善《陶廬雜錄》對《蒹葭堂稿》之轉抄情形，和葉權《賢博編》、王士性《廣志繹》、顧公燮《消夏閑記》、魏世傚〈奢吝說〉對侈靡觀之論述及與陸楫經濟思想之同異處，請參林麗月撰：〈陸楫（1515～1552）崇奢思想再探──兼論近年明清經濟思想史研究的幾個問題〉，頁 142～149 和林麗月撰：〈晚明「崇奢」思想隅論〉，頁 219～228。

〔註127〕（明）陸楫著：〈隱惡辯〉，《蒹葭堂稿》，卷 3。

〔註128〕（明）陸楫著：〈隱惡辯〉，《蒹葭堂稿》，卷 3。

〔註129〕（明）陸楫著：〈隱惡辯〉，《蒹葭堂稿》，卷 3。

則書假，滅國則書取，出奔則書孫屈，已而與小國之大夫盟則書及叛，盟失信而莫適守則復公而書會。」〔註130〕故而諱君父之名，乃爲實踐孔子「父爲子隱，子爲父隱，直在其中」〔註131〕之道。不惟對君父如此，聖人待大臣亦然。因此「大臣有犯不廉而廢者，不曰不廉，曰簠簋不飾；有犯不潔而廢者，不曰不潔，曰帷箔不脩。」子貢亦言「惡訐以爲直者」〔註132〕，「所惡於不隱惡者，謂其發人陰私而不諱」〔註133〕，即使明白他人過錯，亦不可自恃而理直氣壯，唯能諱其名、不諱其實，方乃不隱惡之大者。

其三，從寫作心態及搜求證據之嚴謹，強調《春秋》之載必有其根據，若當付諸筆鋒，則有不得不說之理由。認爲「人之惡使昭然在人耳目，夫人能言之不隱焉，可也。惟人之隱行，或出於聞見之未確，聽察之未精，而一旦妄發之，將不至於誣人乎？是故君子惡之也，非欲於人之惡而瘱隱之也。」〔註134〕爲避免妄言致誤，造成無法彌補之傷害，陸楫謂《春秋》所載有其寓意，此外則或爲道聽塗說，或因證據不足才不敢輕下斷論，非爲隱惡。

其四，從《春秋》揭他人所未揭事之積極，言「人之所不能發而夫子獨發之，此不隱惡之大者也。」〔註135〕故「晉之盾、許之止，國人謂其未嘗果於弒也，而夫子並書曰：『弒君』。君子曰：『微顯闡幽，聖人誅意之法也。』」〔註136〕接著，陸楫舉「魯之少正卯，舉國以爲聞人，夫子爲司寇，獨發其未形之惡而誅之。寶玉、大弓藏諸宮府，事甚隱也，而陽貨竊焉。夫子書曰：『盜竊寶玉、大弓。』」〔註137〕之例，支持《春秋》不隱惡之論。

最後，從隱惡之利弊取捨，強調要以國家興亡爲考量，縱使發天下之隱惡而蒙天下之顯禍，亦無所畏懼，故「孫盛作《晉春秋》，書枋頭之敗，桓溫惡之。其子孫輩懼禍，泣請盛改書，盛不之從，君子是之。孔子曰：『知我罪我惟《春秋》。』安知桓魋之忌，武叔之毀，不竊畏其斧鉞乎？孔子之心則以爲是非之公在我，由此而暴白天下後世，雖一身之利害弗計也。故曰斯民也，

〔註130〕（明）陸楫著：〈隱惡辯〉，《蒹葭堂稿》，卷3。
〔註131〕（魏）何晏注，（宋）邢昺疏：〈子路第十三〉，《論語注疏》（臺北：藝文印書館，1989年《十三經注疏》影清嘉慶間阮元校刊本），頁118。
〔註132〕（魏）何晏注，（宋）邢昺疏：〈陽貨第十七〉，《論語注疏》，頁159。
〔註133〕（明）陸楫著：〈隱惡辯〉，《蒹葭堂稿》，卷3。
〔註134〕（明）陸楫著：〈隱惡辯〉，《蒹葭堂稿》，卷3。
〔註135〕（明）陸楫著：〈隱惡辯〉，《蒹葭堂稿》，卷3。
〔註136〕（明）陸楫著：〈隱惡辯〉，《蒹葭堂稿》，卷3。
〔註137〕（明）陸楫著：〈隱惡辯〉，《蒹葭堂稿》，卷3。

三代之所以直道而行也。」〔註138〕否則，如「先漢之俗恥言人過，競以爲厚德相尚，而其弊至於新莽篡禍。」〔註139〕隱惡雖能爲個人免除災禍，幫助國家脫離片刻災難，但從國家的長遠發展來看，不隱惡實有提升向上效果，厚德說不過是短視近利者的迂腐之見。畢竟沒有家國，人何以堪？

　　孟子以《春秋》有改變「世衰道微，邪說暴行」〔註140〕功能，陸楫則放眼國家民族角度，肯定《春秋》「不隱惡」立場之正面影響和價值，言有善者則善之，有不善者則不善之，從「天下之隱惡果出於聞見之未確，雖夫人之所羣言而吾不言可也，雖夫人之所不及言而吾獨言可也，縱人之我病焉，弗暇恤也。」〔註141〕申辯「隱而不言」乃還未明其是非曲直，「不隱惡」則代表有充分證據、是爲正義發聲。「使羣天下之人皆能發人之惡而不隱，則是非由此而明，榮辱由此而定，刑罰由此而興，勸懲由此而公。……發天下之顯議而莫能蔽也，縱刑罰之所不及，猶足以愧死其心而懲之也。苟以隱惡爲厚德，而使夫人之陰惡得幸免於天下之清議，則惡者無所懲而人心死矣。」〔註142〕職是，「隱惡」之弊，輕則傷風敗俗，重則家亡國破，豈是鄉愿俗儒所謂之厚德？這是孔子作《春秋》之用心，也是陸楫欲以〈隱惡辯〉扭轉世俗錯誤觀念之初衷。

## 四、民族思想

　　中國自古即爲多民族國家，面對和處理各民族問題，向爲國家政策要點，「受政治、經濟、軍事以及統治者個性等多種因素的影響，明朝的民族政策始終處於不斷調整、演變之中。」〔註143〕從嘉靖間記載少數民族的書特多，專論邊防之圖說尤多情形〔註144〕，得知時人對少數民族之關注與看法。

〔註138〕（明）陸楫著：〈隱惡辯〉，《蒹葭堂稿》，卷3。
〔註139〕（明）陸楫著：〈隱惡辯〉，《蒹葭堂稿》，卷3。
〔註140〕（漢）趙岐注，（宋）孫奭疏：〈滕文公下〉，《孟子注疏》（臺北：藝文印書館，1989年《十三經注疏》影清嘉慶間阮元校刊本），頁117。
〔註141〕（明）陸楫著：〈隱惡辯〉，《蒹葭堂稿》，卷3。
〔註142〕（明）陸楫著：〈隱惡辯〉，《蒹葭堂稿》，卷3。
〔註143〕劉祥學著：《明朝民族政策演變史》（北京：民族出版社，2006年），頁3。
〔註144〕如許論《九邊圖說》、魏煥《皇明九邊考》、申用懋《九邊圖論》、鄭曉《九邊圖志》、霍冀《九邊圖說》、王士琦《三雲籌俎考》、張瀚《松窗夢語》、程開祐《籌遼碩畫》、田汝成《炎徼紀聞》、楊時寧《宣大山西三鎮圖說》。詳論請參蕭樾著：《中國歷代的地理學和要籍》（桂林：廣西師範大學出版社，2002年），頁230。

《古今說海》「說選部」主要收錄史地類作品，《北征錄》、《平夏錄》、《滇載記》諸書，亦記載明朝廷與少數民族往來事，此或爲陸楫民族思想之啓蒙。尤其自明中葉以來，政局衰頹，軍事未修，邊疆民族趁勢進犯〔註145〕，國家危機頻仍。當時或採征剿、撫諭方式處理邊疆民族問題，深究其內裡，實乃對華夷的認知差異造成。明朝統治者從傳統民族觀點出發，又根據現實需要，衍生出「定天下於一」、「華夷一家」、「以夏變夷」和「內中國而外夷狄」等主張〔註146〕，故而世儒對於外族侵擾危機，多倡言夷夏之防，嚴格區隔華夷民族內涵。但陸楫不爲「華尊夷卑」觀念拘限，視界超邁時人，對金、元二朝多所肯定〔註147〕，係是對「華夷一家」的闡述與發揮。至其論辯要點如下：

首先，陸楫強調華夷之別，乃人視之造成，以「中國居內，夷狄居外；中國爲陽，夷狄爲陰；中國以粱肉，夷狄以羶酪；中國以宮室，夷狄以毳幕；中國以冠裳，夷狄以旃裘；中國以禮義，夷狄以勇力」〔註148〕，但自天視之則不然。「蓋天高地下而人生乎其間，人君者，民之主，而天之子也，夷狄亦人也，猶一鄉一邑。然中國則市廛也，夷狄則郊遂也；中國則世族也，夷狄則村氓也。自邑長鄉大夫視之，則皆其境土也，皆其民也。然則中國夷狄自天視之，則皆其所覆載也，皆其所生育也。」〔註149〕中國和夷狄在飲食、居住、穿著、教育等方面固然存在差異，如能宏觀視之，乃皆是天生子民而無分別。

其次，史家泥古而不知變通，致讓華夷之說根深柢固，左右世人觀點。爲端正視聽，陸楫辯曰：「南史梁武帝時，熒惑入南斗，占者謂其應則天子下殿走。武帝遂袒括徒跣，走殿下以禳之。既而聞魏孝武爲高歡所逼，奔宇文泰於關中，乃自慚曰虜，亦應天象耶？蓋魏武中原猶天之嫡子也，而象緯之驗昭然，世儒徒欲以口舌強解，可笑已。譬之單門陋室之子，不敢與世族爭衡，有崛起者一旦抱經籍、取青紫，歸過其里閈，章服駟馬奕然於道，雖販

---

〔註145〕光嘉靖年間就先後有蒙古族、瑤族、壯族、黎族、苗族、彝族、女眞族、哈剌族等起兵叛變，對國家社會影響頗鉅。詳論請參劉祥學著：《明朝民族政策演變史》，頁356～435。
〔註146〕請參劉祥學著：《明朝民族政策演變史》，頁5～11。
〔註147〕請參林麗月撰：〈陸楫（1515～1552）崇奢思想再探──兼論近年明清經濟思想史研究的幾個問題〉，頁136。
〔註148〕（明）陸楫著：〈華夷辯〉，《蒹葭堂稿》，卷3。
〔註149〕（明）陸楫著：〈華夷辯〉，《蒹葭堂稿》，卷3。

童繪婦咸得而竊之曰：此寒乞家兒也。然不知名掛仕籍，則朝廷已簪笏之、祿秩之，與所錄世家士等。天之視夷狄何以異此？儒者之說，不過祖仲尼。仲尼作《春秋》，西若秦，東若楚，南若吳，北若燕，皆從而夷之。使秦楚燕吳能修文武成康之道以興，則天下歸之矣，《春秋》安得而不王之乎？」〔註150〕如北魏、遼、金、元等能康濟宇宙，為生民主，則天必命之。再次申明從天視之則夷夏無別，其所別者，皆史家未明《春秋》真義所致。

其三，歷代君王有為夷狄，卻能行王道、造福百姓，與華夏無別者，如「舜，東夷之人也；有舜焉，則人不得而夷之矣。文王，西夷之人也；有文王焉，則人不得而夷之矣。」又如「三代而下可以語王道者，得四君焉：曰漢文帝、曰北魏孝文、曰周世宗、曰金世宗，而唐宋無稱焉。然則夷狄顧居其二。」再若「元而一統，尤開闢所未有，雖其以夷俗治華得罪名教，而天祚卒以不永，然帝王之傳統固不可誣也。」〔註151〕虞舜、周文王等明君雖出身夷狄，但教化百姓，使共同邁向文明之功勞，則與華夏君王無異；北魏孝文帝與金世宗雖亦夷人，推行王道之徹底和漢文帝、周世宗難分軒輊，甚至超越唐、宋君王；元朝得上天青睞，採夷俗治華，統一天下，保全帝王傳統。陸楫從儒家王道傳統出發，言能實踐仁政思想者為明君，又歷史上能行此道者，輒出現在異族統治之世，則前此謂「中國以禮義，夷狄以勇力」之說不攻自破。據此為世儒抨擊許衡（1209～1281）仕元提出反駁，言其乃「遇時而出，為斯道計，為生民計爾。」〔註152〕肯定許衡不拘古制、明辨是非的處世態度，進而對蒙古治華時行仁道表達認同。

陸楫民族思想主要見於〈華夷辯〉，據文前序，知是篇作於嘉靖辛亥（1551）夏，乃為廣博〈宋南遷解〉〔註153〕之說，對楊循吉（1456～1544）

---

〔註150〕（明）陸楫著：〈華夷辯〉，《蒹葭堂稿》，卷3。
〔註151〕（明）陸楫著：〈華夷辯〉，《蒹葭堂稿》，卷3。
〔註152〕（明）陸楫著：〈華夷辯〉，《蒹葭堂稿》，卷3。
〔註153〕陸郯刻《蒹葭堂稿》，將〈宋南遷解〉置於〈華夷辯〉之前一篇，內容以宋太宗有負宋太祖而傳位於己子，金太宗不負金太祖而傳位太祖孫對比，褒金太宗而貶宋太宗，且歸於天道，云：「故貽子孫以天下而忍負其兄者，太宗也；釀南遷之禍而不能復者，徽欽也；伐宋而使太宗子孫不有天下者，金人也；南遷得國復立太宗之後者，高宗也，皆人也。所以嘉金主之義，特假手以報藝主之怨，必使藝祖一脈半享宋曆而後亡，則天也，非人之所能為也。夷狄之禍，自晉懷愍而下，未有慘於宋室之南遷者，儒者嚴華夷之辯，深致憾焉，愚特解其說如此。」文見（明）陸楫著：〈宋南遷解〉，《蒹葭堂稿》，卷3。

《金小史》之「以快臣宋之憤而嚴夷夏之防」〔註154〕提出辯駁，故文末云「金入中國，改物易紀，而治者垂百五十年。若太宗之沉毅、世宗之賢明、章宗之文雅，皆有功於世，而東撫高麗、西制靈夏、南臣遺宋，頒正朔於海內，安得不以爲帝王而妄黜之乎？南峯氏之說亦泥古而不知變也，使其爲宋而讎之，則南峯非宋之臣子也；使其爲中國而讎之，則前說已盡，不可讎矣。」〔註155〕陸楫反對時儒崇宋黜金元觀念，總結以「我皇明表章彝籍，綜制百代，特脩元書，併遼金二代列之正史，以傳識者。猶謂明承元、元承金、金承遼，遼與前宋則兄弟，而欲列南渡諸君於閏位，況可爲宋而黜金乎？」〔註156〕從明朝修史角度，堅定個人支持華夏齊等夷狄之看法。

〔註154〕　（明）陸楫著：〈華夷辯〉，《蒹葭堂稿》，卷3。
〔註155〕　（明）陸楫著：〈華夷辯〉，《蒹葭堂稿》，卷3。
〔註156〕　（明）陸楫著：〈華夷辯〉，《蒹葭堂稿》，卷3。

# 第三章 《古今說海》成書經過及其流傳

　　《古今說海》係陸深父子結合世交、姻親、友朋、師生等關係所組成的文人集團，或出藏書、或錄副稿、或行校勘，最後由黃標擔任總校勘編次、陸楫出資刊刻，以儼山書院名義於嘉靖二十三年（1544）出版的說部叢書。它不僅體現明嘉靖中雲間文人博雅好奇的文化特徵，落實陸家流通藏書、造福士林之所願，且帶有販售營利的現實目的，並與叢書匯刻興盛和印刷事業發展密切相關。尤其《古今說海》自明刻本刊行以來，約五十年間已經流傳至江浙、兩湖地區，而道光間酉山堂翻刻本發行後，和民國以來各種影印本、排印本及文白對照本的出版，亦皆以此做為底本，增進《古今說海》的流傳速度和擴大影響範圍。

## 第一節 《古今說海》之成書背景

　　《古今說海》之成書，雖不免與國家政策的制定、社會經濟的提升、教育文化的發展及文學觀念的進步等息息相關，然其彼此間環環相扣，牽一髮而動全身。特別自明中葉以後，松江府地區發展迅速，商業互動頻繁，相對應於物質條件的改善，連帶影響文人間的互動模式。陸氏既為世家望族，在當地有相當程度的影響力，而陸深除雅好藏書外，對於刊刻出版亦有獨到見解與堅持，致令《古今說海》的成書背景別於其他。據此，從出版印刷事業發展、小說纂輯風氣盛行、雲間文人集團推動和陸氏家藏數量充沛等方面探述之：

## 一、出版印刷事業發達

明朝建國以來，政治局勢日趨穩定，社會經濟持續發展，農業生產技術進步，工商業逐漸發達，帶動手工業的興盛。隨著人口大量增加，除原本的政治中心，如北京和南京外，當時有許多因貿易需要，發展成為經濟型都市者，如沙市鎮（今湖南瀏陽市）、許灣鎮（今江西金溪縣）等，也一同加速國家整體繁榮。特別是東南地區，因水陸交通便捷，商業往來頻繁，不僅城市發展迅速，且規模較大、密集度高，增加貿易往來機會，進而提高商品利潤。由於經商致富者屢見不鮮，手工製品需求日大，市場發展遠景可期，讓更多人願意放棄農業生產，轉而投身商販、手工業行列。隨著文化水準、經濟收入、娛樂要求和消費能力之提高與增強，城市繁榮成為孕育消費娛樂的溫床，促進小說、戲曲等通俗文學之創作與發行。書坊出版雖以滿足讀者為目的，卻也因為需求量高，帶動刻書事業蓬勃發展，不僅內府、經廠、國子監、藩府及各部院等都有刻書，甚至連「御史、巡鹽茶、學政、部郎、榷關等差，率出俸錢刊書」〔註1〕，引領一時風尚。據陸容（1436～1494）《菽園雜記》記載：

> 浙之衢州，民以抄紙為業，每歲官紙之供，公私糜費無算，而內府貴臣視之，初不以為意也。聞天順間，有老內官自江西回，見內府以官紙糊壁，面之飲泣，蓋知其成之不易，而惜其暴殄之甚也。又聞故老云：洪武年間，國子監生課簿做書，按月送禮部。做書發光祿寺包麵，課簿送法司背面起稿，惜費如此。永樂、宣德間，鰲山烟火之費，亦兼用故紙，後來則不復然矣。成化間，流星爆杖等作，一切取搒紙為之，其費可勝計哉！〔註2〕

知在明朝洪武年間，紙張仍不易取得，連官府都吝惜花用；但到了成化以後，紙張使用日漸普及，販售價格降低，提高了書籍利潤，促進出版事業發達，讓更多的刻字工和印刷工願意投身其間。尤其嘉靖至萬曆時期，私刻風氣盛行，書籍印板漸廣，增進圖書的流通速度與範圍。《菽園雜記》復載：

> 古人書籍，多無印本，皆自鈔錄。聞《五經》印版，自馮道始，今學者蒙其澤多矣。國初書版，惟國子監有之，外郡縣疑未有。……

---

〔註1〕（清）王士禎著：《居易錄》（臺北：臺灣商務印書館，1983年影清文淵閣《四庫全書》本），卷7，頁394～395。

〔註2〕（明）陸容著：《菽園雜記》（北京：中華書局，1985年），卷12，頁153。

宣德、正統間，書籍印版尚未廣。今所在書版，日增月益，天下古
文之象，愈隆於前已。〔註3〕

不只雕版印書日增月益，活字印刷也普遍當時，除木活字、銅活字和錫活字
外，嘉靖間至少開始用鉛活字印刷。益以餖版和拱花等印術的出現與發明，
在在提高印製書籍之品質、美觀和收藏價值。江南地區百姓因經濟條件豐
厚，鑑賞水準較高，書籍品質要求嚴格，促使印刷技術精益求精，帶動坊刻
經營如火如荼。當時全國書坊主要集中浙江、南直隸和福建地區，南直隸蘇
州和松江兩府光嘉靖間即刻有許多通俗文學作品，其中包括蘇州府長州縣和
松江府上海縣刻印的《顧氏文房小說》和《古今說海》〔註4〕。胡應麟謂當時
「凡刻之地有三：吳也、越也、閩也。蜀本，宋最稱善，近世甚稀。燕、粵、
秦、楚，今皆有刻，類自可觀，而不若三方之盛。其精，吳爲最；其多，閩
爲最，越皆次之。其直重，吳爲最；其直輕，閩爲最，越皆次之。」〔註5〕南
直隸印刷出版事業昌盛和刊刻書籍精美情形可見一斑。

坊刻競爭固有助於印刷技術改良、書籍品質提升和刻印工、紙墨價等之
低廉，商品經濟愈益發達與便利流通，連帶促進市場貿易繁榮。城市居民希
望有更多圖書典籍來滿足精神需求，及國家政府出於政治、文化、科舉等考
量之提倡，推波助瀾家刻事業蔚爲風氣〔註6〕。郭雲鵬、聞人銓、胡宗憲、范
惟一、王世貞、張嘉胤、杜思、吳勉學、吳琯、馮夢禎、屠隆、張燮等皆明
朝家刻之代表〔註7〕；其或爲文人學士，或大藏書家，或進士出身，學養俱

〔註3〕 （明）陸容著：《菽園雜記》，卷10，頁128～129。
〔註4〕 參見方志遠著：《明代城市與市民文學》（北京：中華書局，2004年），頁370
～372。
〔註5〕 （明）胡應麟著：〈甲部‧經籍會通四〉，《少室山房筆叢》（北京：中華書局，
1958年），卷4，頁56～57。
〔註6〕 張民服認爲明中期以後，私人刻書事業日漸興盛之原因有四：一是隨著社會
經濟的發達，造紙、印刷等手工部門不斷改進生產工藝，紙的產量和質量及
印刷術都在不斷提高；二是由於商品經濟愈益發達，進入流通領域的產品越
來越多，加速了城市與城市、城市與鄉村、地區與地區之間的交流；三是城
市經濟的繁榮，使城中居民對文化生活的需求更高，希望有更多的圖書典籍
來滿足精神的需要；四是政府出於政治、文化、科舉等方面的考慮，提倡私
人刻書。詳論請參張民服撰：〈明清時期的私人刻書、販書及藏書活動〉，《鄭
州大學學報（哲學社會科學版）》1993年第5期，頁100。
〔註7〕 詳論請參曹之著：《中國古籍版本學》（臺北：紅葉文化出版公司，1994年），
頁317～324。

佳，「注重善本且精加校刊，故其所刻書多可與宋版書相媲美。」〔註8〕復以「明朝政府對出版的管理是比較寬鬆的，既不像宋朝一次次由政府頒布禁令，也不像元朝事前審查，對圖書內容及國內外發行都採取開放的政策，除正統年間禁燬《剪燈新話》和萬曆年間查禁李贄的《藏書》等個別事件外，整個明朝無論是國史、宮史、諫諍之辭，還是市井文學、小說豔曲，都可以由坊肆公然刊行。」〔註9〕蘇州因藏書家眾多及刻印書籍風氣盛行，該地書籍市場有較高產量，甚至採購運用家刻本之現成印書書版，讓家刻本非營利性質至少自十五、十六世紀後有些許轉換〔註10〕。這對於有經商背景的陸家人而言，未嘗不是誘因，是相信《古今說海》在這股風潮中，乘著蘇州印刷出版事業之優勢，在帶有利益考量的前提下，由儼山書院家刻刊行。

## 二、小說纂輯風氣盛行

明太祖朱元璋出身微賤，曾從事放牛工作及淪為遊僧，迄躍登九五至尊後，受限於個人學養不足，故對宋濂、劉基等開國文臣禮遇有佳，委其奠定國家禮樂制度，同時廣邀延攬，欲假文人才力安定天下。另一方面，因部分武官將領刻意挑撥，乃對談文論藝者多所猜忌，常藉故殺戮，處在自我矛盾中。為避免反叛及方便控制，明太祖假借名目，頒佈各種冠冕堂皇又別具用心之嚴厲手段，試圖完成思想統一，落實宰制文臣目的。不僅太祖如此，太宗亦承其措施，透過各種軟性文化訴求，以獨裁天下。如陳國軍云：

> 明代二祖（太祖、太宗）又採用興學、科舉、召賢、祭孔、崇朱、
> 考禮、定樂、明刑、修史、編纂善書等一系列文治政策，箝制士人
> 思想，……其目的在於肅綱紀、箝士心、剷異端、維新朝。〔註11〕

明朝恢復科舉雖為延攬人才，卻欲以制式化的徵選過程，藉考試方式及考科內容之設限，規範天下學子變成專為古人立言、專講宋儒經義、專擅八股文章之考試機器。此考試方式看似有公平標準，讓考生有明確依歸可循，但要適應箇中要求之同時，一併抹煞個人思想，戕賊自由創造思維。待成祖即位

---

〔註 8〕 邱澎生撰：〈明代蘇州營利出版事業及其社會效應〉，《九州學刊》第 5 卷第 2
期（1992 年 10 月），頁 140。

〔註 9〕 蕭東發著：《中國圖書出版印刷史論》（北京：北京大學出版社，2001 年），頁
200。

〔註 10〕 詳論請參邱澎生撰：〈明代蘇州營利出版事業及其社會效應〉，頁 144、159。

〔註 11〕 陳國軍著：《明代志怪傳奇小說研究》（天津：天津古籍出版社，2006 年），頁
24～26。

後，爲穩定社會秩序，促進經濟繁榮，乃更積極攏絡知識分子，命予纂輯《永樂大典》，收錄儒家典籍、史傳百家和歷代文集，且將小說戲曲等小道作品一併收錄。

延續著宋、元以來說話行業興盛，說話人講述故事經文人整理潤飾，造成白話小說創作風起雲湧，直至瞿佑（1341～1427）《剪燈新話》、李禎（1376～1452）《剪燈餘話》出版，促使文言小說復甦。至若陶輔（1441～？）《花影集》、邱濬（1418？～1495 或 1421～1495）《鍾麗情集》之編撰，不僅宣示小說創作日漸繁榮，書林人士之熱衷評點，適說明時人對小說態度之轉變，如熊大木云：「小說與本傳互有同異者，兩存之，以備參考。或謂小說，不可紊之以正史，余深服其論，然稗官野史，實記正史之未備。」〔註 12〕將演義小說歸爲正史之補，能拾其遺而詳所未賅，得與正史參行對照。袁于令（1592～1674）亦云：「史以遺名者何？所以輔正史也。正史以紀事，紀事者何？傳信也。遺史以蒐逸，蒐逸者何？傳奇也。……苟有正史而無逸史，則勳名事業，彪炳天壤者，固屬不磨，而奇情俠氣，逸韻英風，史不勝書者，卒多湮沒無聞；縱大忠義而與昭代忤者，畧已。掛一漏萬，罕覯其全，悲夫！」〔註 13〕評價正史掛一漏萬，不若小說之得目睹歷史全貌，指出小說有正史所無法替代、無法企及之功能〔註 14〕。

立足於對小說有獨立地位之口逐肯定，及具備娛樂功能之未曾否定，江南地區城市發展成熟，小說作者和讀者的成長率較他處來得迅速。當時社會有「賣典籍不如賣時文，賣時文不如賣小說」之說〔註 15〕，書賈更看準小說市場有利可圖，大量刻印時人前賢諸作，甚至有翻刻達幾十版者。由於中國自古創作有許多精采小說，凡能被保存流傳，即說明擁有基本且固定的支持群；倘能將歷代名作或各書裡的精華故事集結出版，兼收並蓄迎合讀者一舉而盡全功心理，勢必能增加銷量與利潤。弘正時期，伴隨著志怪傳奇小說走

---

〔註 12〕（明）熊大木撰：〈大宋演義中興英烈傳序〉，見（明）熊鍾谷編輯：《大宋演義中興英烈傳》（北京：中華書局，1990 年《古本小說叢刊》影日本內閣文庫藏明嘉靖 32 年（1553）楊氏清江堂刊本）。

〔註 13〕（明）袁于令撰：〈隋史遺文序〉，見《隋史遺文》（北京：中華書局，1990 年《古本小說叢刊》影日本早稻田大學藏明崇禎名山聚刊本）。

〔註 14〕參見方正耀著：《中國古典小說理論史》（上海：華東師範大學出版社，2005 年），頁 86。

〔註 15〕參見秦川著：《中國古代文言小說總集研究》（上海：上海古籍出版社，2006 年），頁 61。

向復甦之途，對宋元文言小說也起了刺激和鼓舞作用，或翻刻唐朝以前著名作品，讓前代經典得以重現風華。這種刊印翻刻古人書籍風尚，對明代文言小說而言，代表在小說創作、閱讀、出版、流通領域佔有主導地位之類型〔註 16〕，造就文言小說匯編再起高峰，其中包括專選小說且以「說」或「小說」為書名並具備叢書性質的小說總集〔註 17〕。

書賈依主觀認知解讀小說，匯編成套書籍問世，除投讀者所好而帶有營利目的，同時為個人審美判斷與社會流行趨勢之展現。至於家刻藏書，一則是為了增加藏書數量、豐富收藏，再則可以所刻書充當贈送、出售或交流物品，達成藏書家社交的一種手段〔註 18〕。中國傳統以來對所藏書向來祕而不宣，告誡子孫將藏書「鬻及借人為不孝」觀念。但自明中葉之後，藏書家心態轉趨開放，開始駁斥「借書一癡，還書一癡」之說〔註 19〕，而逐漸有互借、共讀情形，促進圖書典籍流通，如李鶚翀（1557～1630）輯《藏書小萃》便是為達到「天下好書，當與天下讀書人共讀之」的理想。徐燉則認為：「今藏書家知秘惜為藏，不知傳布為藏。何者？秘惜則緗囊中自有不可知之秦劫，傳布則毫楮間自有遞相傳之神理。」〔註 20〕故縱使宦遊在外，陸深亦把握機會和諸生借書〔註 21〕，落實書籍傳布與流通乃真正藏書之理。嘉靖年間

---

〔註 16〕 參見陳國軍著：《明代志怪傳奇小說研究》，頁 263～264。

〔註 17〕 秦川認為明代文言小說總集之興盛，除專題性的小說總集，如以豔情為主題的《豔異編》、《續豔異編》、《廣豔異編》等，以劍俠為主題的《劍俠傳》、《續劍俠傳》、《女俠傳》等，以笑話為主題的《古今談概》、《笑府》、《捧腹編》等之外，還包括叢書性質的總集，如《五朝小說》、《古今說海》、《四十家小說》等，類書性質的總集，如《太平廣記鈔》、《聞見漫錄》、《古今奇聞類記》等，世說體小說總集，如《皇明世說新語》、《玉堂叢語》、《兒世說》等，及虞初體小說總集，如《陸氏虞初志》、《續虞初志》、《廣虞初志》等各種小說總集類型之共同發展。詳論請參秦川著：《中國古代文言小說總集研究》，頁 78～112。

〔註 18〕 參見陳冠至著：《明代的江南藏書》（宜蘭：明史研究小組，2006 年），頁 300。

〔註 19〕 （明）陸容云：「世有借書一癡，還書一癡之說，此小人謬言也。癡本作瓻，貯酒器，言借時以一瓻為贄，還時以一瓻為謝耳。以書借人，是仁賢之德，借書不還，是盜賊之行，豈可但以癡目之哉！」文見（明）陸容著：《菽園雜記》，卷 9，頁 116。

〔註 20〕 （明）徐燉著：〈藏書〉，《徐氏筆精》（臺北：臺灣商務印書館，1983 年影清文淵閣《四庫全書》本），卷 6。

〔註 21〕 請參（明）陸深〈為己方序〉：「壬辰春，寓榆關久，間從諸生借書消日。」見（明）陸深著：《儼山集》（臺北：臺灣商務印書館，1983 年影清文淵閣《四庫全書》本），卷 51，頁 316。

小說纂輯風氣盛行，陸楫集眾人所藏刊成《古今說海》，除成就叢書較單行本便利文獻保存之特性外，也讓共襄其事者能達到書籍交流、增擴藏書總量之目的。

## 三、雲間文人集團推動

「雲間」乃松江古稱，松江舊名華亭，故雲間、松江和華亭三者是異名同實。雲間地區開發遠溯春秋吳國，但論其文學發展，則由三國陸景（249～280）、陸機（261～303）和陸雲（262～303）開啓人文傳統。陸機、陸雲因文學成就高，名重當時，流芳百世，故南宋徐民瞻序《晉二俊文集》云：「二俊之文，自晉歷隋唐，更五代，迄于我宋，又二百四十餘年，湮沒不彰，今焉恍如揭日月于雲霧之上，震雷霆于久息之中，焜耀雲間。雲間學士大夫宗之仰之有餘師矣，二俊之名不朽矣。」〔註22〕唐宋時期，北方部分文士南遷，帶動當地習文風氣，文學氣象爲之一變。到了南宋末年，「雖佃家中人衣食纔足，喜教子弟以讀書，秀民才士往往起家爲達官，由是競勸于學，弦歌之聲相聞。」〔註23〕入元以後，崇文氛圍達到高峰，明人何良俊（1506～1573）總結：「我松文物之盛，莫甚于元。浙西諸郡，皆爲戰場，而我松僻峯泖之間以及海上，皆可避兵。故四方名流彙萃于此，薰陶漸染之功爲多。」〔註24〕

雲間景觀山明水秀，區域文化氣息濃厚，地方色彩風格獨特，形成迥異的風味與傳統，薰染當地文人才士，一新詩文書畫的創作特色，如趙孟頫（1254～1322）、楊維楨（1296～1370）、王逢（1319～1388）等皆是箇中翹楚而影響甚鉅。另一方面，宋元時期落籍雲間之世家大族，爲維繫書香門第，力保家業不墜，輒敦促子弟攻讀詩書、從事科舉，成爲科甲世家、詩禮之族，進而帶動雲間、乃至整個上海地區的讀書風尚，人文空氣爲之瀰漫〔註25〕。

〔註22〕　（宋）徐民瞻撰：〈晉二俊文集敍〉，見（晉）陸機著：《晉二俊先生文集》（上海：簡務印書館，1929年《四部叢刊初編》影上海涵芬樓借江南圖書館藏陸元大翻宋本）。

〔註23〕　（清）宋如林修，孫星衍、莫晉纂：〈疆域志五〉，《（嘉慶）松江府志》（上海：上海古籍出版社，1995年《續修四庫全書》影華東師範大學圖書館藏清嘉慶23年（1818）松江府學刻本），卷5「風俗」小注，頁231。

〔註24〕　（清）宋如林修，孫星衍、莫晉纂：〈疆域志五〉，《（嘉慶）松江府志》，卷5「風俗」小注，頁231。

〔註25〕　參見劉勇剛著：《雲間派文學研究》（北京：中華書局，2008年），頁4。

明朝初期，「松江一時文風之盛，不下鄒魯」〔註26〕，華亭詩人袁凱即以〈白燕〉詩盛傳一時，博得「袁白燕」之美稱〔註27〕；書法家沈度（1357～1434）、沈粲（1379～1453）兄弟兼擅各體，分別以婉麗取勝和遒勁見長，並稱爲「二沈先生」。明中葉以後，當地更出現張弼（1425～1487）、陸深、莫如忠、陳繼儒（1558～1639）等書畫名家，和夏允彝（？～1646）、李雯（1608～1647）、陳子龍（1608～1647）、宋徵輿（1618～1667）等詩詞作家，涵養雲間地區的書畫氣息，豐富當地環境的文學內涵。

清代詩人黃定文（1746～1829）序《國朝松江詩鈔》云：

> 詩自〈河梁〉，下逮建安蘇李曹劉諸鉅公，大抵皆北產；獨至二陸奮起雲間，狎主中原壇坫。自是以後，大雅之材萃于東南，遂至儃荒河北。然則雲間，固南國之詩祖也。……竊謂人才之生，創始者難，聚而爲極盛尤難。松江固詩國，然自二陸以來，又千餘年。其見于姚太史《松風餘韻》者，多卓卓爲海內職志。然或負其才而未遇其時，甚至猖狂自晦如袁景文者，尤可嘅息。夫山川光岳之氣，磅礴而鬱積，必有所待而後興。松江當具區下流，東南之水，千支萬派，胥匯而歸之于海，形勢完固；風俗淳茂，士皆敦本勵行，不爲浮華以眩世，故閱之千百年，而非有所夭閼其材，及其光氣之淬發也，必將沐浴日月，呼吸風雲，搜天之藻，爲藝林鉅觀。其積之已深，則發之必熾，亦其勢然也。〔註28〕

不獨詩歌發展如此，雲間地區因文風昌盛，成爲士林淵藪，「據不完全統計，明代松江一府共出進士四百六十六名，在全國諸多府郡中排名第十二位。而科甲的興旺便是人文昌盛的標誌，亦是名門望族得以形成的重要前提。」〔註29〕從呂良佐於元朝至正十年（1350）創應奎文會，其子德常、志道舉賓

---

〔註26〕（清）錢謙益撰：〈甲前集·丘郎中民〉，《列朝詩集小傳》（上海：古典文學出版社，1957年），頁49。

〔註27〕袁凱，生卒年不詳，但知亡於洪武年間。字景文，號海叟，松江華亭人，著有《海叟集》、《海叟詩集》。其〈白燕〉詩曰：「故國飄零事已非，舊時王謝見應稀。月明漢水初無影，雪滿梁園尚未歸。柳絮池塘香入夢，梨花庭院冷侵衣。趙家姊妹多相忌，莫向昭陽殿裏飛。」詩見（明）袁凱著：《袁海叟詩集》（臺北：新文豐出版公司，1989年《叢書集成續編》據觀自得齋叢書排印），卷3，頁252。

〔註28〕黃序收錄於（清）姜兆翀編：《國朝松江詩鈔》（臺北：國立臺灣大學圖書館藏《烏石文庫》九五六清嘉慶戊辰（1808）敬和堂刊本）。

〔註29〕劉勇剛著：《雲間派文學研究》，頁18。

月吟社，肇雲間文社之始，文人結社自此相繼而起〔註30〕。但因社事所費不貲，發起者需具備一定的身分和名位，通常還得有豐裕的家資，故明代社事盛於東南，與當地爲官僚和士人聚集處，係天下財富豐饒之鄉不無相關〔註31〕。由於雲間望族與前述條件多相吻合，才得以在各種文社組織中，擔任舉足輕重的關鍵人物，主導活動內容進行。

　　雖然文人結社類型繁多，但因主要成員爲儒士，勢必對文學風貌產生影響，「最具體而微的，就是詩文酬答之風的盛行。文人社集，或風流宴賞，或觀景賦詩，或分題拈韻，或品詩評文，詩文成爲交朋會友的良媒，弄才炫采的工具。」〔註32〕《蒹葭堂稿》保存陸楫與《古今說海》其他編纂者如沈瞻嶽、姚晉明、董宜陽、唐雲山之酬和作品〔註33〕，如次沈希皋詩：「青山結社共論文，掃却塵心與世紛，愛殺休文多逸思，賞花詩句更超羣。」〔註34〕其與張須野文亦云：「夏初，集諸社友結會，復操鉛槧，如敗足登壇，望戌變色，籲夫長嘯，有含淚封狼居胥之意。」〔註35〕又明人張鼐復曰：「董宜陽好學，工古文詞、丹鉛、校勘，老而不倦。……數公皆一時才人，聯社唱和，每集會則竟日品題金石，揚搉古今，按拍雅歌，陶然觸咏。至今風物流韻，想見當日鄠下名也。」〔註36〕文章的品評分享，自古即爲文人聚會的共通話題，詩的寫作及相關活動，更可以開發出極爲繁複的社交活動，凝聚、編組對文藝寫作有興趣的文人，開展相關的藝文活動〔註37〕。陸楫文社活動及社友往來的基礎，不僅在詩文互答中展現無遺，舉凡校勘出版書籍事宜，亦由此見

〔註30〕施蟄存著：〈社集〉，《雲間語小錄》（上海：文匯出版社，2000 年），頁 125。

〔註31〕請參何宗美撰：〈文人結社的文化淵源〉，見何宗美著：《明末清初文人結社研究續編》（北京：中華書局，2006 年），頁 9〜10。

〔註32〕郭英德撰：〈明代文人結社說略〉，《北京師範大學學報（社會科學版）》1992年第 4 期，頁 33。

〔註33〕如《蒹葭堂稿》卷 1〈元旦祝聖壽和沈瞻嶽韻〉、〈送朱象岡北上用唐雲山韻〉、〈書董紫岡卷〉、〈送沈瞻嶽上太學〉、〈次瞻嶽賞菊〉二首，卷 2〈送姚晉明就試〉、〈送董紫岡上南雍調喜邊鶯〉、〈己酉歲余留京師瞻嶽遠寄念奴嬌一闋〉等。書見（明）陸楫著：《蒹葭堂稿》（臺北：國家圖書館藏明嘉靖 45 年（1617）上海陸氏家刊本）。

〔註34〕（明）陸楫著：〈次瞻嶽賞菊〉二首，《蒹葭堂稿》，卷 1。

〔註35〕（明）陸楫著：〈奉張須野文選〉二首，《蒹葭堂稿》，卷 4。

〔註36〕（明）張鼐著：《寶日堂初集》（北京：北京出版社，2000 年《四庫禁燬書叢刊》影中國科學院圖書館明崇禎 2 年（1629）刻本），卷 23，頁 618。

〔註37〕參見王鴻泰撰：〈迷路的詩——明代士人的習詩情緣與人生選擇〉，《中央研究院近代史研究所集刊》第 50 期（2005 年 12 月），頁 32〜33。

到端倪。

　　陸楫的仕宦生涯雖不順遂，卻願意以著書立說方式，積極為國家獻言獻策〔註38〕，或登高一呼組詩文社，利用社事活動資源，進行文化編纂工作。家境優渥雖足夠他支應社事花費，陸深德隆望尊更助長陸楫名聲，便利號召才俊共襄盛舉。此外，明代書院與文人會社結合〔註39〕，和當時書院具備教育、藏書、出版等多重功能，適相應儼山書院從事刊刻事業。陳繼儒曾云：「吾鄉自陶南邨撰《輟耕錄》及《說郛》，有此一種風習，而嗣後陸祭酒儼山，最稱博雅。」〔註40〕施蟄存（1905～2003）亦云：「陶南邨《說郛》一百卷與陸思豫《說海》一百四十二卷，并為吾邑異書。」〔註41〕又說：「陸思豫《古今說海》一百四十卷，陳眉公《寶顏堂祕笈》四百卷，並刻於郡中。牛腰巨帙，非易事矣。」〔註42〕昌彼得則指出：「彙輯叢書之盛行，則自正德嘉靖以後。其輯刻之人，率多雲間、吳郡人氏。如正德六年長州沈津之《欣賞編》，正德嘉靖間，吳郡顧元慶之《文房小說》及《四十家小說》，嘉靖廿三年間，雲間陸楫之《古今說海》，嘉靖間，吳郡袁褧之《金聲玉振集》及前後《廣四十家小說》，萬曆間雲間陳繼儒之《寶顏堂秘笈》。」〔註43〕此外，據唐錦〈古今說海引〉：「黃子良玉、姚子如晦、顧子應夫、陸子思豫，皆海上之英也；與予季子贇，共為講習之會。日聚一齋，翻譯經傳，考質子史，闡發微奧。」〔註44〕和陸楫〈古今說海校書名氏〉所列參與編輯者資料，皆印證《古今說

---

〔註38〕 瞿勇指出，明代嘉靖、隆慶間的松江士人，基於歷史憂患意識和現實關懷精神的使命感，或通過科舉，躋身卿相，實現自己的經國抱負；或棲身草澤，著書立說，積極為國家獻言獻策。文參瞿勇撰：〈明代嘉、隆年間松江士人文化特徵〉，《邯鄲學院學報》第 19 卷第 1 期（2009 年 3 月），頁 59。陸楫早年累舉不第，但念茲在茲國計民生，故著作《蒹葭堂稿》表達個人主張，申述關心國家政治、經濟、民族之論。

〔註39〕 何宗美認為私人書院提供文人聚集結合的機會和場所，隨著書院的增多及書院活動的頻繁開展，文人的交往、結社變得更為頻繁，文人群體的聲勢也日漸壯大，而明代書院的情況正足以說明之。詳論請參何宗美撰：〈文人結社的文化淵源〉，頁 19。

〔註40〕 （明）陳繼儒著：《偃曝談餘》（臺南：莊嚴文化事業出版社，1995 年《四庫全書存目叢書》影清華大學圖書館明萬曆繡水沈氏刻寶顏堂祕笈本），卷下，頁 860。

〔註41〕 施蟄存著：〈郁校說郛〉，《雲間語小錄》，頁 166。

〔註42〕 施蟄存著：〈書刻〉，《雲間語小錄》，頁 225。

〔註43〕 昌彼得著：《說郛考》（臺北：文史哲出版社，1979 年），頁 39。

〔註44〕 （明）唐錦撰：〈古今說海引〉，見（明）陸楫編：《古今說海》（臺北：國家

海》由雲間文人共同編纂所成就。

## 四、陸氏家藏數量充沛

　　明朝中後期，隨著江南社會經濟蓬勃發展，上海地區雨後春筍般地先後形成許多由科甲出仕起家的世家望族，依其出身與家世，主要可以歸納爲務農耕讀、經營工商、行醫出身、文化世族、世代官宦和力行傳統儒家忠孝思想之家庭等類型〔註45〕。陸深爲明代著名詞臣、藏書家，平生於「聲色貨利無所嬰情，唯法書名畫、商彝周鼎，則時供鑑賞，用爲博古之助。」〔註46〕祖父陸璿亦通鑑賞，眞贗望而知之，「每見古法書、名畫、三代鼎彝器必重購之，曰古之人非有甚異於今之人也，然其技能絕者何也？夫心以造物，目以行之，手以從焉。古之人心如目，目如手，其志專而事不雜。吾固不得見古之人，吾徒謂古人之麤迹而置之，甚不然也。」〔註47〕父親陸平雖爲富商大賈，但具藝術涵養，善筆札書法，足見陸深於品隲書籍能力之培養與訓練有其家學淵源。

　　益以家境優渥、經濟無虞，陸深即使身居外地，亦不稍減築樓藏書嗜好，如敘長安綠雨樓：「北爲兩牕，槐幹肖龍，每欲闖牕而入，煩暑時於是讀書納涼。蓋樓至此窮矣，有潛之義焉，故命之曰潛室。又啓一戶折而西通，中霤榜曰書窟，廣可五尺，長丈，有呎穴；北壁以取明，雜藏書三千卷，斯樓之大觀也。」〔註48〕至若松江宅第後樂園之江東山樓，則保存陸深不同時期、不同地方和自不同管道取得書籍。據〈江東藏書樓目錄序〉云：

　　　余家學時喜收書，然靦靦屑屑，不能舉帙有也。壯遊兩都，多見載
　　　籍，然限於力，不能舉帙聚也。間有殘本不售者，往往廉取之。故
　　　余之書多斷闕，闕少者或手自補綴，多者幸他日之偶完而未可知也。
　　　正德戊辰夏六月，寓安福里。宿病新起，命童出曝，既乃次第于寓

　　　圖書館藏明嘉靖甲辰（1544）雲間陸氏儼山書院刊本）。

〔註45〕有關各類家族之內涵定義、發展情形及代表群體，請參吳仁安著：《明清時期
　　　上海地區的著姓望族》（上海：人民出版社，1997年），頁47～62。

〔註46〕（明）唐錦著：〈詹事府詹氏兼翰林院學士儼山陸公行狀〉，《龍江集》（上海：
　　　上海古籍出版社，1995年《續修四庫全書》影上海圖書館藏明隆慶3年（1569）
　　　唐氏聽雨山房刻本），卷12，頁593。

〔註47〕（明）陸深著：〈筠松府君碑〉，《儼山集》（臺北：臺灣商務印書館，1983年
　　　影清文淵閣《四庫全書》本），卷82，頁526。

〔註48〕（明）陸深著：〈綠雨樓記〉，《儼山集》，卷53，頁329。

樓。數年之積，與一時長老朋舊所遺，歷歷在目，顧而樂焉。余四方之人也，又慮放失，是故錄而存之，各繫所得。儻後益焉，將以類編入。〔註49〕

《江東藏書目錄》未見流傳，無從得知實際藏書情形，但從陸深致書董宜陽云：「聞收蓄本朝先達記載甚多，乞一一目出寫至，與寒家所有者比勘之，如何？如何？」〔註50〕又〈答張君玉〉云：「近築一隱居，當三江之合流，頗有竹樹泉石之勝，又累土作三山，遇清霽景候可以望海。其下葺退居之室，榜曰靜勝，今年四十有九矣。因命其左齋曰知非，右齋曰知還。靜勝之後，復作一室，度明年可成，成即當題曰知命，但不敢爾。醫藥稍暇，時時燕處其中，大懼以筆硯為累，即辦一味枯坐耳，何由得奉長者，一經其處，隨意點染，悉成勝槩，跂想如何！是中藏書滿架，所欠者《白齋集》耳。往歲在京嘗決券買一部，念《白齋》當自寄到，遂輟。又往往於友人家見《白齋集》，輒復垂涎，不意於今日並與續集得之，快事！快事！」〔註51〕可見其癡迷於收藏典籍。陸深欲董宜陽謄抄目錄，乃為藉此互通藏書有無，從其為收藏《白齋集》之迫切，和得書時的欣喜若狂，至少是被譽為著名藏書家的注解，而不難想見江東山樓的藏書規模。

再者，陸深予陸楫家書時曾云：「書畫是我一生精力所收，俱各散漫，不曾收拾，不知汝有暇清理否？我重入翰林，屢有朝廷文字應酬，苦無書檢閱。此間有人事書，亦復收買幾種。今寫書目去，來時可帶得緊要的幾種，若宋元板，除此間所有，盡可收束公，千載欽嘉徽。」〔註52〕復論及「唐以前凡書籍皆寫本，未有模印之法，人不多有，而藏者精於讎對，故往往有善本。學者以傳錄之艱，故其誦讀亦精詳。」又感嘆自書籍刊鏤摹印以來，流傳漸多，「士大夫不復以藏書為意，學者易於得書，其誦讀亦因滅裂。」〔註53〕因講究善本，使明真偽優劣，陸深親自校讎辨識，疏通文字詞義，匡謬正訛，務復還原書樣貌。如〈題蜀本史通〉云：

---

〔註49〕（明）陸深著：〈江東藏書樓目錄序〉，《儼山集》，卷51，頁319～320。

〔註50〕（明）陸深著：〈與董子元〉二首，《儼山集續集》（臺北：臺灣商務印書館，1983年影清文淵閣《四庫全書》本），卷10，頁729。

〔註51〕（明）陸深著：〈答張君玉〉，《儼山集》，卷93，頁599。

〔註52〕（明）陸深著：〈京中家書〉二十四首，《儼山集》，卷99，頁643。

〔註53〕（明）陸深著：《金臺紀聞》，見《儼山外集》（臺北：臺灣商務印書館，1983年影清文淵閣《四庫全書》本），卷8，頁49。

（陸）深在史館日，嘗於同年崔君子鍾家獲見《史通》寫本訛誤，當時苦於難讀也。年力既往，善本未忘。嘉靖甲午之歲參政江西，時同鄉王君舜典以左轄來自西蜀，惠之刻本，讀而終篇，已乃采爲會要，頗亦恨蜀本之未盡善也。明年乙未，承乏於蜀，得因舊刻校之，補殘刋謬凡若干言。乃又訂其錯簡，還其闕文，於是《史通》始可讀。〔註54〕

關於雕版印刷起源，陸深自有主張，其根據隋朝費長房（生卒年不詳）《歷代三寶紀》載「廢像遺經，悉令雕撰」〔註55〕，理解闡述「隋文帝開皇十三年十二月八日，敕廢像遺經，悉令雕撰，此印書之始。」〔註56〕王士禎（1634～1711）《居易錄》雖謂此乃陸深連讀之誤，認爲《歷代三寶記》的記載，是對於北周滅佛後的挽救〔註57〕。但據與陸深《金臺紀聞》載「近時毗陵人用銅、鉛爲活字，視板印尤巧便，而布置訛謬尤易」〔註58〕相互參看，知縱使陸深論雕板起緣失實，且未認同鉛活字之巧便，然其闡述版本得失之際，適突顯對相關問題之重視，凡有書缺簡脫必挑出告誡，如對陸楫云：「寄回《勝政記》一部十二本，此即太祖實錄，要熟看，中間頗有誤字錯簡，闕疑可也。」〔註59〕又說：「四川板《禮記纂言》便寄一部來，家內藏書可曬晾收束，再做數廚櫃亦不難。此傳子孫至寶也，可倩山立輩並桂魁等識字人，逐一清楚作一數目寄來。殘闕查卷數，明注其下只作經史子集分類標出，宋元板并近刻分作三四等，有重本者亦注出，此間可損益也。畫卷書冊亦須架閣，古人重收藏也。」〔註60〕若書籍內容利益大眾，其必大肆搜求後手訂刊刻，使廣布流傳。如〈重刊豆疹論序〉云：

嘗聞宋有閭人規者著書，專論痘疹，具有條理。往在館閣，多方尋

---

〔註54〕 （明）陸深著：〈題蜀本史通〉，《儼山集續集》，卷86，頁551～552。

〔註55〕 （隋）費長房著：《歷代三寶紀》（上海：上海古籍出版社，1995年《續修四庫全書》影金刻趙城藏本），卷12，頁622。

〔註56〕 （明）陸深著：《河汾燕閒錄》，見《儼山外集》，卷3，頁22。

〔註57〕 其曰：「印本書始於五代，諸家之說皆然，惟陸文裕《燕閒錄》云：『隋文帝開皇十三年十二月八日，敕廢像遺經，悉令雕撰，此印書之始。』予詳其文義，蓋雕者乃像，撰者乃經，儼山連讀之誤耳。」文見（清）王士禎著：《居易錄》，卷25，頁618。

〔註58〕 （明）陸深著：《金臺紀聞》，見《儼山外集》，卷8，頁49。

〔註59〕 （明）陸深著：〈京中家書〉二十四首，《儼山集》，卷99，頁653～654。

〔註60〕 （明）陸深著：〈京中家書〉二十二首，《儼山集》，卷97，頁631。

訪而未獲。表弟顧世安氏素修醫業，收蓄古書甚富，每與論此而詫
焉。歸田之又明年，汾州栢山劉先生菭松之日，首以此書為惠，展
卷讀之，殊快夙心，乃為手訂數字。因命黃甥標校勘出，甥立抄方，
以成一家之言。嗚呼，使窮鄉下邑家置而戶藏之，稍識文義，決不
至譌誤。其所保全者可勝道哉！乃重翻朗刻，庶便覽觀。〔註61〕

陸家藏書浩如煙海，不吝與他人分享，其他參與《古今說海》編輯工作者，
如黃標、顧定芳、董宜陽、張之象等，也都是名著一時的藏書家，足堪為《古
今說海》的強大後盾。如皇甫汸（1497～1582）載董宜陽家藏情形：

西齋者，董氏藏書所也。世居上海之沙岡，自御史公起家，暨大理
公，咸嗜學修文，購古書籍至千餘卷。生子宜陽，幼聰慧不凡，兩
世居家號清白，乏籯金縹錢之遺，每指西齋謂：「業在是矣。」二公
既卒，董子非獨能守其業，又能盡讀其書。搜奇括秘，所藏倍其先
人，屏氣謝垢，日操鉛槧，簡帙溢於几案，晏如也。蓋已涉其流、
探其源、採掇其華，而咀茹其膏矣。〔註62〕

西齋藏書原本即超過千卷，董宜陽不僅固守家業，搜奇括秘，使藏書數量倍
其父祖，相信對《古今說海》之編輯，也有相當程度的幫助。其他如黃標等
人也勢必以藏書豐富關係，於編纂《古今說海》時能提供多樣化的選擇，多
少對是書內涵產生影響。

　　如前所述，《古今說海》是雲間文人群策群力的成果，不乏當時著名藏書
家共襄盛舉，除篇幅卷帙粲然可觀外，陸深本身嚴於校勘，主張不精此道者
則不如不校，批評「刑子才有書甚多，而不甚讎校，見人校書常笑曰：『何愚
之甚！天下書至死讀不可遍，焉能始復校此，且誤書思之，更是一適。』」
〔註63〕表現出中國藏書家對圖書從形式到內容的完美追求，主要體現在對圖
書的愛護、圖書內容的校勘補正，及殘缺圖書的搜訪集全等方面〔註64〕，即
使臥病在床，其亦心心繫繫，嚴格把關書籍品質。如對黃標云：

刻書復成幾種？可草草印來一閱，病餘因清出雜記，罟有數卷，寫

---

〔註61〕　（明）陸深著：〈重刊豆疹論序〉，《儼山集》，卷48，頁296。
〔註62〕　（明）皇甫汸著：〈董氏西齋藏書記〉，《皇甫司勳集》（臺北：臺灣商務印書
　　　　館，1983年影清文淵閣《四庫全書》本），卷49，頁830。
〔註63〕　（明）陸深著：《春風堂隨筆》，見《儼山外集》，卷5，頁34。
〔註64〕　蕭東發、袁逸撰：〈中國古代的官府藏書與私家藏書〉，《圖書與資訊學刊》第
　　　　32期（2000年2月），頁51～53。

得十葉付去就。凡一校勘，若雷同剿說，抹去可也。於此等文字，
大意欲窮經致用，與小說家不同，幸著眼。可命照入刻行款，寫一
本來，有商量處也。〔註65〕

總之，當藏書成為文人墨客競相追逐的風尚，刻書緣於此經濟繁榮的情況
下，輒成為時人附庸風雅的方式之一。陸深予陸楫家書云：「書來欲為吾集文
稿，舊曾清出三冊，是丙子以前所作，是姚天霽寫清，放在浦東樓上西間壁
廚內。丁丑以後，文字俱散漫，稿簿俱留在家，可乘閒清出，令人寫淨，須
我自刪定編次也。墓誌向付姚時望，可問子明訪之，此事大難，別作報。」
〔註66〕陸家藏書豐富及《古今說海》編輯群中不乏著名藏書家的先天條件，
讓《古今說海》在編纂過程及類分部類時有較大的選擇空間，陸深校勘書
籍的嚴謹態度，從而規範陸楫等之辦事準則，更是對於《古今說海》品質
的把關。再者，陸深擔任江西布政司右參政署乃是在嘉靖十三年（1534）間
〔註67〕，當時陸楫正準備整理陸深文稿，而《儼山文集》、《儼山集續集》和
《儼山外集》凡一百五十卷，較《古今說海》之卷數還多；又現存最早的《儼
山外集》係嘉靖二十四年刊本，僅比《古今說海》晚一年出版，則至少陸楫
主持刊刻《儼山文集》和《儼山集續集》之實務經驗，有助於其編輯群在面
對處理大量藏書的千頭萬緒下，順利完成編纂《古今說海》之工作。

# 第二節　　《古今說海》之編纂與校勘

　　陸楫透過世交、姻親、師友等關係，集結志同道合之士，各出藏書、負
責校勘和謄錄副稿，共同編纂《古今說海》。全書按「說選」、「說淵」、「說畧」、
「說纂」命名四部，其下依類相從，分成小錄、偏記、別傳、雜記、逸事、

---

〔註65〕　（明）陸深著：〈與黃甥良式〉十二首，《儼山集》，卷95，頁618。

〔註66〕　（明）陸深著：〈江西家書〉十一首，《儼山集》，卷96，頁621。

〔註67〕　據唐錦〈詹事府詹氏兼翰林院學士儼山陸公行狀〉：「壬辰（嘉靖11年，1532）
　　　　夏四月，歸自平定，所著有《續停驂錄》。九月，推補浙江按察副使，仍理
　　　　學政。……數月，陞江西布政司右參政署，掌司事。……是歲，作《豫璋雜
　　　　鈔》，所記多國朝遺事。又數月，遷陝西布政司右布政，道轉四川左使。乙未
　　　　（嘉靖十三年，1534）夏五月，抵保寧。」則陸深自江西寄家書，當在嘉靖
　　　　十二、三年間。又根據陸深〈題蜀本史通〉：「（陸深）嘉靖甲午之歲參政江西」
　　　　一語，推知陸深任江西布政司右參政署當在嘉靖十三年（1534）。引文見（明）
　　　　唐錦著：《龍江集》，卷12，頁592和（明）陸深著：《儼山集續集》，卷86，
　　　　頁551。

散録和雜纂七家，兼攝古今，涵蓋唐宋至明代説部作品。明清以來書目著録多署「陸楫輯」、「陸楫編」或「陸楫等編」，但陸楫身居核心地位，主要爲出資刊刻，黃標擔任總校勘編次，方乃編輯工作的執行者。《古今説海》的出版，不僅是明人崇尚博雅、立意好奇之反映，且能獲取刊售利潤，造福士林同好，提高陸楫及其編輯群在文壇上的聲望與地位。

## 一、《古今説海》之主要編校者

唐錦〈古今説海引〉謂《古今説海》乃陸楫「集梓鳩工，刻置家塾，俾永爲士林之公器云。」〔註68〕又陸楫〈古今説海校書名氏〉題署黃標擔任「總校勘編次」，意謂《古今説海》在成書過程中，分別由陸楫與黃標負責出錢和出力。由於陸深向來重視版本校勘，嚴格要求專業素養，而黃標學識淵博、做事勤謹，故陸深每有疑義，必屬黃標考核〔註69〕，且與商討《古今説海》之命名和收書性質。其云：

吾甥作事必精，所刻書不下古人，計費亦不貲也。篇名嫌不響，可題作「説海」，如何？有緊要與典禮書，多入幾種爲佳。〔註70〕

《古今説海》原先命名，今不得知，陸深認爲「説海」二字名號響亮，主張多取典法禮儀書籍。今所見《古今説海》雖未收典禮書，然從陸深所建議書名被肯定接納，足見其在編輯過程的影響力。

據唐錦〈詹事府詹氏兼翰林院學士儼山陸公行狀〉知陸深亡於嘉靖甲辰七月十八日，而〈古今説海引〉題署時間爲「甲辰歲夏四月」，則《古今説海》在陸深亡故前即刊刻出版。當時陸深的健康狀況已不如預期，自二月以來，「脾胃寒洩，肌肉漸鑠，疾殆不可爲。」〔註71〕但至少《古今説海》從發想、編纂到刊刻，甚至是參與人員和工作分配等，陸深絕對扮演被諮詢請教角色。尤其從與黃標透過書信討論，叮嚀「小説若刊，須喚得吳中匠手，方可發還。九種檢入，但訛謬極多，要校勘得精，却不枉工價」〔註72〕看來，知其當時仍仕宦在外，却得以書信往返遙控編輯事務，則陸家謀刻《古今説海》

〔註68〕 （明）唐錦撰：〈古今説海引〉，見（明）陸楫編：《古今説海》。

〔註69〕 （清）應寶時修，俞樾纂：〈人物志〉，《上海縣志》（臺北：成文出版社，1975年影清同治11年（1872）刊本），卷18，頁1401～1402。

〔註70〕 （明）陸深著：〈與黃甥良式〉十二首，《儼山集》，卷95，頁618。

〔註71〕 參見（明）唐錦著：〈詹事府詹氏兼翰林院學士儼山陸公行狀〉，《龍江集》，卷12，頁591。

〔註72〕 （明）陸深著：〈與黃甥良式〉十二首，《儼山集》，卷95，頁619。

應至少在嘉靖二十年（1540）七月陸深致仕抵家之前。從陸深返回松江養老，到《古今說海》正式出版，前後將近四年時間，其以一家之主決策要事，嚴格把關板刻校勘，任命「所刻書不下古人」之黃標爲《古今說海》總校勘編纂，可算是名實相符的理想決定。

　　雖然明清以降公私家藏書目著錄《古今說海》多署「陸楫輯」、「陸楫編」或「陸楫等編」，偶爾將主纂者題爲「陸深」、「黃標」或「唐錦」〔註73〕。但「陸深」、「黃標」及「唐錦」之所以受到書目撰者青睞，當和《古今說海》從編撰、刊刻到命名，陸深都參與提供意見，又明刻本版心下方多鐫刻「儼山書院」〔註74〕字樣，且由黃標擔任總校勘編纂，而唐錦〈古今說海引〉係明刻本中唯一一篇序文有關。至若題署陸楫爲《古今說海》編纂者，固然與由陸家出資刊刻相關，陸楫撰〈古今說海校書名氏〉於正文前，條列《古今說海》之訪書來源、編輯群名單及工作分配情形，似即說明其既超然於《古今說海》編輯群之外，卻同時擁有支配與管理之權力。今抄錄〈古今說海校書名氏〉如下：

　　蓉塘姜南，明叔；浙江仁和人，己卯舉人。出藏書五卷，校勘十卷。

　　東川顧定芳，世安；太學生，授太醫院御醫。出藏書二十卷。

　　寅江談萬言，子約；上海縣學生。錄副稿二十卷。

　　雲谷黃標，良玉；太學生。出藏書三十卷，總校勘編次。

　　晉明姚昭，如晦；上海縣學生，校勘一十五卷。

　　養愚瞿學召，南仲；太學生。出藏書十卷。

　　雲山唐贄，世具；太學生。出藏書十卷，校勘十四卷。

　　龍泉顧名世，應夫；上海縣學生。出藏書十四卷，校勘二十卷。

　　瞻嶽沈希臯，叔明；癸卯舉人。

　　秀洲余采，元亮；上海縣學生。出藏書十二卷。

　　西霞董宜陽，子元；太學生。出藏書五卷。

　　王屋張之象，月鹿；太學生。出藏書一卷。

　　月濱瞿成文，道夫。錄副稿二十卷。

〔註73〕據筆者所見，題署在陸深名下者有《絳雲樓書目》，在黃標名下者有《四庫採進書目·浙江採集遺書總錄》和《四庫採進書目·浙江省第六次呈送書目》等，在唐錦名下者有《傳是樓書目》和《好古堂書目》。

〔註74〕據筆者所見，或有鐫刻「雲山書院」（或作「云山書院」）和「青藜館」者，將留待本章第三節「《古今說海》之版本介紹」再予說明。

嘉靖甲辰四月己巳雲間陸楫思豫識。

〈古今說海校書名氏〉凡十三人，唯沈希皋名氏末尾未標載校書訊息，其他多有紀錄各人校勘、謄錄工作內容，或所出藏書卷數。總計姜南、顧定芳、黃標、瞿學召、唐賢、顧名世、余采、董宜陽和張之象等出藏書共一百零七卷，而不論是否重複。雖然〈古今說海校書名氏〉未詳載各人所出書目，但從黃標撰《平夏錄》、姜南續編《備遺錄》之線索，能推想貢獻此二書者或爲其本人。此外，上述一百零七卷距離《古今說海》一百四十二卷尚有三十五卷差額，此不足卷數或即陸楫、或說是陸家所有而公諸同好；故就出藏書量而言，前三名依次是陸氏、黃標和顧定芳。再者，陸深曾告誡陸楫云：「歲寒風雨合江樓，燈火樓頭數夕留。新命誤蒙吾已老，舊書多在子須收。星辰萬里趣關塞，環珮三朝侍冕旒。抱得寸心終許國，未應猿鶴怨林邱。」〔註75〕冀望陸楫克紹箕裘，肩負藏書事業。陸楫亦曾「彙次詩文集百有餘卷，皆鑿鑿可傳，書學極其精妙。」〔註76〕可見在家學薰陶和傳承下，陸楫對匯編工作駕輕就熟。又〈古今說海校書名氏〉顯示校勘和謄錄卷數的不足處，雖未必都由陸楫親身執行，卻不排除有參與可能，是貼近「陸楫輯」或「陸楫編」《古今說海》之著錄方式。

施蟄存《雲間語小錄·古今說海》引清人姜孺山（姜兆翀，生卒年不詳，嘉慶間人）言：「雲間陸子淵深有女七姑，嘗集《古今說海》若干卷，分淵、選、纂、略四種，以顯其父名。今其書尚在，事異語捷，可稱作手。乃箸書方侈，忽焉遽卒，其兄楫乃收其詩文，盡付之火，此亦當銜恨九泉者矣。」〔註77〕按：施蟄存引姜孺山說法未註明出處，而姜孺山現存《孟子篇敘》和輯錄《國朝松江詩鈔》；經筆者查閱此二書後均未見相關論述，不知施氏所據何來。此外，明清諸家書目和陸深、陸楫著作並未述及七姑事，縱使眞有其人，《古今說海》「果出閨中撰集，楫又何可掠其美乎？」〔註78〕倘陸楫因其妹亡而居功，何以明代文獻未見相關紀錄？又據〈古今說海校書名氏〉羅列參與者貢獻之常理推想，若陸楫有妹七姑嘗集《古今說海》若干卷，其如何能隻字不提而杜悠悠之口？則七姑事或流傳清代松江地區之巷議街談，後被

---

〔註75〕 （明）陸深著：〈歲暮風雨中發藏書示楫子〉，《儼山集續集》，卷5，頁682。
〔註76〕 （明）唐錦著：〈詹事府詹氏兼翰林院學士儼山陸公行狀〉，《龍江集》，卷12，頁592～593。
〔註77〕 施蟄存著：〈古今說海〉，《雲間語小錄》，頁160。
〔註78〕 施蟄存著：〈古今說海〉，《雲間語小錄》，頁160。

姜孺山援引成爲寫作素材，卻因未經詳考，只能聊備一說。

綜合上述，歸結《古今說海》與陸家淵源，主要爲陸深在編纂過程所給予的指點和建議，陸楫出資及對校勘、錄副稿工作的可能參與，和陸家不吝出大量藏書完成《古今說海》宏篇鉅帙的慷慨。嚴格算來，陸深、唐錦、黃標、陸楫和其他參與編纂者，都是《古今說海》成書過程的推手，得共享《古今說海》之所有權。明清以來書目著錄「明陸楫等編」，及陸楫負責撰寫〈古今說海校書名氏〉，正說明陸楫在編纂群中的核心地位，而這種核心作用也最可能成爲歷代書目等資料多將《古今說海》錄於陸楫名下之緣由〔註 79〕。然而，要定位《古今說海》的編輯意義，得參考實際情況進行評估，如前述《儼山集》載陸深與黃標的書信中，從與討論《古今說海》之命名和刊載小說所需注意事項，及黃標具備豐富的刻書經驗，知在《古今說海》編纂工作的執行層面，黃標確實是擔任總校勘編次工作的最佳人選。但若從陸楫出資成就《古今說海》出版之現實考量，是能理解要擇取一人代表《古今說海》時，陸楫所以脫穎而出的理由。

## 二、《古今說海》之著錄內涵

《古今說海》以「說選」、「說淵」、「說畧」、「說纂」命名四部，利用「說」字統貫全書，範圍涵蓋唐宋至明代作品，相稱「古今」之意。但視各子目書於公私家藏目錄、讀書志之著錄情形，除小說家類和同屬子部的雜家類和藝術類外，史部雜史類、傳記類、地理類、載記類、別史類亦有之，則此「說」字不可做狹義的「小說」解，而當理解成「說部」，《古今說海》之書名立意係指所錄古今說部書籍如大海廣博。由於「說選部」小錄家和偏記家乃分別收錄明成祖功績和歷代別史、稗史中之代表作品，「說淵部」別傳家所錄唐傳奇或被認爲是有意作小說之始，「說畧部」雜記家載宋代筆記小說多係節略各書的部分條文，「說纂部」逸事家、散錄家和雜纂家分別有掇拾史遺、摘取前作和雜錄文獻以纂輯成書之意。是以，「說選」、「說淵」、「說畧」、「說纂」或分別可以解釋爲說部之精挑細選、說部之本源根柢、說部之概要重點和說部之匯聚招集爲宜，《古今說海》四部係在粗分不同性質的說部作品。

---

〔註79〕俞頌雍著：《古今說海考》（上海：華東師範大學中國語言文學系碩士論文，2007 年），頁 11。

其次，《古今說海》四部下設小錄、偏記、別傳、雜記、逸事、散錄和雜纂七家，小錄、偏記、別傳、雜記、逸事不僅沿襲劉知幾《史通・雜述》論史家流別之類目名稱，亦多接受其立意概念，如「說選部」小錄家載《北征錄》、《北征後錄》和《北征記》，《明史・藝文志》和《四庫全書總目》乃皆置於史部雜史類。至若《史通》小錄類之作，如戴逵《竹林名士》，《隋書・經籍志》置於史部雜傳類、《舊唐書・經籍志》置於史錄雜傳類、《新唐書・藝文志》置於史錄雜傳記類〔註 80〕；王粲《漢末英雄》，《隋書・經籍志》置於史部雜史類、《舊唐書・經籍志》置於史錄雜史類〔註81〕；蕭世誠《懷舊志》，《隋書・經籍志》置於史部雜傳類、《新唐書・藝文志》置於史錄雜傳記類；盧子行《知己傳》，《隋書・經籍志》置於史部雜傳類、《舊唐書・經籍志》置於史錄雜傳類、《新唐書・藝文志》置於史錄雜傳記類。「說選部」偏記家載別史、稗史、地方物產等史地書籍為主，其於藏書目錄多歸入史部雜史、別史、霸史、旁史或地理類。至若《史通》偏記類之作，如陸賈《楚漢春秋》，《隋書・經籍志》置於史部雜史類、《舊唐書・經籍志》置於史錄雜史類、《新唐書・藝文志》置於史錄雜史類；樂資《山陽公載記》，《隋書・經籍志》置於史部雜史類、《新唐書・藝文志》置於史錄編年類；王韶之《晉安陸紀》，《舊唐書・經籍志》置於史錄編年雜偽國史類、《新唐書・藝文志》置於史錄雜史類〔註82〕；姚最《梁後略》，《隋書・經籍志》置於史部古史類、《舊唐書・經籍志》置於史錄編年雜偽國史類、《新唐書・藝文志》置於史錄編年類〔註83〕。

除前述「說選部」小錄家和偏記家外，再觀《古今說海》別傳家、雜記家和逸事家所錄書之性質，並據以和《史通・雜述》詮解其他類目特點與例舉著作進行比對，知皆承襲劉知幾論史家流別概念，係陸深鑽研《史通》之發揮〔註 84〕。若將《史通・雜述》論史家流別所列十種類目與《古今說海》七家類目相較，知陸楫等乃接受小錄、偏記、別傳、雜記、逸事，又捨棄瑣

---

〔註80〕按：《隋書》、《舊唐書》和《新唐書》皆題作《竹林七賢論》。

〔註81〕按：《隋書》題作《漢末英雄記》，《舊唐書》題作《漢書英雄記》。

〔註82〕按：《舊唐書》和《新唐書》皆題作《崇安記》。

〔註83〕按：《舊唐書》和《新唐書》題作《梁昭後略》。

〔註84〕廖瑞銘指出，陸深第一次拿到《史通》寫本時，即曾對該書進行校正，改正因襲上篇之闕佚，及〈曲筆〉、〈鑑識〉兩篇之錯簡訂正，又別錄後人的論史文字，可見對《史通》用力頗深。詳論請參廖瑞銘著：《明代野史的發展與特色》（臺北：中國文化大學史學研究所博士論文，1994 年），頁 120。

言、郡書、家史、地理、邑簿。但當檢視《古今説海》一百三十五種書之性質後，發現《古今説海》乃將瑣言類著作派入雜記類、地理類著作派入偏記類，郡書、家史、邑簿三類著作則未見收錄。此或因為傳統目錄較少以瑣言為類目名稱，且多將此類著作置於雜記類；又一般人的認知裡，「地理」一詞較難與説部產生連結，是才從地方史的角度，將其類著作歸入偏記家。由於《古今説海》編輯群中如黃標、董宜陽、張之象等皆當時著名藏書家，相信多少收藏有郡書、家史或邑簿類書籍，係因陸楫等所認知的説部未包括此三類作品，《古今説海》子目書才未見有其類著作。

　　陸楫等先接受劉知幾之論，又根據《古今説海》子目書性質刪去瑣言、郡書、家史、地理、邑簿五類，再酌予增加散錄、雜纂二類，展現其從善如流、不拘泥固守之一面。但在執行編纂工作時，或難卻提供藏書者之盛情、或為相稱「説海」立意而廣納兼收，因此有收書不當和歸置部類不妥情形。根據筆者觀察，《樂府雜錄》和《教坊記》在宋、元、明的公私家藏書目錄多被歸在經部樂類，其雖亦有置於子部藝術類和小説家類情形，卻主要發生在明末以後的私家著錄，則是否該將《樂府雜錄》、《教坊記》與其他雜史、小説類書籍同等看待，而一併收錄於《古今説海》，也許只有陸楫等定義説部的主觀認知所能解釋。另外，《損齋備忘錄》、《復辟錄》、《靖難功臣錄》、《備遺錄》皆明朝雜史、別史類作品，若從明人史部著作來看，可列入小錄家，但如欲與明成祖北征始末區別，或當別置他類。

　　《古今説海》之分類概念，小錄、偏記、別傳、雜記、逸事五家可參據劉知幾論點而明其內涵，且將雜錄前人作品的小説類著作，新設散錄家供置放；又雜纂家雖僅收錄九部著作，除前述《樂府雜錄》、《教坊記》偏屬經部樂類作品，《損齋備忘錄》、《復辟錄》、《靖難功臣錄》、《備遺錄》類歸明人雜史著作外，《北里誌》、《青樓集》著重記載青樓歌妓事，《雜纂》纂集當時民間諧謔警句和口語俚詞，據此或可按照書籍性質分成四個子類。則「雜纂家」之名，一方面呼應其駁雜總纂的命名立意，及置於全書最末者往往有統括前述未盡之意味，一方面也能避免家數過多致令瑣碎，失去按部分類的意義。由於《古今説海》子目書中，除前述小錄和偏記家外，雜纂家《損齋備忘錄》、《復辟錄》、《靖難功臣錄》、《備遺錄》亦皆屬史部著作，《樂府雜錄》、《教坊記》則游移於經部樂類、子部藝術類或小説類，但《古今説海》卻仍兼容並收，印證陸楫等乃以「説部」釋「説」字義。

　　再者，明朝刻書事業發達，野史筆記發展到嘉靖、萬曆間，已累積到一定數量，復以當時廣集眾說，或容納百家，或採取子史的匯編風氣盛行〔註85〕，許多綜合性的匯編書籍間取明朝野史筆記和前代史書著作，如《寶顏堂秘笈》收《瀛涯勝覽》、《夷俗記》、《庚申外史》，《稗乘》收《聖君初政記》、《明良錄略》、《晉文春秋》，皆為當時風氣之體現。又明人叢書以「說」或「小說」命名者，除《古今說海》外，《顧氏文房小說》、《顧氏明朝四十家小說》、《廣四十家小說》、《前後四十家小說》、《烟霞小說》、《說略》、《藏說小萃》、《五朝小說》、《五朝小說匯編》、《重編說郛》、《續說郛》、《廣說郛》、《古今匯說》等皆屬之。然諸作所錄書同《古今說海》不專主於小說、雜史類著作，而兼收其他部類作品，如《五朝小說》收陳繹曾《詩譜》、王羲之《筆經》、戴凱之《竹譜》、釋靈撤《大藏治病藥》，《顧氏文房小說》收孔鮒《小爾雅》、鍾嶸《詩品》、虞荔《鼎錄》、李格非《洛陽名園記》，《顧氏明朝四十家小說》收顧元慶《夷白齋詩話》、顧元慶《茶譜》、朱承爵《存餘堂詩話》，可說包羅萬象，涵括經部、史部和集部作品，得見時人認知說部乃因人因時而異。較之於其他同樣以「說」或「小說」命名，而收書性質相對紊雜的叢書言，《古今說海》子目書以野史小說佔絕多數，既相符於小說、雜史類書籍難能區分之事實，且反映陸楫等對說部概念的明確認知。

　　《古今說海》將全書分成四部，乃叢書體例之創新，而七家之命名和立意，不僅有沿襲前人說法，亦摻合編輯群之獨到見解。據《古今說海》書名及四部命名，知各子目書皆說部著作，代表各書之間橫向連結的共通性；四部下類分七家，意指該叢書在野史小說的範疇裡，包羅各類書籍。陸楫〈古今說海校書名氏〉羅列各人所出藏書卷數，但除前述《平夏錄》和《備遺錄》或由黃標與姜南提供外，餘皆無從推測得知原係何人收藏，無法藉此明瞭編輯群的藏書喜好，及所提供藏書與四部七家是否有對應關係。但從《古今說海》編排四部七家之順序言，「說選部」和「說纂部」雜纂家子目書多史部著

〔註85〕廖瑞銘認為明代刊刻叢書可分為二類，一宗《百川學海》，係以廣集眾說，蔚為一集，或容納百家，或採取子史，搜奇愛博，闡微彰幽，以原書形式刊印；一宗《說郛》，係以刪節原書刊印。同時主張《古今說海》所據，乃出於《百川學海》系統。詳論請參廖瑞銘著：《明代野史的發展與特色》，頁184～185。事實上，《古今說海》與所據書的關係，其兼有按原書形式和刪節原書刊印之情形；《說郛》以下，亦有兼取子、史書之特色，此乃明清說部叢書的普遍情形，卻是由《古今說海》開其先鋒。

作，尤其小錄家皆錄明成祖北征事之書，雜纂家最末四部書亦皆明人撰當朝史書，認爲《古今說海》僅於首尾處置明代野史應非偶然，或帶有政治考量。至於「說淵部」和「說畧部」分別收錄唐人傳奇小說和宋代筆記小說爲主，且以一部對應一家，故所錄書籍相對單純。復以七家分置四部情形不一，致使各部發展互不相稱：「說淵部」和「說畧部」各有六十四和三十二卷，卻分別只有對應別傳家和雜記家；「說纂部」與「說選部」雖僅皆有二十三卷，但「說選部」分小錄、偏記兩家，「說纂部」分逸事、散錄和雜纂三家，致使「說纂部」各家卷數甚少，與別傳家六十四卷相差懸殊。

　　綜合上述，筆者認爲《古今說海》編纂之初乃先釐清、甚至將說部分成四部、四大類，再按照實際收書情形類分派入各家，與比例分配原則無關。其沿襲自《史通》類目之順序雖稍有改易，是仍置於七家裡的前面五個，又依照收書性質新置散錄家於第六，將不當置入前此六家但仍屬說部作品置於雜纂家。緣於四部七家雖各自獨立，卻只有同時參看，方能洞見陸楫等匯編古今說部之企圖，故認爲此四部乃約同時編纂、刊刻完成。

## 三、《古今說海》之編纂動機

　　如前所述，蘇州出版事業發達和陸家有經商背景，是相信《古今說海》由儼山書院家刻刊行，多少帶有牟利目的。雖然《古今說海》編輯群，主要爲陸楫參與主持之文社社員，其於研讀科考經典和談論稗官雜史時，發現古今說部價值，從而興發編纂叢書之願。誠如唐錦〈古今說海引〉謂《古今說海》有「裨名教、資政理、備法制、廣見聞、考同異和昭勸戒」等貢獻，具備「舒疲、宣滯、澡濯、鬱伊」〔註86〕等功用。《古今說海》編成時雖即受好評，前來閱覽抄錄者絡繹不絕，且陸氏家學向來樂將藏書與天下同好共享，喜於透過借閱、贈送或交換方式流通書籍，尤其對嗜書如癖的藏書家言，能取得原所未有書籍猶獲珍寶。如陸深獲贈新刻《臨川集》即賦詩曰：

> 憶昔家住東海濱，世務耕農寡文墨；勉勤誦習起家門，每事收藏節
> 衣食。一從觀國上皇都，十載具官充史職；長安朋輩心多同，古典
> 探搜事尤力。荊文丞相宋熙豐，國監遺文舊嘗刻；狥予謬司六館
> 成，手許校磨工未即。當今槧索稱吳中，唐模宋板俱奇特。是非本
> 定空愛憎，報復何窮恣翻覆。文章功業兩難朽，治亂興亡三太息。

---

〔註86〕　（明）唐錦撰：〈古今說海引〉，見（明）陸楫編：《古今說海》。

蘇州太守古鄞侯，貽我遠勝黃金億；樓船風雨滿章江，把玩新編坐
相憶。〔註87〕

陸深得蘇州太守聶文蔚贈書如獲黃金，欣喜之情溢於言表，故倩刻工刊印以
贈同好，展現有書同享的胸懷氣度。又如示陸楫云：

寄回《逆臣錄》一部，《彰善癉惡錄》一部，可看其大綱，科場中首
一問策，要問此兩書也。知之！知之！歷可照舊年分送，其餘酌量，
吾兒與學召商量處之，或寫我名亦可。〔註88〕

且告黃標云：

《痘疹論》已入刻未？吾甥所作後序亦佳，老懷殊爲喜慰。劉栢山
北行在近，可促匠手早完，欲送與一部，以答其意耳。〔註89〕

陸深樂與他人分享藏書，而習性相近者每多類聚，志同道合者輒相爲謀，是
相信與黃標、顧定芳相從甚密之因或緣於此。再據〈與董子元〉云：

昨承顧兼小兒承教，無任感慰。所留紙寫去〈途中寄白巖先生〉二
詩，以吾子元有通家世契，爾能和至，尤望尤望。聞收蓄本朝先達
記載甚多，乞一一目出寫至，與寒家所有者比勘之，如何如何？張
月鹿云祝枝山所著《蘇材小纂》在文府，亦望發來一目。山居臥病
殊苦，春寒文話商量，不識扁舟肯北下否？拂榻以俟。〔註90〕

除陸家親眷開誠布公所藏書外，董宜陽、張之象等亦深同此心，願意以書會
友，才加入《古今說海》編輯群行列。雖然借閱、贈送和交換書籍都能達到
互通書籍目的，而刊刻出版所能造福群眾尤多、擴大影響力，故唐錦以陸氏
資助刊印是爲造福士林同好。且松江府在當時所受戰害較他處小，彼此共襄
《古今說海》刊刻盛事，除因爲叢書較單行本更易於收藏外，對居處亂世裡
的藏書家而言，不啻具備典籍保存的先見之明。

其次，明代文人崇尚博雅，藉此以爲進學立名之要素，卻又一反以往獨
尊儒家經典的歷史成訓，同時閱讀小說、詞曲、寓言、雜家等書，以此爲博
學多識的君子之必要修養。尤其到了明代中後期，在社會經濟和人文素養並
盛的江南地區，文人的好奇思想表現在書籍的收藏上甚爲流行，伴隨著炫耀

〔註87〕（明）陸深著：〈吳中新刻臨川集甚佳雙江聶文蔚持以見贈攜之舟中開帙感懷
寄詩爲謝〉，《儼山集續集》，卷2，頁662。
〔註88〕（明）陸深著：〈四川家書〉七首，《儼山集》，卷96，頁625。
〔註89〕（明）陸深著：〈與黃甥良式〉十二首，《儼山集》，卷95，頁619。
〔註90〕（明）陸深著：〈與董子元〉二首，《儼山集續集》，卷10，頁729。

心態的展現，意欲藉此提高在文壇上之聲望與地位〔註91〕。根據〈古今說海校書名氏〉記載，當時除顧定芳官至太醫院御醫、姜南和沈希皋爲舉人外，餘僅皆爲太學生，《古今說海》之編成儼然有山人文學意味〔註92〕。仕途多舛所衍生出懷才不遇的心態，是促成以藏書、刻書聞名天下，補償進士未第的失意，而編纂、出版等文化經營活動，就實際參與者來說，更能佐助日常食用之資。特別是《古今說海》有一百三十五種、一百四十二卷說部作品，以書籍性質和叢書卷帙言，實兼具好奇與尚博目的；而刊刻印行所帶動的傳播效應，更讓許多原本沒沒無聞的文士，得透過《古今說海》、憑藉〈古今說海校書名氏〉而廣爲周知。綜之，陸楫等編《古今說海》之初衷，除便利於書籍的收藏外，或欲使成爲士林公器；但對於科舉仕途多未顯著的編輯群而言，刊售叢書以牟取利潤、博得名聲，又何嘗不是一種名利雙收之法？

## 四、《古今說海》之編輯群體

　　〈古今說海校書名氏〉載其編輯群體，包括姜南、顧定芳、談萬言、黃標、姚昭、瞿學召、唐贇、顧名世、沈希皋、余采、董宜陽、張之象和瞿成文，凡十三人。筆者考述各人生平，發現《古今說海》不僅由世居或曾經活動上海之文人，透過結社集會方式，將庋藏書籍匯編成叢書，乃雲間書畫派〔註93〕展示個人藏書和陸楫等分享結社活動成果；陸楫與編輯群間更存在世

〔註91〕詳論請參陳冠至著：《明代的江南藏書》，頁86～93。

〔註92〕明代山人主要指科舉失意或沒有功名的士人，他們因缺乏科舉的加持而無法進入仕途，但爲了維持生活，也由於不甘寂寞，往往選擇編纂出版等文化經營活動以增加收入。尤其明朝嘉靖以來，山人結社活動十分活躍，促成這種帶有商業性質的經營興盛，而姚昭、董宜陽、張之象等咸曾被視爲山人代表。詳論請參張德建著：《明代山人文學研究》（長沙：湖南人民出版社，2005年），頁114～170。雖然山人文學之相關研究，均未論及《古今說海》乃明代山人的文學成就，但由於山人群體的成熟，主要在嘉靖末期到萬曆年間，與《古今說海》的編纂時間雖有些微落差，然前述姚昭、董宜陽、張之象等都參與《古今說海》編輯工作，又其他參與編纂者如談萬言、瞿學召、唐贇、余采、瞿成文等亦未見有顯赫功名，故從《古今說海》編輯群之背景及編纂動機來看，《古今說海》儼然帶有山人文學意味。

〔註93〕劉勇剛認爲雲間派有二端，一是雲間派書畫，以董其昌爲宗主的藝術流派，另一個是雲間派文學，以陳子龍爲核心的文學流派。至於雲間派書畫的出現，始自「明初，華亭沈度、沈粲兄弟善書，且各有妙緒。明中葉以後，雲間出現了一批書畫名家，如張弼、陸深、莫如忠、莫是龍、陳繼儒等人。但眞正使雲間書畫成爲一大宗派，是出現了董其昌這樣的一代宗師。」按：劉勇剛謂「雲間派書畫」一詞，原係對雲間地區擅長書法繪畫者之統稱，羅列人物

交、姻親、師友等關係，有賴分門探討，方能完足詮釋。由於談萬言和瞿成文資料盡付闕如，無從釐清與陸家淵源，而唐贇生平所能掌握有限，係考索過程之遺憾。復因陸楫與編輯群關係縱橫交錯，提供藏書、參與校對和負責謄錄者亦扳纏不清；為便利分析以清眉目，主要從與陸深父子情誼分類討論，間及編輯群彼此關聯，使避免模糊焦點、失之寬泛。

## （一）世交關係

明代中後期以來，江南地區經濟蓬勃，先後形成許多科甲出仕起家之新的滬上世家或江東望族，如松江塘南三界村張成家族、婁縣沈海家族、金山泖港林濟家族、嘉定縣張任家族、華亭顧清家族、上海縣東門陸深家族、上海縣董其昌家族、青浦縣顧從禮家族、青浦縣陸樹聲家族、上海縣南唐英家族、華亭集仙街張之象家族、華亭莫如忠家族等〔註94〕。其中，陸深和張之象參與《古今說海》編纂不言而喻，董宜陽為董其昌同宗從父輩，顧從禮係顧定芳長子，唐英乃唐贇六世祖。這些家族隆盛時間不一，然崛起日久、淵源頗深，彼此連成一氣，從事學術文藝活動。擴而充之，則匯編《古今說海》之基礎，除編輯人員的參與外，應還包括其家族的護持。據《南吳舊話錄》載：

> 瞿南山致廣南政歸，寄情吟詠，與同邑諸老作五老會，曰：非關效顰，聊以致慕。曹憲副定庵，時年八十有四，聞之，與陳州守陳約庵赴之，且曰：「亦恐缺吾二人不得。」小舟乘潮風駛，即至，正當舉盃，直入就飲，多忘主客。皆以名德雅望聚晤一堂，儀容吐納，領袖人倫，觀者如堵。定庵起曰：「弟與約庵欲附青雲，為題七老堂，以誌不朽，何如？」南山與諸公即引滿申謝。明日題成，倩畫史圖之。先生時年八十有二，世父梅月先生則少一歲，先公又少二歲，外父悅清又少三歲，從父東隱先生則六十有七云，為定庵年最高，八十有四，約庵最少，猶六十四云。齒德輝映，衣冠肅穆，咸賦詩記之。傳至都下，以為盛事。〔註95〕

---

如陸深、莫如忠、董其昌等，皆與《古今說海》編撰群體關係密切，筆者此處乃擴充其義，將「書」字延展包括「藏書」之義。引文見劉勇剛著：《雲間派文學研究》，頁5～6。

〔註94〕 吳仁安著：《明清時期上海地區的著姓望族》，頁46～48。

〔註95〕 （清）西園老人口授，李尚綱補撰，蔣烈編：〈敬禮・瞿南山〉，《南吳舊話錄》（臺北：傅斯年圖書館藏民國4年（1915）排印本），卷12。

考述「五老會」成員與《古今說海》編輯群淵源：除陸深父親平之外，瞿南山（瞿霆，字啓東，1434～1522）乃瞿學召曾叔祖，梅月先生（沈環）爲沈希皋曾叔祖，悅清先生爲陸深岳丈、陸楫外公，東隱先生係陸深叔父、黃標外公。陸楫、瞿學召、沈希皋、黃標等人世系淵源深厚。

　　明代怡老會社繁榮昌盛，係由高齡文人組成，常進行結社活動，選勝賦詩，觴咏酬唱，樂享天年〔註96〕。因成員多居同里附近，由致仕之名公鉅卿組成，齒尊望重，在家族群體間舉足輕重，促使明代地域性文人集團的形成。雖然怡老舉會目的非專業詩文切磋和傾心選文學問，但成員出身達官顯宦，博文約禮天成，注重對後輩的薰染教習。益以諸位尊老往來密切，各家族間互動頻繁，子孫輩彼此熟悉，或結詩文社，或刊刻印刷，與《古今說海》之出版模式如出一轍，是見家族世系的影響力。

　　**（二）姻親關係**

　　據陸深《儼山集》卷一二〈玉舜〉十八首〔註97〕，卷一五〈送黃甥標東歸〉，卷一七〈乘月行定州道中有懷表弟顧世安〉、〈京口別黃甥良式〉，卷八七〈跋所書黃甥良式綾卷〉，卷八八〈跋李嵩西湖圖〉〔註98〕、〈跋鮮于伯機草書千文〉〔註99〕、〈跋所書瞿甥學召詩卷〉，卷九五〈與表弟顧世安〉十六首、〈與黃甥良式〉十二首，卷九七〈京中家書〉二十二首〔註100〕；《儼山集

〔註96〕　明代怡老會的共通點乃爲高齡文人群體，據初步考證，至少超過三十九例，如耆英會、高年會、朋壽會等，體現入社者德尊年高；八老人會、九老會、十老社等，表明入社者人數；眞率會、恩榮會、歸田樂會等，突出結社者追求的生活情趣；碧山吟社、甬上詩社、小瀛洲社等，係以結社地名相稱。其結社目的，乃透過各種活動參與，以享天年。詳論請參何宗美著：〈明代怡老詩社綜論〉，《明末清初文人結社研究續編》（北京：中華書局，2006年），頁74～75。

〔註97〕　文曰：「山堂木槿一株，白花千葉移植盆中，與表弟顧世安、文學姚時望、孫則夫把酒賞之，爲賦進體一首」見（明）陸深著：〈玉舜〉十八首，《儼山集》，卷12，頁73。

〔註98〕　文曰：「適有山陵扈從之行，表弟顧世安、黃甥標從旁贊賞。」見（明）陸深著：〈跋李嵩西湖圖〉，《儼山集》，卷88，頁568。

〔註99〕　文曰：「此卷千文序予屢見之，其一勒於四川按察司後堂，其一表弟顧世安所收。」見（明）陸深著：〈跋鮮于伯機草書千文〉，《儼山集》，卷88，頁568。

〔註100〕　文曰：「近黃甥標至，具知家事委屈。」「世安叔說汝體氣弱，胸膈有憤鬱之疾。」「黃甥標喪偶，兒女滿前。」「可與龍江姑丈議此，以爲緩急。」「今黃甥良式南還，念此子兩度來京，皆是倚仗於我。」見（明）陸深著：〈京中家書〉二十二首，《儼山集》，卷97，頁630、640～642。

續集》卷六〈壽顧東川表弟〉，卷一〇〈與顧東川表弟〉二首；《夏桂洲先生文集》卷七〈大江東去·答陸儼翁〉〔註101〕，知陸深與顧定芳爲表兄弟，與黃標爲舅甥，與瞿學召爲翁婿，與唐錦爲內兄弟關係。經與陸深、唐錦及時人所撰行狀、墓誌銘參看，陸家與顧定芳、黃標、瞿學召、唐錦之姻親關係將更明朗，與談萬言、沈希皐的聯姻情形亦得能浮現。《古今說海》編輯群有將近一半爲陸家親戚，其中尚不包括編輯群彼此間的關係考證〔註102〕，是見姻親關係乃維繫陸家與編輯群之主要力量。

### 1. 顧定芳

顧定芳（1489～1554），字世安，號東川，庠生，世居上海青浦縣松澤里。祖父顧英（1434～1508），字孟育，號草堂；父顧澄（1452～1513），字源潔，號省軒；母陸素蘭（1452～1517），封贈孺人。定芳生而凝重淵朗，氣質不凡，後游邑庠，應例入京師太學。卻以屢舉不第，閑居家中二十餘年，讀書習醫、賞花吟詩、鑑賞文物、交結名流，爲文物鑑賞名家〔註103〕，所收法書、名畫、金石、鼎彝，經鑑定者皆名品。此外，定芳尚深於軒岐、書會和世廟，對醫道尤有見解，凡《素問》、《內經》醫家所不能句讀，即句讀亦不能解者，其皆得論陰陽生剋順逆之理和君臣佐使之方。嘉靖十七年（1538），以少保少傅太子少師夏言（字公瑾，號桂洲，諡文愍，1482～1548）推薦，召拜太醫院御醫，授文官階修職郎，任職聖濟殿御藥房。三十年夏，因患肺痿，上章乞致仕歸田。配李氏，封孺人。子男六，長從禮（1510～1583），字汝由，號小川；次從德，字汝修，號方壺；次從仁，字汝元；次從義（1523～1588），字汝和；次從孝，字汝達；次從敬，字汝所。長女適唐贄，次受張之臣聘卒，次適李賓陽，次適凌景賢，次適沈紹伊。

---

〔註101〕（明）夏言著：《夏桂洲先生文集》（臺南：莊嚴文化事業出版社，1997 年《四庫全書存目》影北京圖書館藏明崇禎 11 年（1638）吳一璘刻本）。

〔註102〕《古今說海》編輯群中不乏上海當時世族大家，枝繁葉茂，姻親關係盤根錯節，實難理清，故此處僅處理以陸家爲核心部分，其他如「唐贄妻顧世安長女」和「唐贄係沈希皐堂舅」等姻親關係，則非本書所要申論處。然其相互關係，可分別參見（明）陸樹聲著：〈修職郎太醫院御醫致仕東川顧公行狀〉，《陸文定公集》（臺北：國家圖書館藏明萬曆丙辰（1616）華亭陸氏家刊本），卷 8 和（明）唐錦著：〈沈孺人唐氏墓誌銘〉，《龍江集》，卷 10。

〔註103〕請參高毓秋撰：〈明代御醫顧定芳在心理學方面的成就〉，見江曉原主編：《多元文化中的科學史：第十屆國際東亞科學史會議論文集》（上海：上海交通大學出版社，2005 年），頁 192。

　　〈古今說海校書名氏〉載顧定芳出藏書二十卷，而未有校勘和謄錄副稿等記載。據《儼山集》卷六三〈中順大夫廣南府知府顧公墓誌銘〉、〈顧母陸孺人墓誌銘〉，知定芳母素蘭乃陸瀋季女、陸深姑母，陸深與定芳為姑表兄弟，定芳為陸楫表叔。因陸深少事顧英，陸平與顧澄亦相敬愛，且陸深年長定芳兄裔芳兩歲，彼此年齡相近，常至對方家中嬉遊。裔芳十九歲亡後，或本於姑侄血親，或出於移情作用，素蘭視陸深夫婦如己出。顧澄對陸深亦器重有嘉，不時寫書敦勉、作詩餽贈，寄與風化孝弟厚望。陸深待世安則信賴不疑，家中大小事悉委處理，彼此妻眷亦親如姐妹，兩家情誼淵源深厚。

　　顧定芳生平事蹟，主要參見《(崇禎)松江府志》〔註104〕卷四一〈篤行〉，陸樹聲《陸文定公集》卷八〈修職郎太醫院御醫致仕東川顧公行狀〉、卷九〈贈御醫顧東川致仕序〉，陸深《儼山集》卷五一〈顧母李孺人五十壽序〉、卷六三〈散官省軒顧公墓誌銘〉、卷六三〈中順大夫廣南府知府顧公墓誌銘〉、卷六三〈顧母陸孺人墓誌銘〉、卷九五〈與表弟顧世安〉十六首，陸深《儼山集續集》卷一〇〈與顧東川表弟〉二首，王世貞《弇州山人續稿》〔註105〕卷一〇八〈明故奉政大夫光祿寺少卿直文淵閣制敕兼翰林院典籍事賜四品服色小川顧公墓誌銘〉，莫如忠《崇蘭館集》〔註106〕卷一三〈壽侍醫東川顧君六袞敘〉，何三畏《雲間志畧》〔註107〕卷一一〈顧御醫東川公傳〉，朱察卿《朱邦憲集》〔註108〕卷一一〈祭顧御醫文〉，唐錦《龍江集》卷四〈賀敕封顧母李孺人序〉，徐獻忠《長谷集》〔註109〕卷之五〈上海顧氏族譜序〉、卷之七〈東川顧公六十壽序〉，李紹文《雲間人物志》〔註110〕卷之二〈顧草

〔註104〕　（明）方岳貢、陳繼儒纂：《(崇禎)松江府志》（北京：書目文獻出版社，1991年《日本藏中國罕見地方志叢刊》）。

〔註105〕　（明）王世貞著：《弇州山人續稿》（臺北：文海出版社，1970年影明崇禎刊本）。

〔註106〕　（明）莫如忠著：《崇蘭館集》（臺南：莊嚴文化事業出版社，1997年《四庫全書存目叢書》影中國社會科學院文學研究所藏明萬曆14年（1586）馮大受董其昌等刻本）。

〔註107〕　（明）何三畏著：《雲間志畧》（北京：北京出版社，2000年《四庫禁燬書叢刊》影北京大學圖書館藏明天啟刻本）。

〔註108〕　（明）朱察卿著：《朱邦憲集》（臺南：莊嚴文化事業出版社，1997年《四庫全書存目叢書》影北京大學圖書館藏明萬曆6年（1578）朱家法刻增修本）。

〔註109〕　（明）徐獻忠著：《長谷集》（臺南：莊嚴文化事業出版社，1997年《四庫全書存目叢書》影北京圖書館藏明嘉靖刻本）。

〔註110〕　（明）李紹文著：《雲間人物志》（北京：人民文學出版社，2006年）。

堂〉、卷之三〈顧東川〉。

## 2. 黃標

黃標，字良玉，又字良式〔註111〕，其先汴人，從宋南渡，家於嘉定之青浦，其祖始遷居上海。祖父黃鉞，號濱陽，以義授承事郎；父黃潯（1475～1522），字克清，別號竹泉；母陸翠翠（1475～1522），孝慈勤儉，明達貞淑，憐恤孤貧，一族稱焉。黃標年少躁急，或以事動聲色，肆後則慚愧思欲改，個性落落有奇氣。博文好學，輒就教於陸深，相從南北二十餘年〔註112〕，人稱曰陸家宅。與人談經濟則鑿鑿可行，見廣識多，才學淵厚。居家藏書豐富，精擅校勘學，繙閲無問寒暑，每得書定手自核閲。陸深臨文有疑義，必託付考核，叩之奧義僻事，具即響答，如指諸掌。除編次《古今説海》與《儼山集》外，尚著《平夏錄》、《書經異同》和《上海縣志稿》，又《上海縣志稿》燬於倭亂，惟存〈戊巳〉、〈庚子〉二稿。另，《平夏錄》收入《古今説海》「説選部」偏記家。

〈古今説海校書名氏〉載黃標出藏書三十卷，任總校勘編次。據陸深〈竹泉黃先生夫婦合葬墓誌銘〉：「予女兄歸竹泉黃先生。……孺人陸氏，諱翠翠，予從父東隱先生之女也。」〔註113〕知黃標母翠翠乃陸深叔父東隱先生之女，陸深為黃標堂舅，陸楫和黃標為姑表兄弟。由於陸深與黃潯夫婦年齡相仿，日常生活互有倚仗，方無隱瞞思念亡子和老親憂苦，及季叔陸寅子陸河行為失檢事。陸深和潯弟黃瑩、黃淵也頗有交情，對待黃標夫妻如子媳，凡事多和商量，且勸陸楫可與謀議行事。此外，黃標刻書不下古人，校勘刊刻精覈，專業素養備受肯定。因洞悉其辦事能力及原則，陸深才委任以《古今説海》總校勘編次〔註114〕。

黃標生平事蹟，主要參見《（崇禎）松江府志》卷四二〈文學〉，《（嘉慶）松江府志》卷五二〈古今人物傳四〉，陸深《儼山集》卷一七〈京口別黃甥良

---

〔註111〕按：明嘉靖刻本《儼山集》卷 69〈黃良式妻陳氏權厝誌銘〉、卷 87〈跋所書黃甥良式綾卷〉和卷 95〈與黃甥良式〉十二首等俱題「黃標，字良式」，然〈古今説海校書名氏〉與諸地方縣志卻都作「良玉」，推測二者或都為其字。

〔註112〕（明）陸深著：〈送黃甥標東歸〉，《儼山集》，卷 15，頁 98。

〔註113〕（明）陸深著：〈竹泉黃先生夫婦合葬墓誌銘〉，《儼山集》，卷 63，頁 401。

〔註114〕相關論述請參（明）陸深著：《儼山集》，卷 17〈京口別黃甥良式〉，卷 69〈黃良式妻陳氏權厝誌銘〉，卷 95〈與黃竹泉〉三首、〈與黃甥良器〉二首、〈與黃甥良式〉十二首，卷 99〈京中家書〉二十二首。

式）、卷六三〈竹泉黃先生夫婦合葬墓誌銘〉、卷六九〈黃良式妻陳氏權厝誌銘〉、卷九五〈與黃竹泉〉三首、卷九五〈與黃甥良器〉二首、卷九五〈與黃甥良式〉十二首、卷九九〈京中家書〉二十二首，李紹文《雲間人物志》卷之三〈黃良玉〉。

3. 瞿學召

瞿學召，字南仲，上海人，爲監生。祖父瞿崙（約 1453～1512）〔註115〕，字茂卿，人稱西郊先生。崙生男三，依次曰鵬、曰鶴、曰鸞，學召乃瞿崙之孫。學召萬曆間曾任貴州推官。妻陸氏。

〈古今說海校書名氏〉載瞿學召出藏書十卷，而未有校勘和謄錄副稿等記載。據《儼山集》卷六二〈中憲大夫雲南臨安府知府致仕瞿公墓誌銘〉、卷六五〈西郊先生瞿公墓誌銘〉、卷七六〈先孺人墓誌銘〉和卷八一〈先兄友琴先生行狀〉載，陸平初娶瞿霖妹、瞿崙親姑，瞿崙與陸深同父異母兄陸沔（1461～1519）〔註116〕係姑表兄弟。瞿氏亡故後，瞿崙與陸沔欲親上加親以慰瞿霖，乃將長女配陸深；唯聘後女卒，未得協鸞鳳。但陸深於〈西郊先生瞿公墓誌銘〉仍自稱曰甥，足見其珍惜與瞿崙翁婿緣分；又因與瞿鵬同學往來，所以陸、瞿兩家親近不歇。其後，陸深以女贅瞿崙孫學召，方成就原欲安慰瞿霖之願。據此，陸深與瞿學召關係可分三階段論：首先，從陸深與陸平以表兄弟之禮稱瞿崙，則陸深爲學召之表叔公；其次，從陸深聘瞿崙長女之立場論，則爲學召姑丈，係姑姪關係；其三，陸深以女適學召，則又變成翁婿關係。另據陸深〈四川家書〉：「學召前次不寫書，想不在家，汝姐如何？可傳我意，要伏侍母親也。」〔註117〕「汝姊夫婦并汝房中嗣息，吾尤以爲望也。」〔註118〕〈京中家書〉：「學召夫婦欲要北來，當別有書。」〔註119〕夏言〈大江東去〉後跋：「庚子初度，陸儼翁作金口圖和東坡此詞，遣其子楫、瞿

〔註115〕 按：據〈西郊先生瞿公墓誌銘〉載：「正德壬申十二月（1512）某日葬我西郊先生於長溪館，……其人矣，年五十有九，以某年某月某日卒。」知瞿崙生卒年約爲 1453～1512 年間。

〔註116〕 根據記載：「（陸沔）生於天順辛巳，享年五十有九。娶薛氏，……後先生卒一年，庚辰六月十九日卒，亦年五十九。」知陸沔卒於正德己卯十四年。文見（明）陸深著：〈先兄友琴先生行狀〉，《儼山集》，卷81。

〔註117〕 （明）陸深著：〈四川家書〉七首，《儼山集》，卷96，頁626。

〔註118〕 （明）陸深著：〈四川家書〉七首《儼山集》，卷96，頁626。

〔註119〕 （明）陸深著：〈京中家書〉二十二首，《儼山集》，卷97，頁628。

塙學召來爲予壽。予喜對二子，即席賦答。」〔註120〕推測，學召所贅者當陸楫之姊。

瞿學召生平事蹟，主要參見陸深《儼山集》卷六二〈中憲大夫雲南臨安府知府致仕瞿公墓誌銘〉、卷六五〈西郊先生瞿公墓誌銘〉、卷七六〈先孺人墓誌銘〉、卷八一〈先兄友琴先生行狀〉、卷九六〈四川家書〉七首、卷九七〈京中家書〉二十二首，唐錦《龍江集》卷一二〈詹事府詹氏兼翰林院學士儼山陸公行狀〉，夏言《夏桂洲先生文集》卷七〈大江東去後跋〉。

### 4.唐贄

唐贄，字世具，太學生，生卒年不詳；其先原籍江陵（今湖北省江陵縣），乃宋朝參政唐介之後。明洪武初年，六世祖唐英仕上海烏泥涇稅課局大使，自此占籍上海。父唐錦（1475～1554），字士綱，號龍江；母陸氏，封恭人。贄乃唐錦季子，妻顧氏。

〈古今說海校書名氏〉載唐贄出藏書十卷，校勘十四卷。據唐錦《龍江集》卷一二〈詹事府詹氏兼翰林院學士儼山陸公行狀〉和朱希周〈明故中憲大夫江西按察司提學副使唐公墓誌銘〉載，知唐錦娶陸平姪女，爲陸深堂妹婿、陸楫堂姑丈；唐贄爲陸深外甥，與陸楫爲姑表兄弟。復因陸深和錦妻陸氏情誼深摯，與唐錦相知相惜，兩人交誼遠勝內兄弟之情〔註121〕，或促使唐贄與陸家互動頻繁。

按：陸深與唐錦、顧世安兩家交情匪淺，除前所述外，唐錦女孫適陸標長子陸爌，陸爌即陸深堂弟陸浙孫、陸楫嗣子陸郊兄〔註122〕；唐贄妻顧世安長女〔註123〕，與顧世安有翁婿之親。陸、唐、顧三家連成一氣，係雲間文壇盛事。

唐贄生平事蹟，主要參見陸深《儼山集》卷四五〈壽唐龍江憲副六十序〉、卷四七〈龍江春遠詩序〉，唐錦《龍江集》卷一二〈詹事府詹氏兼翰林院學士儼山陸公行狀〉，朱希周〈明故中憲大夫江西按察司提學副使唐公墓誌

---

〔註120〕（明）夏言著：〈大江東去後跋〉，《夏桂洲先生文集》，卷7，頁360。
〔註121〕相關論述請參（明）唐錦著：〈詹事府詹氏兼翰林院學士儼山陸公行狀〉，《龍江集》，卷12，頁591、594。
〔註122〕參見（明）唐錦著：〈素菴陸公孺人張氏合葬墓誌銘〉，《龍江集》，卷9，頁563～564。
〔註123〕參見（明）陸樹聲著：〈修職郎太醫院御醫致仕東川顧公行狀〉，《陸文定公集》，卷8。

銘〉〔註124〕，徐獻忠《長谷集》卷一三〈江西提學副史唐公行狀〉。

### 5. 談萬言

談萬言，生平資料未詳。據陸深〈竹泉黃先生夫婦合葬墓誌銘〉載：「（黃竹泉）女六，長適談萬言。」〔註125〕知談萬言係黃標姊夫或妹婿，亦即陸深外甥女婿、陸楫表姊妹夫。又〈古今說海校書名氏〉載談萬言錄副稿二十卷，而未有出藏書和校勘等記載。

### 6. 沈希皋

沈希皋，字叔明，號瞻嶽。先世居嘉禾（今湖南嘉禾縣）楓涇，元末時六世祖居仁避兵遷徙，始占籍上海磊塘里。父南耕，母唐氏（1488～1544）。希皋幼業舉子，夙有才名，學務博綜，時稱通儒。嘉靖二十二年（1543）初夏，赴吳門就提學臺試，其父忽遘危疾，唐氏頗憂甚，偶臨圃池，睹雙紅旗從空飛颺，疑爲不祥，密不敢言；九月捷音踵門，憂疑始釋。妻張氏，長子霈，聘陸懷東季女，次霖，聘陸楫養女，次雯。著有《海天風軌》、《玉蘭堂詩》等。

〈古今說海校書名氏〉只載沈希皋字號與功名，而未有出藏書、錄副稿和校勘等記載。由於沈希皋母係唐鏞女、唐贇堂姊，唐贇乃希皋堂舅〔註126〕；其次，希皋次子沈霖娶陸楫養女，希皋從伯長女談爲陸深從兄淮妻〔註127〕，希皋與陸楫爲親家；再者，希皋從伯沈恩（字仁甫，號西津）女「次室太學生顧東川子從仁」〔註128〕，希皋與顧定芳屬遠房親家。沈希皋與陸、唐、顧三家都有姻親關係，但分別次於陸深和顧世安一個輩分、唐錦兩個輩分。

沈希皋生平事蹟，主要參見陸深《儼山集》卷七八〈敕贈承德郎刑部主事松雲沈公配封太安人謝氏行狀〉，唐錦《龍江集》卷八〈四川左布政使西津沈公墓誌銘〉、卷一〇〈沈孺人唐氏墓誌銘〉，李紹文《雲間人物志》卷三〈沈叔明〉。

---

〔註124〕（明）朱希周撰：〈明故中憲大夫江西按察司提學副使唐公墓誌銘〉，見（明）唐錦著：《龍江集》。

〔註125〕（明）陸深著：〈竹泉黃先生夫婦合葬墓誌銘〉，《儼山集》，卷63，頁402。

〔註126〕（明）唐錦著：〈沈孺人唐氏墓誌銘〉，《龍江集》，卷10，頁572～574。

〔註127〕文曰：「（希皋從伯）女二：長即談，出適陸淮，深之從兄也，早卒。次適韓惠。」見（明）陸深著：〈敕贈承德郎刑部主事松雲沈公配封太安人謝氏行狀〉，《儼山集》，卷78，頁497。

〔註128〕（明）唐錦著：〈四川左布政使西津沈公墓誌銘〉，《龍江集》，卷8，頁557。

## （三）師友關係

就共襄匯編叢書之盛事言，結社刊刻係以文會友的方式之一，其或因爲興趣相投、目標一致，在團體中容易達成共識、取得共鳴，成爲文人集團中最普遍、基本的社會關係。再者，受明代科舉取士制度影響，透過延師在家、入學請益和科考業師等管道，師生關係往往維繫著傳承學術的重責大任，形成一種不容忽視的社會關係。據此，友朋與師生關係係爲陸楫及編輯群間，於世交與姻親關係之外的重要牽繫。

### 1. 姜南

姜南，字明叔，號蓉塘、半村野人，仁和（今杭州）人，正德十四年（1519）舉人。生平不慕榮利，多以布衣自處，似喜歷史，好興感議。撰述以雜著爲主，計有《蓉塘詩話》、《蓉塘記聞》、《通玄觀志》、《洗硯新錄》、《大賓辱語》、《丑莊日記》、《半村野人閒談》、《叩舷馮軾錄》、《投甕隨筆》、《抱璞簡記》、《風月堂雜識》、《匏里子筆談》、《輟築記》、《墨畬錢鎛》、《學圃餘力》等，且續增明人張芹《備遺錄》，收入《古今說海》「說纂部」雜纂家。

〈古今說海校書名氏〉載姜南出藏書五卷，校勘十卷。其生平資料雖不完備，據陸深序《蓉塘詩話》云：「吾友姜南明叔方工進士業，餘力及此書。予在京師時，嘗一讀之。」〔註129〕和《儼山集》卷一五〈壬寅中秋夜同姜明叔、王元宷翫月〉、〈中秋後二夜與姜蓉塘諸友登樓〉載，知姜南爲陸深的知交好友、乃陸楫的父執長輩。

### 2. 姚昭

姚昭，字如晦，號晉明，又號子明〔註130〕，上海人，爲諸生。父姚雲，字時望，號竹齋；母沈氏，封贈孺人。姚昭開門授徒，師道嚴重，除受人脩脯，不苟一介。早年學有所成，博學多才，然屢舉未第，嗣後始有榮進。事父母俱孝，晨昏定省，多溫夏清；慈父見背後，讀遺書輒嗚咽流涕，所得廩

---

〔註129〕（明）陸深撰：〈蓉塘詩話引〉，見（明）姜南著：《蓉塘詩話》（上海：上海古籍出版社，1995 年《續修四庫全書》影寧波天一閣博物館藏明嘉靖 22 年（1543）張國鎮刻本）。

〔註130〕陸楫〈祭先師竹齋姚先生室沈孺人文〉載姚時望與沈氏唯有一子昭，又據陸深〈與姚子明〉二首載：「伏暑過廬嶽，得報小試獲雋，爲之喜慰，爲我時望亡友含笑而揮涕也。」和〈京中家書〉二十二首有云：「墓誌向付姚時望，可問子明訪之。」則姚昭或號子明。陸楫文見《蒹葭堂稿》，卷 3；陸深文見《儼山集》，卷 94 和卷 97。

饍悉以供母。躬課五子，同爲諸生，人稱姚氏家學。及卒，門人私諡爲孝廉先生，著有《留耕堂稿》。

〈古今說海校書名氏〉載姚昭校勘十五卷，而未有出藏書和謄錄副稿等記載。據陸楫《蒹葭堂稿》卷三〈祭先師竹齋姚先生室沈孺人文〉，陸深《儼山集》卷九四〈與姚時望〉二首、卷九四〈與姚子明〉二首、卷九九〈京中家書〉二十二首載，陸深和姚家三代——姚玉井有同校之誼，姚時望爲腹心之友，爲姚昭之父執長輩。陸楫師從姚時望，前後達七年時間，直到時望亡逝〔註131〕。由於姚昭爲時望子，與陸楫分屬同門，故陸楫謂「自先師歿家，嗣昭與楫同筆硯，又已十餘載，頗曲盡道誼之雅」〔註132〕。再者，陸深對姚時望父子讚譽有佳，欲假之以修養陸楫德性，鼓勵陸楫多與交往接觸〔註133〕；或因姚昭年紀較長，或年少多聞，故曾延邀爲陸楫講學〔註134〕，使見賢思齊，因此就陸楫而言，姚昭具備亦師亦友身分。

姚昭生平事蹟，主要參見應時寶《上海縣志》卷一九〈人物志〉，《（崇禎）松江府志》卷四一〈篤行〉，陸深《儼山集》卷九四〈與姚時望〉二首、卷九四〈與姚子明〉二首、卷九六〈山西家書〉二首、卷九九〈京中家書〉二十二首，陸楫《蒹葭堂稿》卷三〈祭先師竹齋姚先生室沈孺人文〉，西園老人口授、李尚絅補《南吳舊話錄》卷一一〈規諷・姚如晦〉〔註135〕，李紹文《雲

〔註131〕據〈祭先師竹齋姚先生室沈孺人文〉：「維嘉靖廿一年（1542）某月某日，門下士陸楫謹以牲醴致祭於先師母沈孺人之靈……自先師歿家，嗣昭與楫同筆硯，又已餘十，頗曲盡道誼之雅。……先師竹齋君業儒年幾五十，亦不達而卒。」知姚時望至少在嘉靖十一年（1532）年已經亡故，若以六歲入邑校業儒計，則姚時望約生於1476年左右，未六十而卒，且年紀稍次陸深，符合「兄弟之誼」說法。此外，姚氏祖孫三人生卒年雖未詳，但據陸深父子與姚氏三人互動關係和書信中論及姚時望、姚昭口吻，推測姚昭年紀或少陸深二十歲左右，則姚昭亦長於陸楫約二十歲。又「（姚時望）居劍甫三月染疾而返，幾一載竟不起。時楫年已十六，從先師者凡七年。」按：陸楫生於1515年，師從姚時望迄十六歲止，約1532年左右，則陸楫中止與姚時望學習，實即姚時望亡故關係。引文見（明）陸楫著：《蒹葭堂稿》，卷3。

〔註132〕（明）陸楫著：〈祭先師竹齋姚先生室沈孺人文〉，《蒹葭堂稿》，卷3。

〔註133〕其曰：「姚時望病近當瘥，復吾愛此人恬靜，欲養汝德性，故留之。吾每思難得一箇好人爲汝師範，若姚昭、唐鑰此二生，汝可延請至園中作會、看書、考文，朋友之助，亦自有益，切不可放心，使性爲遊戲無益之事。」引文見（明）陸深著：〈山西家書〉二首，《儼山集》，卷96，頁620。

〔註134〕其曰：「令郎能來與小兒講學，已命楫禮之。」引文見（明）陸深著：〈與姚時望〉二首，《儼山集》，卷94，頁609。

〔註135〕原書誤作「姚汝晦」。

間人物志》卷之三〈姚尙絅〉、〈姚如晦〉。

### 3. 顧名世

顧名世，字應夫，號龍海，上海人。父顧嶽，字景高；母秦淑英（1482～1549）。名世擅古今文，兼工詩業，弱冠補邑庠生，雖久困公車而神益王。嘉靖十年（1531），督學政者得其卷而奇之，以是秋之役，必得名揚，及揭榜而名列第四。三十八年，進士及第，授工部分司武林南關，不私取分毫，商民輒有冰壺之頌；及轉遷他處，地方勒石頌功，名垂罔極。歷任兵部員外郎、尙寶司司丞。晚年與兄名儒游息於露香園，日無虛客，客無虛觴，或對奕、或投壺、或賦詩、或度曲，杖屨所至，望見者以爲神仙中人。初配郁氏，繼張氏，長子箕英，號匯海，妾繆瑞雲善刺繡，被視爲上海顧繡創始；次子斗英，字仲韓，號振海；幼子奎英，乃爲庶出。

〈古今說海校書名氏〉載顧名世出藏書十四卷，校勘二十卷。據陸深〈壽顧母秦孺人六十序〉：「念（秦）孺人實吾友景高處士之繼室也，系出秦氏。秦顧吾鄉右族而賢，與予家陸氏世姻，兒子楫復於進士兄弟游，有麗澤之雅，豈非吾一鄉之善哉？」〔註 136〕陸深與顧名世父嶽爲友朋，陸楫復與名儒、名世交游，但因名世母秦氏與陸家有世姻之親，則陸楫與名世之友朋關係實帶有遠親意味。

顧名世生平事蹟，主要參見應時寶《上海縣志》卷一九〈人物志〉，何三畏《雲間志畧》卷一七〈顧符丞龍海公傳〉，陸深《儼山集》卷四六〈壽顧母秦孺人六十序〉，唐錦《龍江集》卷九〈顧景高先生暨配王秦二孺人墓誌銘〉，西園老人口授、李尙絅補《南吳舊話錄》卷一七〈賞譽·顧仲韓〉，李紹文《雲間人物志》卷之四〈顧龍海〉。

### 4. 余采

余采，字元亮，號秀洲，又號竹癯，方孝孺八世孫〔註 137〕。父余環，因先人避亂隱居松郡泖上，迄環復遷南匯縣十九保大黽涇南村。余采剛毅有志

---

〔註 136〕　（明）陸深著：〈壽顧母秦孺人六十序〉，《儼山集》，卷 46，頁 288。
〔註 137〕　吳仁安〈南匯縣方孝孺後裔方德宗家族（余氏家族）〉記載：「據《松江府志》載，明初建文朝忠臣方孝儒忠遇難時，其幼子德宗被浙江海寧丞魏澤匿藏之。托余學夔攜避松郡華亭俞允所。俞文（允）者，方孝孺門人。德宗遂冒俞姓，後欲入贅爲婿，又改姓余。子姓繁衍，至萬曆 37 年（1609）己酉督學楊廷筠令復本姓，建『正學書院』云云。」文見吳仁安著：《明清時期上海地區的著姓望族》，頁 300～301。

操，不妄取人錢，凡遇人過，皆面赤不能容，庠中後進，望如嚴師。倭亂時，寓郡城中，每同其父閒步，忽遇少婦冶容者，則面壁避之。環問其故，答曰：「目不視邪色。」時有一大吏，邑侯學博皆相引重，余采獨執平交禮而不爲屈。嘗與婺源士子同舟，其人道卒，采出資裝舍殮還其喪，宅心仁慈，終不責報。晚歲以明經授江右、閩粵，多所造就，樹立名士，數不勝數。〈古今說海校書名氏〉載其出藏書十二卷，而未有校勘和謄錄副稿等記載。子道南、道東復方姓入縣學，後改大梟涇南村爲方家典堂，重刻《遜志齋集》行世。生平事蹟參見《（崇禎）松江府志》卷四一〈篤行〉，范濂《雲間據目抄》〔註138〕卷一〈余采〉，李紹文《雲間人物志》卷之四〈余秀洲〉。

### 5. 董宜陽

董宜陽（1510～1572），字子元，先世汴人，宋南渡隨徙居上海吳會里，續遷沙岡，人稱紫岡先生，復自號七休居士。父董恬，字世良，人稱中岡先生，母唐氏。宜陽七歲而聰警異凡，九歲即能屬文，游太學間，資質穎敏，日讀數萬言，於書無所不窺，尤精先秦兩漢諸子、稗官、堪輿、風角、醫卜、種樹眾家書，究心國朝故實、郡縣文獻，扣之能縷數以對。終身不求仕宦，唯肆力詩賦、古文詞創作。詩法高岑，晚嗜元白體，清圓雅暢，成一家言；文法先秦兩漢間，出入曾鞏（1019～1083）、王安石（1021～1086）二家。平生嗜好，惟書史、名帖、石刻爲最，楷書倣虞永興（虞世南，558～638），行草法僧智永。與同里何良俊（1506～1573）、張之象（1507～1587）、徐獻忠（1493～1569）並稱四賢。初聘戶科督給事中張某之女，卒娶順天府丞楊璨女，再娶顧文僖（清）孫女。子七，爲楊出者，曰鳳孫、曰方大；顧出者，曰開大、曰立大、曰成大、曰觀大、曰永大，女一。著有《明臣琬琰通錄》、《金石錄》、《雲間詩文選略》、《雲間先哲金石錄》、《雲間近代人物志》、《雲間百詠》、《松誌補遺》、《上海紀變錄》、《中園雜記》、《賦金石林》、《董氏族譜紀年》、《金蘭集》；另編其師孫承恩《灜溪草堂稿》和徐獻忠《長谷集》。

〈古今說海校書名氏〉載董宜陽出藏書五卷，而未有校勘和謄錄副稿等記載。前述陸深曾寫信希望董宜陽出庋藏目錄，互通書籍有無，又據《儼山集續集》卷一○〈與董中岡〉二首、卷一○〈與董子元〉二首，陸楫《蒹葭

〔註138〕（明）范濂著：《雲間據目抄》（臺北：新興書局，1984 年《筆記小說大觀》印本）。

堂稿》卷一〈書董紫岡卷〉載，知就年齡和輩分言，董宜陽爲陸深晚輩，兩人爲忘年交，與陸楫有友朋情誼。再依陸深〈清女權厝誌〉載：「女諱清，姓陸，上海人，父深母梅氏。爲初舉女，許配鄉進士董君懌之仲子。」〔註139〕知陸深女清原配董懌仲子，又董懌與宜陽父恬乃親兄弟〔註140〕，陸清所配夫婿與宜陽爲堂兄弟，陸楫和董宜陽淵源亦非尋常。

董宜陽生平事蹟，主要參見《（崇禎）松江府志》卷四二〈文學〉，《皇明詞林人物考》〔註141〕卷一一〈董子元〉，陸深《儼山集續集》卷一〇〈與董中岡〉二首、卷一〇〈與董子元〉二首，陸楫《蒹葭堂稿》卷一〈書董紫岡卷〉，唐錦《龍江集》卷九〈誥贈宜人喬氏墓誌銘〉，《朱邦憲集》卷六〈董子元先生行狀〉、卷一一〈祭董子元文〉，孫承恩《文簡集》〔註142〕卷三四〈董氏先德錄小引〉，何三畏《雲間志畧》卷一九〈董太學紫岡先生傳〉，西園老人口授、李尚絅補《南吳舊話錄》卷一九〈曠達・董紫岡〉，范濂《雲間據目抄》卷一〈董宜陽〉，李紹文《雲間人物志》卷之二〈董中岡〉、卷之四〈董子元〉。

### 6. 張之象

張之象（1507～1587），字月鹿，又字玄超，號王屋公，別號碧山外史，晚號王屋山人，上海龍華里（今龍華鄉）人。之象少負穎異，曠覽不群，一切蜉蝣世榮，意殊易之，自諸生迄卒業國子，屢試不第。由是專力治古，博綜群籍，精研百氏，勒成一家言。性不偶俗，獨喜閉戶著書，冬夏不輟；殆潛神積思，久而神詣，則發之詩若文。其詩爾雅沖淡，興寄寥遠，有魏晉風度；文則閎深奧遠，出入東西京，不作晚近語。才學滿腹，行誼高尚，無問識或不識，皆以盛德稱。妻唐氏，封孺人；子七，以雲門、雲輅最著名。著有《剪綵》、《翔鴻》、《聽鶯》、《避暑》、《題橋》、《倚蘭》、《擊轅》、《佩劍》、《林棲》、《隱仙》、《秀林》、《新草》等集，另輯《四聲韻補》、《韻學統宗》、《詩學指南》、《韻苑連珠》、《詩紀類林》、《楚騷綺語》、《楚範》、《楚林》、《楚

---

〔註139〕（明）陸深著：《儼山集》，卷76〈清女權厝誌〉，頁489。

〔註140〕有關董氏世系，請參〈上海董其昌家族〉，見吳仁安著：《明清時期上海地區的著姓望族》，頁195～202。

〔註141〕（明）王兆雲輯：《皇明詞林人物考》（臺北：明文書局，1991年《明代傳記叢刊》影明刊本）。

〔註142〕（明）孫承恩著：《文簡集》（臺北：臺灣商務印書館，1983年影清文淵閣《四庫全書》本）。

翼》、《賦林》、《七萃》、《彤管新編》、《古詩類苑》、《唐詩類苑》、《太史史例》、《史記發微》、《新舊註鹽鐵論》、《唐雅》、《回文類聚》、《詩紀類林》等。

〈古今說海校書名氏〉載張之象出藏書一卷，而未有校勘和謄錄副稿等記載。陳繼儒論書家另眼看待小說時曾言：「余猶紀吾鄉陸學士儼山、何待詔柘湖、徐明府長谷、張憲幕王屋皆富于著述。而又好藏稗官小說，與吳門文（徵明）、沈（周）、都（穆）、祝（允明）數先生往來。每相見，首問近得何書，各出笥祕，互相傳寫；丹鉛塗乙，矻矻不去手。」〔註143〕陸深與張之象等藏書家往來情形可見一斑。

張之象生平事蹟，主要參見《（崇禎）松江府志》卷四二〈文學〉，《皇明詞林人物考》卷一一〈張玄超〉，莫如忠《崇蘭館集》卷一九〈故浙江按察司知事王屋張公墓誌銘〉，西園老人口授、李尚絅補《南吳舊話錄》卷一二〈敬禮・張王屋〉，何三畏《雲間志畧》卷一九〈張憲幕王屋公傳〉，范濂《雲間據目抄》卷一〈張之象〉，李紹文《雲間人物志》卷之四〈張王屋〉。

### 7. 瞿成文

瞿成文，字道夫，號月濱，生平資料未詳。〈古今說海校書名氏〉載其謄錄副稿二十卷，而未有出藏書和校勘等記載。

明代江南藏書集團有為數不少以友朋關係為樞紐，在以徐獻忠為集團代表的一群同好中，陸深、張之象、董宜陽、何良俊、朱察卿等都在其間〔註144〕。再交叉比對上述諸人如張之象〈與姚如晦、馮子喬、朱邦憲夜集顧汝脩館中話舊〉、〈上巳日過世具館中觀文裕公遺帖感懷〉、〈董子元移居新館同諸友相候〉〔註145〕；朱察卿《朱邦憲集》卷二〈和張玄超貂字〉、卷三〈和董子元秋字〉、〈同姚如晦、張玄超、唐世具集顧汝和池上樓〉、〈秋日與故鄉諸友登硯山〉〔註146〕、〈送顧汝中為郎〉、〈拜姚如晦墓〉、〈秋日過陸思豫山園〉、〈送顧

〔註143〕（明）陳繼儒著：〈藏說小萃序〉，《晚香堂集》（北京：北京出版社，2000年《四庫禁燬書叢刊》影北京大學圖書館藏明崇禎刻本），卷2，頁576。
〔註144〕詳論請參陳冠至著：《明代的江南藏書》，頁183～189。
〔註145〕請參（明）張之象著：《張王屋集》，見（明）俞憲編：《盛明百家詩》（臺南：莊嚴文化事業出版社，1997年《四庫全書存目》影浙江圖書館藏明嘉靖至萬曆刻本）。
〔註146〕詩題下註明「是日同游者徐伯臣、姚汝晦、董子元、唐世具、唐子迪、舍弟邦蕭共予七人。」文見（明）朱察卿著：〈秋日與故鄉諸友登硯山〉，《朱邦憲集》，卷3，頁619。

汝脩北試〉、〈泊湖州懷死友唐子迪、顧汝達〉、〈送姚如晦同顧五丈、唐三丈入都訪顧汝由伯仲〉；徐獻忠《長谷集》卷三〈秋日度谷泖有懷張玄超、董子元金陵〉、卷四〈馮子喬、朱邦憲曉過草堂〉、卷九〈會約〉〔註147〕、卷一○〈復陸思豫〉等作品，見證陸深父子與張之象、董宜陽等之交遊情誼。筆者因才疏學淺，見識未廣，未得目見瞿成文、余采與陸家往來文獻，但以其二人得名列〈古今說海校書名氏〉，知至少為陸楫文友。

### （四）小結

〈古今說海校書名氏〉載編輯群資料簡略，但據所提供姓名字號、職銜身分、出藏書量、校勘和謄錄副稿卷數，知《古今說海》校書名氏之先後順序與各人出藏書多寡和官階高低無關。經考證編輯群之生平傳略，雖無法完整得知每個人的家世背景和生平經歷，然從所掌握線索與陸家關係分析，筆者以為陸楫〈古今說海校書名氏〉之排序，主要按照「長幼」、「疏親」原則——先長輩、後平輩，而若同屬長輩，則以客為尊，次列自家人。據此，由於姜南和顧定芳皆陸楫長輩，故先置姜南，顧定芳次之。其次，談萬言、黃標、姚昭、瞿學召和唐賫五人中，除姚昭與陸楫有亦師亦友情誼，不得等閒視之外，其他四人與陸楫皆屬姑表兄弟或內兄弟；又唐錦〈古今說海引〉述參與講習會成員僅列黃標、姚昭、顧名世、陸楫和唐賫，而黃標、姚昭和唐賫之排列先後恰與〈古今說海校書名氏〉相同，故認為此二者所列順序或遵循某種既定規範。據黃湋夫婦之生年、黃標相隨陸深情形及彼此書信內容，相信黃標至少年長陸楫二十歲；又如前述推知，姚昭約年長陸楫二十歲；且唐賫妻顧定芳長女，定芳年長陸楫二十六歲，則唐賫與陸楫年紀或相當；據此以為黃標、姚昭和唐賫之排序原則為先長後幼。再者，瞿學召所贅者係年長陸楫約十八歲之姐，推測學召年長陸楫歲數應與此數相差不遠；談萬言配黃湋長女，為黃標姊夫之機率或大於妹婿；是增強排列談萬言、黃標、姚昭、瞿學召和唐賫之順序為年齡大小的可能性。其三，根據〈古今說海引〉述參與講習會成員，知陸楫與之往來頻繁，又除前已述及之黃標、姚昭和唐賫外，乃將友朋顧名世置於第八。另，沈希皋與陸楫雖有親家之誼，但《古今說海》刊行時，陸楫年方三十左右，適時兩家或許往來密切，如陸深〈與姚玉厓〉

〔註147〕詩題下註明「姚子明、唐世具、董子元、顧汝由、唐子迪、顧汝修、朱邦憲、朱邦肅」等字。文見（明）徐獻忠著：〈會約〉，《長谷集》，卷9，頁314。

有「邑中小考如沈生希皋亦不與」〔註148〕之論，但還未成秦晉之好，是得列第九。餘者如余采、董宜陽、張之象、瞿成文與陸楫爲一般交游，陸楫或按照交情深淺依次列出。

　　總之，《古今說海》雖係世居或曾經活動上海之文人共同匯編，實乃由以陸氏家族爲首，連結其他親族與當地文人共襄盛舉，甚或帶有山人文學意味。編輯成員各家族間在政治上連成一氣，原或具備師生和友朋交誼，私下則以閨黨姻婭方式親上加親，故當陸深登高一呼，友朋子姪、後進晚輩群起響應。這是瞭解編輯成員生平資料後，能更合理解釋陸楫成爲《古今說海》代表人物的原因所在，同時突顯陸家在當時社會的號召力與影響力。

# 第三節　《古今說海》之版本流傳

　　《古今說海》在明清公私家藏書目中，雖多被歸置在小說家和雜家類，隨著匯刻書籍日益增多，叢書概念漸趨明確，且專列其類，《古今說海》之匯刻性質才受到書目著者和出版業者重視，而得被歸入叢書類。雖然《古今說海》以明嘉靖二十三年（1544）雲間陸氏儼山書院刻本爲最早，但清道光元年（1821）茗溪酉山堂主人邵松巖重刻時，除保留原本的卷數與版式，重現嘉靖刊本的規模外，且從《四庫全書總目》選刻《古今說海》子目書提要，增益《古今說海》之文獻價值，成爲日後重排、影印出版的重要底本，廣闊《古今說海》的流傳範圍。

## 一、《古今說海》之隸類情形

　　《古今說海》，明焦竑（1541～1620）《國史經籍志》〔註149〕、明祁承㸁（1563～1628）《澹生堂藏書目》〔註150〕、明朱睦㮮（1518？～1587）《萬卷堂書目》〔註151〕、明不著撰人《近古堂書目》〔註152〕、明趙琦美（1563～1624）

〔註148〕 （明）陸深著：〈與姚玉厓〉，《儼山集》，卷94，頁609。
〔註149〕 （明）焦竑著：《國史經籍志》（上海：商務印書館，1939年《叢書集成初編》本），卷4下子類小說家類，頁185。
〔註150〕 （明）祁承㸁藏並編：《澹生堂藏書目》（北京：商務印書館，2005年《中國著名藏書家書目匯刊》影清光緒18年（1892）會稽徐氏鑄學齋刻本），卷7子類小說家類，頁274。
〔註151〕 （明）朱睦㮮著：《萬卷堂書目》（北京：中華書局，2006年《宋元明清書目題跋叢刊》影清光緒29年（1903）觀古堂書目叢刊本），卷3小說家類，頁602。

《脈望館書目》〔註153〕、明董其昌《玄賞齋書目》〔註154〕、明趙用賢（1535～1593）《趙定宇書目》〔註155〕、清張廷玉（1672～1755）等《明史・藝文志》〔註156〕、清錢謙益（1582～1664）《絳雲樓書目》〔註157〕、清徐乾學（1631～1694）《傳是樓書目》〔註158〕、清姚際恒（1647～約1715）《好古堂書目》〔註159〕、和清馬瀛（1765～1830）《唫香僊館書目》〔註160〕等皆置於小說家類。清孫星衍（1753～1818）《孫氏祠堂書目》〔註161〕置於說部。明王道明《笠澤堂書目》〔註162〕、清嵇璜（1711～1794）、曹仁虎（1731～1787）等《欽定續文獻通考・經籍考》〔註163〕和清耿文光（1833～1908）《萬卷精華樓藏書記》〔註164〕等則置於子部雜家類，清楊紹和（1830～1875）《海源閣書目》〔註165〕

〔註152〕（明）不著撰人：《近古堂書目》（臺北：大通書局，1973年），卷上小說類，頁8271。

〔註153〕（明）趙琦美著：《脈望館書目》（北京：中華書局，2006年《宋元明清書目題跋叢刊》影商務印書館涵芬樓秘笈本），子書小說類，頁957。

〔註154〕（明）董其昌著：《玄賞齋書目》（北京：中華書局，2006年《宋元明清書目題跋叢刊》影大陸國家圖館書藏民國間張氏適園抄本），子部卷第6小說類，頁105。

〔註155〕（明）趙用賢著：《趙定宇書目》（北京：中華書局，2006年《宋元明清書目題跋叢刊》影大陸國家圖書館藏清初抄本），小說書類，頁840。

〔註156〕（清）張廷玉等著：《明史》（臺北：藝文印書館，1983年影清乾隆武英殿刊本），卷98〈藝文志〉子類小說家類，頁1066。

〔註157〕（清）錢謙益著：《絳雲樓書目》（北京：北京圖書館出版社，2003年《稿抄本明清藏書目三種》），子部小說家類，頁464。

〔註158〕（清）徐乾學著：《傳是樓書目》（北京：中國書店，2008年《海王邨古籍書目題跋叢刊》影1915年仁和王存善鉛印二徐書目本），子部小說家類，頁329。

〔註159〕（清）姚際恒著：《好古堂書目》（北京：北京圖書館出版社，2003年《稿抄本明清藏書目三種》），子部小說家類，頁802。

〔註160〕（清）馬瀛著：《唫香僊館書目》（上海：上海古籍出版社，2005年《中國歷代書目題跋叢書》），子部小說家類，頁44。

〔註161〕（清）孫星衍著：《孫氏祠堂書目》（臺北：廣文書局，1969年《書目三編》影清光緒9年（1883）至12年（1886）德化李氏刻木犀軒叢書本），外編卷3說部，頁233。

〔註162〕（明）王道明著：《笠澤堂書目》（北京：北京圖書館出版社，2003年《稿抄本明清藏書目三種》），子部雜家類，頁163。

〔註163〕（清）嵇璜、曹仁虎等奉敕編：〈經籍考〉，《欽定續文獻通考》（臺北：臺灣商務印書館，1983年影清文淵閣《四庫全書》本），卷178子部雜家雜編，頁401。

〔註164〕（清）耿文光著：《萬卷精華樓藏書記》（北京：中華書局，2006年《宋元明清書目題跋叢刊》影山右叢書初編本），卷95子部雜家類，頁833～837。

〔註165〕（清）楊紹和著：《海源閣書目》（濟南：齊魯書社，2002年），子部雜家雜

置於子部雜家類雜編之屬，清嵇璜、曹仁虎等《欽定續通志・藝文略》〔註166〕注出文淵閣著錄而置於子部雜家雜編，清永瑢（1743～1790）等《四庫全書總目》〔註167〕置於子部雜家類雜纂之屬，王重民（1903～1975）編《中國善本書目題要》〔註168〕置於子部雜家類雜纂。此外，清黃虞稷（1629～1691）《千頃堂書目》〔註169〕置於子部類書類，清祁理孫（1625～1675）《奕慶藏書樓書目》〔註170〕置於子部稗乘家說叢類，清沈初（1729～1799）《浙江採集遺書總錄》〔註171〕和趙萬里（1905～1980）《西諦書目》〔註172〕置於子部叢書類。知《古今說海》於史志和歷代書目中，有被著錄於小說家、雜家、類書和叢書類之別。

　　據俞頌雍「《古今說海》歷代書目著錄表」統計，歸結「《古今說海》曾先後被著錄於《國史經籍志》、《澹生堂藏書目》、《萬卷堂書目》、《古今書刻》、《近古堂書目》、《脈望館書目》、《玄賞齋書目》、《趙定宇書目》及《笠澤堂書目》等九種明代書目，而其中除《國史經籍志》為明代史官焦竑為編撰國史而成，故而帶有一定政府性質之外，其餘均為私家書目，它們的成書基本都在嘉靖萬曆至明末年間，而它們的撰者大多數都為江浙人氏。也就是說，《古今說海》在松江府成書之後，在五十年左右的時間內已經流傳至週邊的江浙地區，最遠達到了兩湖之地，擁有了一定的傳播區域，這給其被當時的私家書目著錄提供了便利。」〔註173〕不僅如此，上述除《古今書刻》〔註174〕非按

　　　　編之屬，頁961。

〔註166〕（清）嵇璜、曹仁虎等奉敕撰：〈藝文略〉，《欽定續通志》（臺北：臺灣商務印書館，1983年影清文淵閣《四庫全書》本），卷160子部雜家雜編，頁523。

〔註167〕（清）永瑢等奉敕著：《四庫全書總目》（臺北：藝文印書館，1989年），卷123子部33・雜家類雜纂之屬，頁2463。

〔註168〕王重民著：《中國善本書提要》（上海：上海古籍出版社，1983年），子部雜家類雜纂，頁339。

〔註169〕（清）黃虞稷著：《千頃堂書目》（臺北：臺灣商務印書館，1983年影清文淵閣《四庫全書》本），卷15子部類書類，頁400．

〔註170〕（清）祁理孫藏並編：《奕慶藏書樓書目》（北京：商務印書館《中國著名藏書家書目匯刊》影清抄本，2005年），子部稗乘家說叢類，頁239～244。

〔註171〕（清）沈初等著：《浙江採集遺書總錄》（北京：中國書店，2008年《海王邨古籍書目題跋叢刊》影清乾隆39年（1774）刊本），庚集叢書類，頁252。

〔註172〕是書註明僅存「說略三十二種」，參見趙萬里編：《西諦書目》（臺北：成文出版社，1978年《書目類編叢書》影民國52年（1963）排印本），卷2子部叢書類，頁19159～19160。

〔註173〕俞頌雍著：《古今說海考》，頁13。

照四庫而採州府分類，將《古今說海》置於南直隸松江府下，又《笠澤堂書目》置於子部雜家類外，其他書目均將《古今說海》著錄在子部小說家，是見明代書目編撰者對《古今說海》的認知。但由於小說家和雜家間，向來存有灰色地帶，非能被截然區分爲二，如《隋書‧經籍志》將張華《博物志》置於雜家，而《舊唐書‧經籍志》置是書於小說家〔註175〕，可見部類歸置乃因人因時而異，是主觀認知而非絕對客觀。復就四部分類法以觀，《古今說海》子目書非純然爲小說作品，而有雜說、雜史、雜纂、詩文評之作，收書性質不完全一致，卻又都統攝在說部裡。是清朝以降，分類概念雖又更趨明確，《古今說海》在目錄學家眼中，仍得游走於小說和雜家二類。

此外，《千頃堂書目》雖將《古今說海》置於子部類書類，然《千頃堂書目》在歸置部分類目時，實又將類目中書籍分作若干細目著錄。其雖未標明細目名稱，僅以空行區隔不同細目，卻可就所收書目性質，歸納黃虞稷著錄原則，如類書類「先著錄類書，次著錄叢書」〔註176〕，將《古今說海》與陶宗儀《說郛》、屠隆《漢魏叢書》、商濬《稗海》等叢書一同著錄。因此，《千頃堂書目》雖將《古今說海》置於類書類，但其所謂「類書類」包括現今目錄學中類書和叢書兩類，且將《古今說海》歸置在叢書部分，卻因目錄中未予立類關係，而造成有實無名之情形。

再者，明代嘉靖以前，因匯編書籍數量不多，目錄著作還未有設置叢書類者，故將收錄小說爲主之叢書，多置於子部小說類。直至明末祁承㸁《澹生堂藏書目》始標出叢書類且列入子部，分爲國朝史、經史子雜、子彙、說彙、雜集和彙集等六個子目〔註177〕；把《古今說海》與《稗海大觀》、《前四十家小說》、《廣四十家小說》、《煙霞小說》和《稗乘》等置於子部小說說叢類〔註178〕，又互見於子部叢書說彙類，將《正稗海》、《續稗海》、《廣秘笈》、《四十家小說》和《廣四十家小說》等同置於此類中〔註179〕，自此《古

---

〔註174〕（明）周弘祖著：《古今書刻》，（北京：中華書局，2006 年《宋元明清書目題跋叢刊》影觀古堂書目叢刊本），上編南直隸松江府，頁 155。

〔註175〕（唐）長孫無忌等著：〈經籍志〉，《隋書》（臺北：藝文印書館，1982 年影清乾隆間武英殿刊本），卷 34，頁 506 和（晉）劉昫著：〈經籍志下〉，《舊唐書》（臺北：藝文印書館，1982 年影清乾隆間武英殿刊本），卷 47，頁 976。

〔註176〕劉兆祐著：《中國目錄學》（臺北：五南圖書出版社，2002 年），頁 340。

〔註177〕參見（明）祁承㸁藏並編：《澹生堂藏書目》，頁 42。

〔註178〕參見（明）祁承㸁藏並編：《澹生堂藏書目》，頁 274。

〔註179〕參見（明）祁承㸁藏並編：《澹生堂藏書目》，頁 435～437。

今說海》在目錄學分類上才被重新解讀。而後，祁理孫《奕慶藏書樓書目》於經、史、子、集四部外，又加上「四部匯」一類，收錄《范子雜彙》、《漢魏叢書》、《遠山堂雜彙》、《津逮秘書》、《古今逸史》、《格致叢書》和《百川學海》等叢書，而將《古今說海》與《欣賞編》、《正快書》、《夷門廣牘》、《唐人百家小說》、《稗海》、《虞初志》和《歷代小說》置於子部稗乘家說叢類，承認各叢書子目之說部性質〔註180〕。姚際恆《好古堂書目》則於經、史、子、集四部之外，創設「經史子集總」一類，列置《漢魏叢書》、《漢魏叢書抄》、《廣漢魏叢書》、《津逮秘書》四種〔註181〕，仍將《古今說海》置於小說類，而未能從叢書角度理解。可見到了明末清初，目錄學家雖已有設置「叢書」類或「類叢書」類〔註182〕的認知，且《奕慶藏書樓書目》和《好古堂書目》中，已把類叢書類如「四部匯」和「經史子集總」等同於經、史、子、集等大類，但在歸置部類時，卻仍著重《古今說海》子目書之內容性質，置其書於子部小說類。直至沈初《浙江採集遺書總錄》將《古今說海》和《類說》、《百川學海》、《翰苑叢抄》等置入叢書類〔註183〕，《古今說海》之匯編性才真正受到肯定。可惜的是，當時對叢書概念的認知仍然不足，四庫館臣便因為對叢書的義界不清，以致在子部雜家類雜纂之屬及集部總集類裡，也有闌入叢書的現象。尤其《四庫全書總目》列《古今說海》於子部雜家雜纂之屬，而《四庫全書》著錄書則將《古今說海》歸在雜家雜編之屬，次列於陸深《儼山外集》之後，更顯見當日四庫館臣之粗心與對叢書觀念上之模糊〔註184〕。

〔註180〕參見（清）祁理孫藏並編：《奕慶藏書樓書目》，頁215～275、427～473。
〔註181〕北京圖書館出版社於目次的編排上，視「經史子集總」為「集部」子目而置於其下。今檢視姚際恆《好古堂書目》各部及其子目的版心處分別記作「經部」、「史部」、「子部」和「集部」，而「經史子集總」下則記作「總」，非「集部」；又各部刊頭分別題作「好古堂書目經部」、「好古堂書目史部」、「好古堂書目子部」和「好古堂書目集部」，至於「經史子集總」前則題作「好古堂書目經史子集總」，故知姚際恆實將「經史子集總」獨立於「經」、「史」、「子」、「集」四部之外。另，「經史子集總」類之實際著錄情形，請參（清）姚際恒著：《好古堂書目》，經史子集總部，頁881～889。
〔註182〕按：所謂「類叢書」是指沒有「叢書類」之名，實際上卻將匯編書籍獨立設「某類」之泛稱，如《奕慶藏書樓書目》的「四部匯」、《好古堂書目》的「經史子集總」。
〔註183〕（清）沈初著：《浙江採集遺書總錄》，頁251～252。
〔註184〕四庫館臣對叢書的認知不深與義界模糊，致使在隸類叢書時所產生的缺失問

　　馮浩菲定義「叢書是按照一定原則和體例匯編有關著作而成的書籍。」
〔註185〕劉尚恆則認為「匯集同部類的專門性叢書，還是宜各入其部類為好，
如《十三經注疏》、《皇清經解》、《通志堂經解》入經部總論（或稱群經）；《十
七史》、《二十四史》入史部叢編；《音學五書》、《許學叢書》、《澤存堂五種》
入經部小學類；《小方壺齋輿地叢鈔》、《蓬萊軒地理學叢書》入史部地理類總
論；《宋名家詞》、《詞學叢書》入集部總集。」至於匯集不同部類的綜合性叢
書，則可以《中國古籍善本總目分類表》為依據，調整為匯編類（或稱雜纂
類）、地方類、氏族類和自著類（或稱獨撰類）〔註186〕。其中，匯編類叢書「是
指匯集經、史、子、集四部中兩部類以上的書為一叢書的。這類叢書不僅以
叢書的狹義概念為據，而且被視作叢書中的『正統』，影響也最大。從南宋的
《儒學警悟》發其端，《百川學海》繼其後，元明清以至民國以來各時代均有
大量產生，特別是乾嘉以後，這類叢書匯刻很多。匯編類叢書，按其匯集書
的著述時代有通代和斷代之分。……而按叢書編纂出版時代更可以細分，如
宋元叢書《百川學海》、《說郛》，明代叢書《百陵學山》、《夷門廣牘》、《范氏
奇書》，清代叢書《學津討原》、《守山閣叢書》、《滂喜齋叢書》，近代叢書《四
部叢刊》、《叢書集成》、《涵芬樓秘籍》等等。」〔註187〕

　　有關明代叢書的發展，劉尚恆主張以嘉靖、萬曆前後分成兩個階段，在
嘉靖、萬曆前，他認為是「沿著宋《百川學海》、元《說郛》的體例，匯纂越
來越複雜。像是吳永的《續百川學海》、馮可賓的《廣百川學海》，本身就是
續編、續刊性質。其他如陸楫的《古今說海》、范欽的《范氏二十一種奇書》、
高鳴鳳的《今獻彙言》、王文祿的《百陵學山》、吳琯的《古今逸史》等，也
都仿照《百川學海》和《說郛》的體例，多以匯集子部雜著為限。」〔註188〕
《古今說海》雖以收錄子部雜家和小說家著作為主，可視為匯集子部雜著之
作，「說選部」卻幾乎為史地類書籍，符合匯集經、史、子、集四部中兩部類
以上之書為一叢書的定義。清末張之洞（1837～1909）定義叢書時云：「其中

　　　　題，請參吳哲夫撰：〈四庫全書館臣處理叢書方法之研究〉，《故宮學術季刊》
　　　　第 17 卷第 2 期（1999 年 12 月），頁 19～40。
〔註185〕馮浩菲著：《中國古籍整理體式研究》（北京：北京圖書館出版社，1997 年），
　　　　頁 116。
〔註186〕劉尚恆著：《古籍叢書概說》（上海：上海古籍出版社，1989 年），頁 48。
〔註187〕劉尚恆著：《古籍叢書概說》，頁 50～51。
〔註188〕劉尚恆著：《古籍叢書概說》，頁 14～16。

經史子集皆有，勢難隸於四部，故別爲類。」在經、史、子、集之外，另立叢書目〔註189〕。自此之後，公家分類表和書目中，多有叢書一目，或隸於子部，或隸於總類〔註190〕，《古今說海》於當代編撰的書目中才多被置於叢書類，如《1911～1984 影印善本書目錄》〔註191〕、《西諦書目》〔註192〕和《東方文化研究所漢籍分類目錄》〔註193〕等皆然。

綜合上述，若從四部分類法以觀，《古今說海》匯編書籍以子部爲主、史部居次，子部所收雖兼攝小說家和雜家，視雜家書籍以雜說、雜史、雜纂類爲主，符合傳統以來對「說部」的認知和《古今說海》之書名立意，是才在明人書目著錄時多被置入小說類，強調其類刻特質。其後，隨著匯編著作之數量和種類變多，四部分類已無法滿足各種叢書部居所需，及《古今說海》兼收史部、子部著作之事實，印證《古今說海》符合匯集經、史、子、集四部中兩部類以上的特性；尤其當叢書已獨自立類後，安《古今說海》於其中已成爲目錄學家的普遍共識，是突顯《古今說海》的匯編性所在。復因箇中書籍以小說較多，故《中國叢書綜錄》和《叢書大辭典》在以收錄叢書的前提下，仍將《古今說海》置於類編子類小說類〔註194〕；上海商務印書館《叢書集成初編》和臺北新文豐出版公司《叢書集成新編》也都收錄《古今說海》，符合今人編撰書目時對《古今說海》在目錄學上的分類歸屬，亦可說是對叢書概念的清楚瞭解。

## 二、《古今說海》之版本介紹

自明嘉靖間刊刻《古今說海》一百四十二卷以來，歷來流傳版本，除四庫館臣刪落《遼志》、《金志》和《蒙韃備錄》三書，成爲一百三十九卷外，

---

〔註189〕（清）張之洞著：〈叢書目・古今人著述合刻叢書目〉，《書目答問》（臺北：臺灣商務印書館，1986 年），頁 73。

〔註190〕劉尚恆著：《古籍叢書概說》，頁 44～45。

〔註191〕北京圖書館善本組編：《1911～1984 影印善本書目錄》（北京：中華出版社，1992 年），叢書彙編類，頁 132～137。

〔註192〕趙萬里編：《西諦書目》，卷 2 子部叢書類，頁 19159～19160。

〔註193〕是書註明僅存「說選部」，參見【日】井上以智爲著：《東方文化研究所漢籍分類目錄》（日本京都：株式會社京都印書館，1945 年），叢書部雜叢類，頁 702。

〔註194〕參見上海圖書館編：《中國叢書綜錄》（北京：中華書局，1959～1962 年），頁 755～757 和楊家駱著：《叢書大辭典》（臺北：中國學典館復館籌備處，1970 年），頁 763～764。

餘多以清道光間酉山堂翻刻嘉靖本爲依據，或影印刊行，或重新排印，或附錄譯文。茲據所見版本分述如下：

## （一）明嘉靖二十三年（1544）雲間陸氏儼山書院刊本

嘉靖二十三年（1544）雲間陸氏儼山書院家刻，並以雲山書院刊本、青藜館刊本配補。據臺北國家圖書館藏可知其版式爲：線裝，八行，行十六字，左右雙欄，雙魚尾，板框 16.7×12.1 公分。書前有嘉靖甲辰（1544）夏四月朔龍江唐錦〈古今説海引〉和陸楫〈古今説海校書名氏〉，內容分爲四部七家，收古今説部作品一百三十五種，計一百四十二卷。依次爲「說選部」設小錄家三卷、偏記家二十卷，計二十三卷；「說淵部」設別傳家六十四卷；「說畧部」設雜記家三十二卷；「說纂部」設逸事家六卷、散錄家六卷、雜纂家十一卷，計二十三卷。此外，「說選」、「說淵」、「說畧」和「說纂」四部，又分別按照書目順序依甲、乙、丙、丁、戊、己、庚、辛、壬、癸十天干分作十集，凡四十集。附帶一提，「說淵部」別傳家之目錄有《少室先姝傳》，內文則題作《少室仙姝傳》，前後用字不一；今觀是書內容寫上元夫人被貶下凡事，文中屢用「仙姝」一詞，故當以「仙姝」較爲恰當。

此外，唐錦〈詹事府詹氏兼翰林院學士儼山陸公行狀〉載陸深亡於嘉靖二十三年七月十八日〔註195〕，而唐錦序《古今説海》之題署時間爲同年「夏四月」，若從先徵求書序之可能性看，陸深或亡於《古今説海》刊刻期間。又唐錦〈古今説海引〉言《古今説海》刻置家塾，但嘉靖刊本版心下除鐫刻「儼山書院」外，「說畧部」、「說纂部」《艮嶽記》頁十一及「說纂部」《煬帝海山記》頁三鐫刻「雲山書院」，「說纂部」雜纂家鐫刻「青藜館」〔註196〕，故《古今説海》嘉靖刊本之版本著錄以題署「儼山書院所刻，雲山書院刊本、青藜館刊本配補」較完整。由於「儼山」係陸楫父親陸深之號，若陸深亡於家刻《古今説海》之際，則「雲山書院」與「青藜館」名稱，是否有可能爲子孫

---

〔註195〕（明）唐錦撰：〈詹事府詹氏兼翰林院學士儼山陸公行狀〉，《龍江集》，卷12，頁591。

〔註196〕有關嘉靖本《古今説海》版心下鐫刻文字之實際著錄情形，筆者乃據臺北國家圖書館藏本逐頁翻檢所得，而皆如正文中所述，並與俞頌雍所據上海圖書館藏本大致相同。唯一差別處爲：臺北國家圖書館藏嘉靖本《古今説海》「說纂部」《艮嶽記》頁十一版心下鐫刻「雲山書院」，而俞頌雍《古今説海考》則未提及，是當理解爲「儼山書院」。參見俞頌雍著：《古今説海考》，頁22。

避陸深諱所改易？由於臺北國家圖書館藏嘉靖二十四年《儼山外集》家刊本和嘉靖四十五年《蒹葭堂稿》家刊本之版心下方，均未有「儼山書院」、「雲山書院」或「青藜館」等任一字樣。若《古今說海》版心下方將所鑴刻「儼山書院」改作「雲山書院」和「青藜館」是爲避陸深諱，何以此後由陸氏家刊書籍未見鑴刻「雲山書院」或「青藜館」字樣？故筆者認爲，《古今說海》版心下方鑴刻「儼山書院」，應該是對於陸深亡故表示悼念；鑴刻「雲山書院」與「青藜館」也不是因爲避諱關係，而是另有所指。

今根據文獻記載，查得雲山書院至少有三處：一在四川中江縣東南，故飛鳥縣之南，久廢〔註197〕；二在湖北〔註198〕；三在湖南寧鄉縣城西四十五公里的水雲山下，由劉典（1820～1879）於清同治四年（1865）左右倡建〔註199〕。明清書院雖不乏有刊刻書籍者，卻以科舉考試用書爲主；而上述三處雲山書院不僅未見有刊刻出版紀錄，且陸楫活躍於明嘉靖年間上海地區，與上述三書院未有地緣關係，則刊刻《古今說海》之「雲山書院」當另有其他。由於上海金山縣張堰鎮內有雲山路，該地原有不礙雲山樓〔註200〕，又陸楫有〈春日飲雲山園亭調蝶戀花〉〔註201〕，則「雲山」似有可能爲地名、樓名或園亭名，「雲山書院」或原本建築在雲山路或雲山園亭附近亦未可知。此外，陸楫

---

〔註197〕 參見（清）黃廷桂修：《四川通志》（北京：商務印書館，2005年影清文津閣《四庫全書》本），卷5之4，頁546。

〔註198〕 參見（宋）魏了翁著：〈中大夫祕閣修撰致仕楊公墓誌銘〉，《鶴山集》（臺北：臺灣商務印書館，1983年影清文淵閣《四庫全書》本），卷74，頁169；（清）湯斌著，（清）王廷燦編：〈砥園施先生墓誌銘〉，《湯子遺書》（臺北：臺灣商務印書館，1983年影清文淵閣《四庫全書》本），卷7，頁264～268和（清）施閏章著：〈先叔父文學公砥園府君行狀〉，《學餘堂文集》（臺北：臺灣商務印書館，1983年影清文淵閣《四庫全書》本），卷17，頁218。

〔註199〕 請參湖南省書院研究會、衡陽市博物館編：《書院研究》（長沙：湖南大學出版社，1988年），頁264～268；鄧洪波、彭愛學主編：《中國書院攬勝》（長沙：湖南大學出版社，2000年），頁248～249和（清）周瑞松輯：《寧鄉雲山書院志》，見趙所生、薛正興主編·《中國歷代書院志·第五冊》（南京：江蘇教育出版社，1995年影清同治13年（1874）活字本和續修寧鄉縣志），頁261～340。

〔註200〕 上海地名編纂委員會編：《上海地名志》（上海：上海社會科學院出版社，1998年），頁460。

〔註201〕 其詞曰：「紅梅初綻東風早，簾外微風，寶篆輕烟裊。楊柳垂絲鶯舌巧，王孫攜酒眠芳草。　滿庭春色園林曉，芳徑遊絲，地僻人聲悄。謾酌高歌新月好，不枉玉山頻醉倒。」詞見（明）陸楫著：〈春日飲雲山園亭調蝶戀花〉，《蒹葭堂稿》，卷2。

〈古今說海校書名氏〉有「雲山唐賢，世具」字樣，《蒹葭堂稿》卷一有〈送朱象岡北上用唐雲山韻〉，則「雲山」為唐賢字號，雲山書院有可能為唐氏所經營書坊。雖然唐錦為陸深堂妹婿，兩人交誼親如兄弟，又唐錦為《古今說海》作序，唐賢出藏書十卷、校勘十四卷，唐錦父子於《古今說海》用力頗深。然唐錦亡於嘉靖三十三年（1554），上距其為《古今說海》題序已近十年時間，倘《古今說海》刊刻完成於唐錦序後，或因陸家遭逢喪事而拖延時日，亦不當晚於嘉靖二十四年《儼山外集》家刊本問世；則《古今說海》刊刻時唐錦尚且健在，不採其名，而用子唐賢字號為書院名稱之可能性不大。唯一可能的解釋為：陸深既曾參與《古今說海》編纂事，但卻不願居功，而掛陸楫之名，唐錦亦同此心，掛子賢字號為書院名稱。天下父母皆同此心，是能理解何以《古今說海》編輯成員多與陸楫同輩或年紀接近。綜合上述，則嘉靖本《古今說海》版心處題「雲山書院」既非位處於四川、湖北和湖南者，也非避陸深諱所改，而有可能是原本築於上海雲山路或雲山園亭附近之刻書坊，或據唐賢字號而來。

至於青藜館部分，查得萬曆己卯（1579）舉人劉世光和萬曆己丑（1589）進士周如砥都有《青藜館集》，又《容臺文集》有董其昌序劉衡野《青藜館詩集》〔註202〕，三人皆稍晚於陸楫主要活動時間，且三書所謂「青藜館」應指居住館舍名稱，非《古今說海》版心下方所署為刻書坊名，故予先排除。此外，日本國立公文書館藏天啟五年（1625）青黎館刊刻鍾惺（1574～1624）《墨子文歸》和《墨子娜澴》二書，又高濂（約 1527～約 1602）《玉簪記》亦曾由青黎館刊刻。或此「青黎館」即《古今說海》版心下方鐫刻之「青藜館」，乃明末書坊，因某種原因而參與《古今說海》刊刻工作。

## （二）明清間汲古堂藍格鈔本（附錄韓國所藏鈔本）

臺北國家圖書館藏汲古堂藍格鈔本，僅存「說纂部」，而未錄《雜纂》、《靖難功臣錄》、《備遺錄》三書，凡十九卷。版式為：線裝，九行，行二十字，單欄，單魚尾，板框 19×14 公分，版心下方鐫刻「汲古堂」，依禮、樂、射、御、書、數分作六冊。禮部收《漢武故事》、《艮嶽記》、《青溪寇軌》和《煬

---

〔註202〕按：劉衡野，生平資料未詳，或即劉世光也，亦未可知；又考劉世光字號未有作衡野者，故列之於此，以備參考。又〈青藜館詩集序〉，見（明）董其昌著：《容臺文集》（臺南：莊嚴文化事業出版社，1997 年《四庫全書存目叢書》影清華大學圖書館藏明崇禎 3 年（1630）董庭刻本），卷 1，頁 269。

帝海山記》（按：原書作《海山記》）；樂部收《煬帝迷樓記》（按：原書作《迷樓記》）、《煬帝開河記》（按：原書作《開河記》）、《江行雜錄》和《行營雜錄》；射部收《避暑漫抄》（按：原書作《避暑攂抄》）、《養痾漫筆》和《虛谷閒抄》；御部收《蓼花洲閒錄》、《樂府雜錄》和《教坊記》；書部收《北里誌》（按：原書作《北里志》）和《青樓集》；數部收《損齋備忘錄》、《復辟錄》，附錄王曾《王文正公筆錄》。各冊封皮有「光風」、「霽月」、「半山雅玩」等藏書章。

　　此本係據明嘉靖本鈔錄，字體娟秀，內容精善，或多少反映抄寫者的文化素養。根據文獻記載，明清文人室名別稱作汲古堂者，主要有何白、孫宗岱、王潤翰、戈律、李元烺、汪荊川、沈聃開、梅廷對等人。又同治九年（1870）刊清人王儒行輯《惠濟河輯說》亦由汲古堂刊刻〔註203〕。另外，不限欄位以「汲古堂」三字檢索「中文古籍資料庫」，除可搜尋得到王儒行輯《惠濟河輯說》同治九年（1870）刻本外，尚有王潤翰輯《汲古堂印譜》嘉慶二十二年（1817）汲古堂鈐拓本、汪荊川編《大夢紀年》道光二十四年（1844）刻本、汪丙新編《焦窗囈語續集》等書，推測上述諸書是由同一個「汲古堂」刊刻。由於臺北國家圖書館藏《古今說海》汲古堂本乃鈔本而非刻本，其抄錄者當為明嘉靖二十三年（1544）至道光元年（1821）間人氏，亦即清刻版還未出現前，故才需要抄書謄錄。筆者將民國十六年武進陶氏覆宋咸淳左圭原刻本〔註204〕與汲古堂藍格鈔本之《王文正公筆錄》進行比對後發現，汲古堂藍格鈔本改「辯」作「辨」、「機」作「橖」，又「俱」、「膳」二字有缺筆情形，又據與查閱《歷代避諱字彙典》而俱無所獲，是無法循此判斷汲古堂鈔本年代，「辯」、「機」、「俱」、「膳」諸字或為鈔錄者之家諱字也。由於汲古堂鈔本未交代收錄《王文正公筆錄》之因，其鈔錄者或為王曾子孫亦未可知，又筆者目前所能掌握資料有限，不敢妄下判斷此汲古堂究竟為何人之齋室名，僅將所能掌握文獻資料及相關推斷供各界參考，以待來哲繼續研究。

　　此外，《韓國所藏中國漢籍總目・子部》載首爾大學奎章閣韓國學研究院藏《古今說海》鈔本，嘉靖二十三年（1544）序，七冊，板框為 24.3×15.5

---

〔註203〕參見楊繩信編著：《中國版刻綜錄》（西安：陝西人民出版社，1987 年），頁234。

〔註204〕（宋）王曾著：《王文正公筆錄》（臺北：藝文印書館，1965 年影民國 16 年（1927）武進陶氏覆宋咸淳左圭原刻本）。

公分〔註205〕；高麗大學亦藏另一鈔本，二十四冊，板框爲 22.1×15.6 公分〔註206〕。因筆者未見原書，但根據汲古堂藍格鈔本作者年代之推測，二書應皆爲明嘉靖二十三年至道光元年間所鈔。

### （三）清乾隆間寫文淵閣《四庫全書》本

清乾隆間由四庫館臣纂編膽抄，現存臺北國立故宮博物院。文淵閣《四庫全書》本《古今說海》未錄唐錦〈古今說海引〉和陸楫〈古今說海校書名氏〉，凡一百三十九卷。由於《古今說海》子目書或記載詆斥夷族事，故四庫館臣削去「說選部」偏記家《遼志》、《金志》和《蒙韃備錄》三書〔註207〕。根據《四庫採進書目》浙江省第六次呈送書目、安徽省呈送書目和浙江採集遺書總錄簡目載《古今說海》均爲一百四十二卷全本〔註208〕，證明文淵閣《四庫全書》本乃經過有意識地刪訂，而非原來卷帙。此外，《四庫全書總目・古今說海》提要云：

> 明陸楫編。楫字思豫，上海人。是編輯錄前代至明小說，分四部七
> 家：一曰「說選」，載小錄、偏記二家；二曰「說淵」，載別傳家；
> 三曰「說略」，載雜記家；四曰「說纂」，載逸事、散錄、雜纂三家。
> 所採凡一百三十五種，每種各自爲帙，而略有刪節。考割裂古書，
> 分隸門目者，始魏繆襲王象之《皇覽》。其存於今者，《修文殿御覽》
> 以下，皆其例也。裒聚諸家，摘存精要，而仍不亂其舊第者，則始
> 梁庾仲容之《子鈔》。其存於今者，唐馬總《意林》以下，皆其例也。
> 楫是書作於嘉靖甲辰，所載諸書，雖不及曾慥《類說》，多今人所未
> 見；亦不及陶宗儀《說郛》，捃拾繁富，鉅細兼包。而每書皆削其浮
> 文，尚存始末，則視二書爲詳贍。參互比較，各有所長。其蒐羅之
> 力，均之不可沒焉。〔註209〕

---

〔註205〕原文作「嘉慶 23 年（1544）序」，按：應是「嘉靖 23 年（1544）序」之誤，筆者此處逕自改之。書見【韓】全寅初主編：〈子部・雜家〉，《韓國所藏中國漢籍總目》（韓國首爾：學古房，2005 年），頁 532。

〔註206〕【韓】全寅初主編：〈子部・雜家〉，《韓國所藏中國漢籍總目》，頁 531。

〔註207〕據吳哲夫研究指出，清代禁燬書籍原因甚多，凡內容有詆斥「建夷」、「女眞」、「女直」者，或涉及遼事邊防者，皆可能遭禁。書見吳哲夫著：《清代禁燬書目研究》（臺北：嘉新水泥公司文化基金會，1969 年），頁 27～63。

〔註208〕參見吳慰祖校訂：《四庫採進書目》（北京：商務印書館，1960 年），頁 121、147、270。

〔註209〕（清）永瑢等奉敕著：《四庫全書總目》，卷 123 子部 33・雜家類，頁 2463。

四庫館臣刪略《古今說海》子目書《遼志》、《金志》和《蒙韃備錄》，且不抄錄其目，使達到完全湮滅目的，故文淵閣〈古今說海提要〉論其卷帙時，但言「《古今說海》，一百三十九卷，明陸楫編。……所採凡一百三十二種，每種各自爲帙，而畧有刪節。」〔註210〕《四庫全書總目・古今說海》提要卻載《古今說海》所採凡一百四十二卷、一百三十五種，而非減除《遼志》等三子目書後的一百三十二種，是爲四庫館臣的疏失所在〔註211〕。

其次，文淵閣《四庫全書》本《古今說海》卷一三一《北里志》注云：「此志所載，事辭猥褻，謹刪去，衹存其目，以符原書卷次。」〔註212〕又卷一三二《青樓集》注云：「此集所載，事亦褻狎不典，謹刪去，衹存其目，以符原書卷次。」〔註213〕文淵閣《四庫全書》將《古今說海》編排在《說郛》後，而《說郛》卷七八收錄《北里志》和《青樓集》，足見《說郛》和《古今說海》之審定者不同，故刪存標準不一，並知四庫館臣刪去《古今說海》本《北里志》和《青樓集》二卷非制定原則。

其三，文淵閣《四庫全書》本刪削《古今說海》子目書情形除如前述外，對於著錄書中許多問題文字也曲加改易或抽燬，如改易宋程大昌《北邊備對》中〈四海〉之一段文字，又刪削宋陳郁《話腴》「端平甲午七月八日」一則文字，使成就敦崇風教、釐正典籍等目的〔註214〕。

其四，《古今說海》一百三十五種子目書中，《江南別錄》、《三楚新錄》、《溪蠻叢笑》、《遼志》、《金志》、《桂海虞衡志》、《眞臘風土記》、《北戶錄》、《西使記》、《默記》、《墨客揮犀》、《聞見雜錄》（《四庫全書》作《聞見近

〔註210〕（明）陸楫編：《古今說海》（臺北：臺灣商務印書館，1983 年影清文淵閣《四庫全書》本），頁 230。
〔註211〕按：文津閣和文溯閣〈古今說海提要〉亦皆載「《古今說海》，一百三十九卷，所採凡一百三十二種」，可見其誤載者或只有《四庫全書總目》提要之撰人。有關文津閣和文溯閣〈古今說海提要〉，請參（明）陸楫編：《古今說海》（北京：商務印書館，2005 年影清文津閣《四庫全書》本），頁 590 和金毓黻輯：《金毓黻手定本文溯閣四庫全書提要》（北京：中華全國圖書館文獻縮微複製中心，1999 年《中國公共圖書館古籍珍本匯刊・史部》），頁 588。
〔註212〕（明）陸楫編：《古今說海》（臺北：臺灣商務印書館，1983 年影清文淵閣《四庫全書》本），頁 102。
〔註213〕（明）陸楫編：《古今說海》，頁 103。
〔註214〕有關四庫館臣改易、抽燬《古今說海》子目書問題文字情形，請參吳哲夫主編：《四庫全書補正・子部》（臺北：臺灣商務印書館，1999 年），頁 611～665。

錄》)、《山房隨筆》、《鐵圍山叢談》、《孔氏雜說》(《四庫全書》作《珩璜新論》)、《睽車志》、《話腴》、《朝野僉載》、《文昌雜錄》、《錢氏私誌》、《遂昌山樵雜錄》、《高齋漫錄》、《霏雪錄》、《漢武故事》、《樂府雜錄》、《教坊記》等二十六種子目書同時被四庫館臣按其內容隸入相關部類收錄，而看似造成重複著錄之現象。筆者將《古今說海》與《四庫全書》隸入相關部類之前述二十六種子目書比較後，發現隸入相關部類之子目書中，雖有部分著作乃據《古今說海》本系統而來，如《江南別錄》、《三楚新錄》、《漢武故事》、《樂府雜錄》、《教坊記》等，但大多引據其他版本，如《默記》，《古今說海》著錄一卷本，《四庫全書》子部小說家類則收錄三卷本；《墨客揮犀》，《古今說海》著錄一卷本，《四庫全書》子部小說家類則收錄十卷本；《山房隨筆》，《古今說海》著錄一卷本、二十六則，《四庫全書》子部小說家類雖亦收錄一卷本、但作四十六則，其餘各書情形多類如此〔註215〕。可見四庫館臣收錄《古今說海》時，係著重叢書整體，而未予細究各子目書情形，其雖有改易部分文字情形，卻仍保持《古今說海》本之原書卷次。但若處理個別著作時，則儘量擇取各地進呈的完足本子抄錄，故其版本往往較爲精良。雖然《古今說海》與《四庫全書》在子目與著錄書中有重複情形，而難免有爲充實「全書」的涵蓋面之嫌疑〔註216〕。但若就同一部著作言，縱使四庫館臣將予隸入相關部類之版本輒較《古今說海》本精善，卻也因爲版本來源不同，而可以相互參照，如《四庫全書》本《話腴》作四卷，係現在通行版本，《古今說海》本雖僅著錄一卷，然〈逃亡金人手抄詩稿〉乃四卷本所無。可見就書目言，其雖看似爲重複著錄，但若細究其版本內容，或能提供輯佚之助

## （四）清乾隆間寫文津閣《四庫全書》本

清乾隆間由四庫館臣纂編謄抄，現存北京國家圖書館。文津閣《四庫全書》本《古今說海》未錄唐錦〈古今說海引〉和陸楫〈古今說海校書名氏〉，凡一百三十九卷、一百三十五種。由於《古今說海》子目書或記載詆斥夷族事，故四庫館臣削去「說選部」偏記家《遼志》、《金志》和《蒙韃備錄》三書，且不抄錄其目，使達到完全湮滅目的。

其次，文津閣《四庫全書》本《古今說海》卷一三一《北里志》注云：「此

〔註215〕《古今說海》子目書與《四庫全書》隸入相關部類之二十六種著作的版本源流問題，請參本書下篇各章之分析。
〔註216〕詳論請參吳哲夫撰：〈四庫全書館臣處理叢書方法之研究〉，頁 34〜40。

志所載，事辭猥褻，謹刪去，仍存其目，以符原書卷次。」〔註217〕又卷一三二《青樓集》注云：「此志所載，事辭亦褻狎，謹刪去，仍存其目，以符原書卷次。」〔註218〕文津閣《四庫全書》將《古今說海》編排在《說郛》後，而《說郛》卷七八收錄《北里志》和《青樓集》，足見《說郛》和《古今說海》之審定者不同，故刪存標準不一，並知四庫館臣刪去《古今說海》本《北里志》和《青樓集》二卷非制定原則。

　　其三，文津閣《四庫全書》本刪削《古今說海》子目書情形除如前述外，對於著錄書中許多問題文字也曲加改易或抽燬，使成就敦崇風教、釐正典籍等目的。卻也因為抄錄者不同，致使與文淵閣《四庫全書》本的改易情形不同，如《北征錄》，明刊《古今說海》本「上親征北虜」句，文淵閣《四庫全書》本作「上親征漠北」，文津閣《四庫全書》本作「上親征衛拉特」；又《古今說海》本凡「壓虜川」一詞，文淵閣《四庫全書》本皆改作「鴨綠川」，文津閣《四庫全書》本則皆作「鴨羅川」〔註219〕。又《睦仁蒨》，明刊《古今說海》本「仁蒨曰：『常二十人已下。』又曰：『萬戶之內有五品官幾人？』仁蒨曰：『無。』又曰：『九品已上官幾人？』仁蒨曰：『數十人。』」文淵閣《四庫全書》本節略作「仁蒨曰：『常二十人已下。』又曰：『萬戶之內有九品已上官幾人？』仁蒨曰：『數十人。』」文津閣《四庫全書》本與明刊本同，作「仁蒨曰：『常二十人已下。』又曰：『萬戶之內有五品官幾人？』仁蒨曰：『無。』又曰：『九品已上官幾人？』仁蒨曰：『數十人。』」〔註220〕又《諧史》，明刊《古今說海》本「虜主每見南使，未嘗不問王安否？今年王薨，識者亦憂之，謂王之生，虜以為重，今王之薨，必以朝廷為輕矣。」文淵閣《四庫全書》本將「虜主」改作「契丹」、「虜」改作「彼」，文津閣《四庫全書》本則將「虜

---

〔註217〕參見（明）陸楫編：《古今說海》（北京：商務印書館，2005 年影清文津閣《四庫全書》本），頁 489。

〔註218〕參見（明）陸楫編：《古今說海》（北京：商務印書館，2005 年影清文津閣《四庫全書》本），頁 489。

〔註219〕文淵閣和文津閣《四庫全書》本《古今說海》子目書《北征錄》之相關引文，請參（明）陸楫編：《古今說海》（臺北：臺灣商務印書館，1983 年影清文淵閣《四庫全書》本），頁 231～242 和（明）陸楫編：《古今說海》（北京：商務印書館，2005 年影清文津閣《四庫全書》本），頁 293～297。

〔註220〕文淵閣和文津閣《四庫全書》本《古今說海》子目書《睦仁蒨》之相關引文，請參（明）陸楫編：《古今說海》（臺北：臺灣商務印書館，1983 年影清文淵閣《四庫全書》本），頁 497 和（明）陸楫編：《古今說海》（北京：商務印書館，2005 年影清文津閣《四庫全書》本），頁 384。

主」改作「遼主」、「虜」改作「遼」〔註221〕。

其他如《古今說海》子目書與《四庫全書》隸入相關部類書目之重複著錄，及其彼此間的版本問題，皆於文淵閣《四庫全書》本時已有論及，此處不復贅述。

### （五）清道光元年（1821）苕溪邵氏酉山堂重刊本

清道光元年（1821）由苕溪酉山堂主人邵松巖據嘉靖刊本重刻，一百四十二卷。據臺北傅斯年圖書館藏，知其版式爲：線裝，八行，行十六字，左右雙欄，雙魚尾，板框 16.7×12.1 公分，版心下方鐫刻文字與臺北國家圖書館藏明嘉靖刊本相同，又四部目錄之末均有「道光元年苕溪邵氏酉山堂重刊」牌記。正文前除唐錦〈古今說海引〉和陸楫〈古今說海校書名氏〉外，並補刻《四庫全書總目・古今說海》提要和一雲散人顧千里（1766～1835）〈重刻古今說海序〉。〈重刻古今說海序〉云：

> 說部之書，盛於唐宋。凡見著錄，無慮數千百種。而其能傳者，則有賴彙刻之力居多。蓋說部者，遺聞軼事，叢殘繫屑，非如經義史學諸子等，各有專門名家，師承授受，可以永久勿墜也。獨彙而刻之，然後各書之勢，常居於聚，其於散也較難。儲藏之家，但費收一書之勞，即有累若干書之獲，其搜求也較便。各書各用，而用乎此者，亦不割棄乎彼，牽連倚毗，其流布也較易。故自左禹圭以下，彙刻一途，日增月闢，完好具存。而唐宋說部書之傳，不在彙刻中者，固已屈指寥寥矣。酉山堂主人邵松巖告予曰：「雲間陸楫儼山書院《古今說海》，明嘉靖時彙刻也，分說選、說纂、說略、說淵，共一百三四十種，大抵唐宋說部，而他朝者間一預焉。厥板已毀，印本日稀。今取原書覆而墨之，悉依其舊，一字不改，願求序以記重刻緣起。」夫予之於說部書功夫甚淺，而刻書之利病，則宿所深知也。其利於書者，姑弗具論。若夫南宋時建陽各坊刻書最多，惟每刻一書，必倩雇不知誰何之人，任意增刪換易，標立新奇名目，冀自衒價，而古書多失其眞。殆後坊刻就衰，而浮慕之敝起。其所刻

---

〔註221〕文淵閣和文津閣《四庫全書》本《古今說海》子目書《諧史》之相關引文，請參（明）陸楫編：《古今說海》（臺北：臺灣商務印書館，1983 年影清文淵閣《四庫全書》本），頁 589 和（明）陸楫編：《古今說海》（北京：商務印書館，2005 年影清文津閣《四庫全書》本），頁 416。

也，輾轉舛錯脫落，殆不可讀者有之。加以牡丹水利，觸目滿紙，彌不可讀者有之。又甚而奮其空疎白腹，敷衍謬談，塗竄創痕，居之不疑；或且憑空構造，詭言某本，變亂是非，欺紿當世。陽似沽名，陰實盜貨，而古書尤失其眞。若是者，刻一書而一書受其害而已矣。儻能如松巖之一字不改，悉依其舊，尚存不知爲不知之遺意。於是而古書可以傳，可以傳而弗失其眞，豈不大愈於彼所爲哉？然則松巖雖恃書爲食者，而是役也，彙而刻之，一善也，猶所同也；覆而墨之，又一善也，乃所獨也。繼自今即爲鉛槧小夫，當取坊友爲矜式，抑何不可？一雲散人顧千里。〔註222〕

顧千里認爲書坊刻書多存在隨意增刪換易、標立新奇名目和字句舛錯脫落等毛病，使古今書籍多失其眞，讓人不知如何閱讀。然說部內容多遺聞軼事，叢殘緐屑，保存不易，而叢書除便利流傳外，對藏書家而言，收藏一部叢書等同於收藏數部書籍，能滿足書家嗜書若渴心理，故書坊多圖其利而刊行。《古今說海》匯刻唐宋小說甚多，間有他朝野史、雜錄，資料十分豐富，且嘉靖「版已毀，印本日稀」；爲避免書坊刻書失眞，邵松巖才一字不改，悉依《古今說海》嘉靖本重刻，使說部得傳而弗失其眞。

根據李兆洛（1769～1841）〈顧君墓志銘〉記載：「（顧千里）從兄之逵，字抱沖，亦邃於學，而多藏宋本元木書，先生一　訂正之，刻《列女傳》以傳。當是時，孫淵如觀察、張古愚太守、黃蕘圃孝廉、胡果泉中丞、秦敦夫太史、吳山尊學士皆深於校讎之學，無不推重先生，延之刻書。爲孫刻宋本《說文》、《古文苑》、《唐律疏議》，爲張刻撫州本《禮記》、嚴州本單疏本《儀禮》、《鹽鐵論》，爲黃刻《國語》、《國策》；爲胡刻宋本《文選》、元本《通鑑》，爲秦刻揚子《法言》、《駱賓王集》、《呂衡州集》，爲吳刻《晏子》、《韓非子》。每一書刻竟，綜其所正定者爲考異，或爲校勘記於後；學者讀之，益欽嚮爲漢學者，往往不平宋儒而訾警之。」〔註223〕顧千里對書籍刊刻要求嚴格，其願意爲邵松巖重刊《古今說海》作序，即爲酉山堂翻刻明刊本之品質背書。黃永年亦云：「清人很少翻刻明嘉靖本。只有道光時蘇州酉山堂覆刻了陸楫的

〔註222〕（清）顧千里：〈重刻古今說海序〉，見（明）陸楫編：《古今說海》（臺北：傅斯年圖書館藏清道光元年（1821）苕溪邵氏酉山堂重刊本）。
〔註223〕（清）李兆洛撰：〈顧君墓志銘〉，見（清）顧廣圻著：《思適齋集》（上海：上海古籍出版社，1995年《續修四庫全書》影復旦大學圖書館藏清道光29年（1849）徐渭仁刻本），頁3。

《古今說海》，還刻得比較像，但從沒見過有人把它拿來冒充嘉靖原刻的。」
〔註224〕正因爲《古今說海》道光本保留原刊本的版刻樣式，還補刻《四庫全書總目・古今說海》提要及部分子目書提要，又較嘉靖本還容易取得，故後世書局排印出版，乃多以此爲底本。

　　誠如前述，酉山堂刻本從《四庫全書總目》選刻《古今說海》子目書《北征錄》、《北征後錄》、《北征記》、《江南別錄》、《溪蠻叢笑》、《北邊備對》、《桂海虞衡志》、《眞臘風土記》、《北戶錄》、《西使記》、《滇載記》、《知命錄》、《默記》、《朝野遺記》、《墨客揮犀》、《山房隨筆》、《諧史》、《昨夢錄》、《三朝野史》、《鐵圍山叢談》、《孔氏雜說》、《談藪》、《睽車志》、《話腴》、《朝野僉載》、《古杭雜記》、《蒙齋筆談》、《碧湖雜記》、《錢氏私誌》、《遂昌山樵雜錄》、《高齋漫錄》、《桐陰舊話》、《霏雪錄》、《東園友聞》、《拊掌錄》、《漢武故事》、《艮嶽記》、《青溪寇軌》、《煬帝海山記》、《煬帝迷樓記》、《煬帝開河記》、《養痾漫筆》、《教坊記》、《損齋備忘錄》、《復辟錄》和《靖難功臣錄》等四十六種書提要。其中，「說淵部」《知命錄》乃唐人小說，酉山堂誤將《四庫全書總目・(陸深) 知命錄》置於其前，故後世重新排印酉山堂刻本均刪除此篇提要。因此嚴格說來，道光刻本所收《四庫全書總目》提要，除《四庫全書總目・古今說海》提要外，另有四十五種子目書提要，而漏刻《三楚新錄》、《聞見雜錄》、《文昌雜錄》、《樂府雜錄》和《備遺錄》五書提要〔註225〕。

〔註224〕黃永年著：《古籍版本學》（南京：江蘇教育出版社，2005 年），頁 131。
〔註225〕余嘉錫謂《古今說海》所錄作品并見於四庫著錄者有：《江南別錄》、《三楚新錄》、《溪蠻叢笑》、《桂海虞衡志》、《眞臘風土記》、《北戶錄》、《西使記》、《默記》、《墨客揮犀》、《聞見雜錄》（《四庫全書總目》作《聞見近錄》）、《山房隨筆》、《鐵圍山叢談》、《孔氏雜說》（《四庫全書總目》作《珩璜新論》）、《睽車志》、《話腴》（《四庫全書總目》作《藏一話腴》）、《朝野僉載》、《文昌雜錄》、《錢氏私誌》、《遂昌山樵雜錄》（《四庫全書總目》作《遂昌雜錄》）、《高齋漫錄》、《霏雪錄》、《漢武故事》、《樂府雜錄》、《教坊記》、《北里誌》等二十五種；又見於存目者有《北征錄》、《北征後錄》（《四庫全書總目》作《後北征記》）、《北征記》（《四庫全書總目》作《後北征記》）、《北邊備對》、《滇載記》、《朝野遺記》、《諧史》、《昨夢錄》、《三朝野史》、《談藪》、《古杭雜記》（《四庫全書總目》作《古杭雜記詩集》）、《蒙齋筆談》、《碧湖雜記》、《桐陰舊話》、《東園友聞》、《拊掌錄》、《艮嶽記》、《青溪寇軌》、《煬帝海山記》、《煬帝迷樓記》、《煬帝開河記》、《養痾漫筆》、《損齋備忘錄》、《靖難功臣錄》等二十四種（按：原書誤作二十五種）。今檢閱《四庫全書總目》，除上述余嘉錫所列的四十九種書提要外，尚於「史部雜史類存目二」和「史部傳記類存目三」分別找到《復辟錄》和《備遺錄》二書提要，但酉山堂重刊本僅補刻《復辟

再者，《四庫全書總目》將《北征錄》和《北征後錄》二書提要合於一篇，《煬帝海山記》、《煬帝迷樓記》和《煬帝開河記》三書提要合於一篇，故今檢閱邵氏西山堂重刊本所錄《四庫全書總目》之書目提要雖可得四十三篇，但由於《四庫全書總目・（陸深）知命錄》乃誤收，則其總數為四十二篇。此外，西山堂刻本不僅將諸書提要置於所錄書前，該頁板框第一行近天頭處亦比其他行突出約 1 公分，且所補刻《四庫全書總目・古今說海》提要和諸書提要之版心下方皆鐫「岩山補刻」字樣。另外，據《北京圖書館古籍善本書目》知北京圖書館藏西山堂重刊本有傅增湘校並跋，惜原書未見。民國五十五年（1966），臺北藝文印書館百部叢書集成叢書部雜叢類明之屬第四擇其中之善本影印出版。

　　附帶一提：《香港所藏古籍書目》「子部・雜家類・雜論」中載有「《古今說海》第 142 卷第 7 冊，明陸楫輯，清乾隆嘉慶間（1736～1820）重刻本，中央（按：香港中央圖書館藏）837　7446」〔註226〕。據此，有論者推測此或許為新發現的版本。然筆者考證如下：是書〈前言〉謂其「收錄範圍為公元1911（含 1911）年以前寫、抄、刻、印的各類中文古籍（包括譯著及日本、朝鮮等地出版的中文著作）。《香港所藏古籍書目》所收錄各館藏書中，新亞圖書館及珠海書院圖書館原無書目，係本書目第一次編纂；其餘各館則參考了以下書目：饒宗頤編《香港大學馮平山圖書館藏善本書錄》（1970），香港中山圖書館編《香港中山圖書館總目錄》（1984），鄧又同編《香港學海書樓藏書目錄》（1988），香港中文大學編《香港中文大學圖書館善本書錄》（2001），香港大學圖書館編《香港大學馮平山圖書館藏善本書錄》（2003），及各大學圖書館網上目錄。但本書目並非各館目錄的簡單匯編，一方面本書目對所收古籍依照傳統的古籍分類法，分為經、史、子、集、叢五部，並根據香港地區古籍所藏的實際情況及參考現代目錄學成果，對類目加以調整補充；另一方面所收古籍皆經過編寫人員認真閱讀查核原書（惟中山圖書館因搬遷等原因而封存古籍，未能核對原書，但亦盡力與其他館所藏及有關書目比勘核

　　　　錄》提要，而未收錄《備遺錄》提要，且《四庫全書總目》亦未看見余氏所謂《北里誌》提要，則《古今說海》子目書能在《四庫全書總目》找到者實有五十種。據此，西山堂重刊《古今說海》時共漏刻《三楚新錄》、《聞見雜錄》、《文昌雜錄》、《樂府雜錄》和《備遺錄》五書提要。請參余嘉錫著：《四庫提要辨證》（昆明：雲南人民出版社，2004 年），頁 797。
〔註226〕賈晉華編：《香港所藏古籍書目》（上海：上海古籍出版社，2003 年），頁 211。

對），對書名、著者、出版者、版本等進行全面研究。」〔註227〕可見《香港所藏古籍書目》著錄香港中央圖書館藏書籍資訊，主要先得自網上目錄，再經編寫人員認真閱讀查核原書所得。今根據香港公共圖書館館藏書籍進行線上檢索，於索書號837 7446處查得中央圖書館藏「《古今說海》全七冊裝一函（線裝）」等資訊，惟著錄出版時間為「19--？」，非《香港所藏古籍書目》所謂「清乾隆嘉慶間（1736～1820）重刻本」。由於《香港所藏古籍書目》與中央圖書館藏對所著錄《古今說海》索書號皆為「837 7446」，故筆者判定二者應是同一筆資料。

其次，經筆者自2008年11月9日始，至2009年1月13日止，透過電子郵件方式，多次與香港中央圖書館人員聯繫詢問該書情形，所得資料有「線裝。八行。行十六字。版心印有魚尾。16.5×12.25公分〔註228〕。《四庫全書總目》提要各書第一行板框高度為17.5公分。全套共分七冊，其內容按書順序為：第一冊：《北征錄》－《溪蠻叢笑》；第二冊：《蒙韃備錄》－《星槎勝覽》；第三冊：《靈應傳》－《遼陽海神傳》；第四冊：《蚍蜉傳》－《王恭伯傳》（缺：《中山狼傳》－《孔氏雜說》）；第五冊：《瀟湘錄》－《朝野僉載》；第六冊：《古杭雜記》－《拊掌錄》（缺：《漢武故事》－《青樓集》）；第七冊：《雜纂》－《備遺錄》。書中並沒有記載出版年份。第一至四冊之版心處下方，均載有「儼山書院」字樣；於同一位置，第五、六冊，則載有「雲山書院」字樣；而第七冊則載有「青藜館」字樣。《四庫全書總目》提要版心處下方有「岩山補刻」字樣。」再者，因館方評估該藏書不宜再經影印和拍照處理，故筆者又將手邊影酉山堂重刻《古今說海》資料數位拍攝，以電子郵件方式寄予香港中央圖書館人員確認，益以和前述資料進行比對。最後，筆者判斷《香港所藏古籍書目》著錄《古今說海》「清乾隆嘉慶間（1736～1820）重刻本」係「清道光苕溪邵氏酉山堂重刊本」之誤寫。

### （六）清宣統元年（1909）上海集成圖書公司鉛印本

清宣統元年（1909）上海集成圖書公司據道光本重排鉛印刊行，一百四十二卷，正文前有〈重刻古今說海序〉、〈古今說海引〉、《四庫全書總目·古

---

〔註227〕賈晉華編：〈前言〉，《香港所藏古籍書目》。
〔註228〕香港中央圖書館員提供資料為：（1）從書角到書根的長度24.5cm；（2）板框（亦稱邊欄）的高度約16.5cm。按：為方便與清道光酉山堂刻本進行比較，使一目瞭然，逕將長度換算成臺灣慣用之著錄方式。

今說海》提要和〈古今說海校書名氏〉、〈古今說海總目〉等內容，分成十二冊，封面爲彩色，每冊封面均有「歷朝一百三十五種說部大觀」、「明雲間陸氏原編」、「集成圖書公司印行」及該冊篇目次序等內容，扉頁並印有「宣統元年夏卯月第一次刊於京師」字樣。版式爲：雙邊框，十三行，行三十二字，板框高約 16.4 公分，寬約 9.6～10.8 公分，每篇正文的末尾間或插有圖片〔註 229〕。民國五十七年（1968），臺北廣文書局據以影印出版，分六冊平裝；五十九年，改以三冊精裝問世〔註 230〕；1989 年，上海文藝出版社亦影印出版。此外，《韓國所藏中國漢籍總目・子部》亦載梨花女子大學藏宣統本《古今說海》〔註 231〕，北京集成圖書公司印行〔註 232〕，並有宣統元年重排序，板框爲 19.5×13.5 公分，與俞頌雍所見上海圖書館藏稍有差異。

### （七）民國四年（1915）上海進步書局石印本

民國四年（1915）上海進步書局據道光本重排石印刊行，一百四十二卷。據臺北國家圖書館藏本，知正文前有〈重刻古今說海序〉、〈古今說海引〉、《四庫全書總目・古今說海》提要、〈古今說海校書名氏〉和〈古今說海總目〉等內容。線裝，按十二地支分成十二冊，線裝處有子集、丑集、寅集、卯集……字樣；又各集內容載於版心處，如子集內容爲說選甲集、乙集和丙集；丑集內容爲說選丁集、戊集和己集；寅集內容爲說選庚集、辛集、壬集和癸集；卯集內容爲說淵甲集、乙集和丙集；辰集內容爲說淵丁集、戊集和己集；巳集內容爲說淵庚集、辛集、壬集和癸集；午集內容爲說略甲集、乙集和丙集；未集內容爲說略丁集、戊集和己集；申集內容爲說略庚集、辛集、壬集和癸

---

〔註 229〕原書未見，故凡清宣統元年（1909）上海集成圖書公司鉛印本之介紹，主要摘自俞頌雍著：《古今說海考》，頁 25。

〔註 230〕民國五十九年（1970），臺北廣文書局影印出版作三冊精裝之原書未見，此處所述引自俞頌雍著：《古今說海考》，頁 26。

〔註 231〕【韓】全寅初主編：〈子部・雜家〉，《韓國所藏中國漢籍總目》，頁 531。

〔註 232〕俞頌雍根據歷代書目或者館藏在著錄宣統本《古今說海》時有稱爲「清宣統元年（1909）北京集成圖書公司鉛印本」、「清宣統元年（1909）集成圖書公司鉛印本」和「清宣統元年（1909）上海集成圖書公司鉛印本」之現象，提出解釋爲：第一，宣統本每一冊彩色封面上均印有「集成圖書公司印行」的字樣；第二，每一冊末尾的版權頁上印有「印刷所北京崇文門內船板胡同集成圖書公司」的字樣；第三，每一冊版權頁上還印有「總發行所上海棋盤街集成圖書公司」的字樣。正是以上三個原因促使各書目或者圖書館根據自己的理解給了宣統本《古今說海》以三個不同的稱謂，然實爲同一個版本。文見俞頌雍著：《古今說海考》，頁 25。

集；酉集內容爲說纂甲集、乙集和丙集；戌集內容爲說纂丁集、戊集和己集；亥集內容爲說纂庚集、辛集、壬集和癸集。全書內容有幾處問題需待留心：一、第四冊目錄作《少室先姝傳》，內文處作《少室仙姝傳》，顯然是重新排印道光本時，未予校正所致。二、第七冊版心處皆題作「說略」，第八冊則作「說畧」，又第九冊除庚集《古杭雜記》提要之版心處作「說畧」外，餘皆作「說略」，用字體例不一。三、臺北國家圖書館藏本將《四庫全書總目·默記》提要置於第七冊「說略部」總目錄之前，將《四庫全書總目·漢武帝故事》提要置於第十冊「說纂部」總目錄之前，裝訂錯誤明顯。又根據俞頌雍所見上海進步書局民國十二年再版本，知是書第三冊「說選部」《眞臘風土記》之第一和第二頁間誤夾《趙合傳》第一頁，但「說淵部」《趙合傳》正文處並無缺頁，顯然爲多夾〔註233〕，足見石印本裝訂品質未臻精良，研究者據以引文時得多留意。此外，上海進步書局民國十二年再版本書前有〈古今說海提要〉，內容與其他版本不同，茲據俞頌雍《古今說海考》轉引摘抄如下：

> 明上海陸思豫編。搜集唐宋至明小說共一百三十五種，分四部七家，小錄偏記二家入說選部，別傳家入說淵部，雜記家入說略部，逸事散錄雜纂入說纂部。眾聚精要，蔚爲大觀，遠出馬總《意林》、曾慥《類說》之上，此就嘉靖初刻本重印之。〔註234〕

由於道光本係據嘉靖本重刊，內容、板式完全相同，致讓進步書局誤解是根據嘉靖本重印。但以道光本補刻《四庫全書總目·古今說海》提要，且選刻《古今說海》部分子目書提要，而上海進步書局石印本亦皆載錄之線索，知所根據爲道光本而非嘉靖本。

### （八）上海中華圖書館排印本

袁行霈、侯忠義編《中國文言小說書目》和寧稼雨《中國文言小說總目提要》均謂《古今說海》有上海中華圖書館排印本〔註235〕，但都未予詳細介紹。筆者因未見原書，故嘗試查閱北京圖書館編《民國時期總書目 1911～1949》，卻仍未見相關著錄，無法詳述其版本資料，是仍列之於此，以備

〔註233〕參見俞頌雍著：《古今說海考》，頁 26。

〔註234〕轉引自俞頌雍著：《古今說海考》，頁 25。

〔註235〕參見袁行霈、侯忠義編：《中國文言小說書目》（北京：北京大學出版社，1981年），頁 249 和寧稼雨著《中國文言小說總目提要》（濟南：齊魯書社，1996年），頁 261～262。

參考。

### （九）1988 年成都巴蜀書社排印本

1988 年成都巴蜀書社據道光本重新排印，一百四十二卷，書前有〈出版說明〉，簡要介紹是書內容及供研究閱讀所需注意事項。正文前有〈重刻古今說海序〉、〈古今說海引〉、《四庫全書總目·古今說海》提要、〈古今說海校書名氏〉和〈古今說海總目〉，全書一冊。唯內容有多處錯字，援引時得小心謹慎。

### （十）1996 年成都巴蜀書社文白對照本

1996 年成都巴蜀書社排印出版，一百四十二卷，正文前有〈重刻古今說海序〉、〈古今說海引〉、《四庫全書總目·古今說海》提要、〈古今說海校書名氏〉和〈古今說海總目〉，按照「說選部」、「說淵部」、「說略部」、「說纂部」分四冊裝訂。每冊先置原文，書末載錄由劉新生負責校譯之白話譯文。木書應是根據 1988 年排印本重新編排，因此書中錯字處多相同，白話譯文則迭有疏漏。

### （十一）2005 年《隋唐文明》節錄本

2005 年由文懷沙主編，影道光本「說淵部」別傳家十集六十卷，計六十部唐人小說，由蘇州古吳軒出版社印行，收入《隋唐文明》叢書。因其目錄乃亦據道光本影印，故較原本六十四卷缺少《遼陽海神傳》、《中山狼傳》、《林靈素傳》和《海陵三仙傳》四部書。由於此四書皆宋明間作品，與《隋唐文明》的著錄範圍不相符，是才未予收錄。

俞頌雍在「《古今說海》現存館藏一覽表」，根據編號四中國國家圖書館藏明嘉靖二十三年雲間陸氏儼山書院刻本「存說選部小錄家·甲集，明末重印」和編號十五北京大學圖書館藏明嘉靖二十三年儼山書院刻本原注「我們把 SB 本（即明嘉靖二十三年儼山書院刻本）與 NC（即此本）都說成是『明嘉靖二十三年（1544）雲間陸氏儼山書院』這是不對的」等兩項資料，及引陽海清《中國叢書綜錄補正》指《古今說海》明刻本乃「嘉靖刊本之零種，曾被書賈匯輯易名發售」〔註236〕之說明，提出《古今說海》除嘉靖二十三年

---

〔註236〕陽海清著：《中國叢書綜錄補正》（揚州：江蘇廣陵古籍刻印社，1984 年），頁 218～219。

刻本外，可能還有其他的明刻本。但在未有充足證據證實其確切存在及其年代的前提下，統稱《古今說海》明刻本為「明嘉靖二十三年陸氏刻本」，當是合情合理、合乎學術規範的〔註237〕。

據此，嘉靖二十三年雲間陸氏儼山書院刻本不僅為《古今說海》之最早版本，且同時為目前唯一可普遍找到較為通行的明代刻本。根據俞頌雍「《古今說海》現存館藏一覽表」可知在大陸地區的北京圖書館、中國國家圖書館、北京大學圖書館、北京師大圖書館、天津圖書館、遼寧圖書館、大連圖書館、上海圖書館、南京圖書館、無錫市圖書館、湖南省圖書館、中山大學圖書館都藏有此一刻本〔註238〕。臺北國立故宮博物院和臺北國家圖書館也都有收藏。又根據「日本所藏中文古籍資料庫」，知名古屋蓬左文庫、東京都立中央圖書館、公文書館、國會東京圖書館、東北大學圖書館、千葉縣立中央日高誠實文庫也都收錄有嘉靖本《古今說海》，而《靜嘉堂文庫漢籍分類目錄》亦載是之，可見其流傳情形。

此後，乾隆年間纂修《四庫全書》時，雖因政治因素刪去《遼志》、《金志》和《蒙韃備錄》三書，只保留一百三十九卷。但清道光年間西山堂重刻嘉靖本時，既保留明刊本的卷數和板式，又從《四庫全書總目》選刻《古今說海》子目書提要。自此不論是重新排印或影印出版，幾乎都採用道光本為底稿，證明其翻刻嘉靖本之用心受到出版界肯定。另一方面，從過去四十年來兩岸對《古今說海》的出版情形來看，其所以一再出版，甚至花費大量人力、物力予重新排印，在在說明其具備研究和參考價值，和對陸楫及編輯群用心刊刻之肯定。

---

〔註237〕關於上述三則資料，俞頌雍分別於文末作出「如屬實，倒可能是《古今說海》的又一新版本」、「如能確認，實為《古今說海》明刻本的又一新版本」和「如能有實證予以確認，則關於《古今說海》之明刻本又將有新的認識」之推斷，文見俞頌雍著：《古今說海考》，頁 15～16、21、23。
〔註238〕參見俞頌雍著：《古今說海考》，頁 15～19。

# 第四章 《古今說海》之缺失與價值

　　《古今說海》之缺失與價值，主要從兩方面論述：一是就缺失與編纂體例言，主要存在誤題、妄改和不著撰人問題，及篇目重複與改題篇名現象，透露出編輯群輕忽版權與校勘未精之訊息；至若節鈔《三水小牘・王知古》入別傳家，則反映陸楫等在小說觀念上的進步。一是從價值與影響言，針對《古今說海》在版本文獻和選書內容方面的貢獻，考論《古今說海》在小說史和叢書史上的意義，最後衡定《古今說海》的歷史地位。

## 第一節 《古今說海》編纂之缺失

　　今人探論《古今說海》之編纂問題，多從對明人刻書的既定印象出發，認爲《古今說海》有妄題撰人和改題篇名之嫌。事實上，《古今說海》的確存在不著撰人問題，世人所謂誤題和妄改撰人情形，多屬校勘未精造成。至若「說淵部」和「說畧部」《蒙齋筆談》、《東園友聞》和《聞見雜錄》替換原有篇名現象，亦是明人好博尚奇風氣之展現，藉此眩惑讀者。再者，《古今說海》節鈔《說郛》本《三水小牘・王知古》入「說淵部」，不僅爲陸楫兩分傳奇和志怪體之證明，而「說畧部」與「說纂部」於篇目重複共有七處，雖亦反映編纂過程的疏失，但以其在全書一百四十二卷中所佔比例，及多維持所據版本原貌，是足肯定《古今說海》對文獻保存之貢獻與價值。

### 一、移改現象

　　清人葉德輝《書林清話》卷七〈明人不知刻書〉云：「吾嘗言明人好刻書

而最不知刻書。」又同書卷七〈明人刻書改換名目之謬〉載:「明人刻書有一種惡習,往往刻一書而改頭換面,節刪易名。」〔註1〕余嘉錫則認為《古今說海》「匯萃古今小品文字,加以刊削,刻為叢書,自是明人一種風氣。黃虞稷《千頃堂書目》卷十五類書類,著錄陶宗儀《說郛》以下諸書皆是也。其佳者能使古人單篇零種,賴以傳世,有網羅放失之功。然而聚瑣雜猥鄙之書,而又割裂釘餖,顛倒錯謬者,亦往往而是。甚至杜撰書目,妄題撰人,移甲作乙,以偽為真,紛然淆亂,至於不可究詰,誠所謂災梨禍棗矣。此書所收各種,尚頗有根據,在明人雜纂之中,猶為不甚偽妄者,然其一百三十五種之中,『說淵』一部,至六十四種,其間除宋、明人所著《林靈素傳》、《海陵三仙傳》、《遼陽海神傳》、《中山狼傳》四種之外,餘皆自《太平廣記》錄出,而沒其撰人及出處,是猶未免欺人伎倆。」〔註2〕翁同文亦認為《古今說海》「所收雖號稱一百三十五,其不見於四庫書目者,僅二十餘種而已。至說淵部六十四種,自《太平廣記》錄出而沒其撰人出處者頗多。……顧《說海》所收除妄題撰人外,亦有改其標目。」〔註3〕歷來述及《古今說海》之缺失,多批評「說淵部」唐人傳奇所據出《太平廣記》,卻予妄題或不題撰人及改題篇名,認為有作偽嫌疑。後人或以偏概全視為《古今說海》通病,未審視其原刻情形即斷章取義、人云亦云。今目驗明刻本《古今說海》之實際情形,卻未必如所論,其結果如下:

## (一)撰人問題

《唐宋傳奇集・序例》云:「顧復緣賈人貿利,撮拾雕鐫,如《說海》,如《古今逸史》,如《五朝小說》,如《龍威秘書》,如《唐人說薈》,如《藝苑捃華》,為欲總目爛然,見者眩惑,往往妄制篇目,改題撰人,晉唐稗傳,鯨剹幾盡。」〔註4〕魯迅以明清叢書編者基於圖利之需,眩惑讀者耳目,輒變化所刻書樣貌,而普遍存在改題篇名與撰人問題。今人王義耀亦據魯迅所論,舉《古今說海》將《人虎傳》撰人題署李景亮為例,認為陸楫有改題撰人情

〔註1〕 (清)葉德輝著:〈明人不知刻書〉和〈明人刻書改換名目之謬〉,《書林清話》(上海:上海書店,1990年影1911年觀古堂刊本),卷7,頁9左、11右。

〔註2〕 余嘉錫著:〈古今說海〉,《四庫提要辨證》(昆明:雲南人民出版社,2004年),卷15雜家類,頁796~797。

〔註3〕 翁同文撰:〈四庫提要補辨〉,載臺北藝文印書館印《古今說海》之卷首。

〔註4〕 魯迅著:《唐宋傳奇集》(臺北:唐山出版社,1989年《魯迅全集》第5卷),頁10。

形〔註5〕。程有慶則提出反駁，謂明嘉靖本和清道光本《古今說海》「說淵部」中的各種作品皆未署作者姓名，而《人虎傳》亦然；至於「最早把《人虎傳》署上李景亮姓名的可能是《唐人說薈》」。但由於《中國叢書綜錄》在《古今說海》的子目著錄裡，將「說淵部」裡的不少小說署上作者姓名，造成讀者錯覺，而《古今說海》實未有改題撰人〔註6〕。至若《古今說海》本《林靈素傳》題趙與時撰，乃因所據出趙與時《賓退錄》引耿延禧《林靈素傳》而誤題，非刻意造偽改題。「說淵部」有關撰人問題，主要不是改題撰人、而是不題撰人。

　　《古今說海》「說淵部」六十四部小說，與今本《太平廣記》篇目重複者有《靈應傳》、《洛神傳》、《吳保安傳》、《崑崙奴傳》、《鄭德璘傳》、《李章武傳》、《韋自東傳》、《趙合傳》、《杜子春傳》、《裴仙先別傳》、《震澤龍女傳》、《袁氏傳》、《少室仙姝傳》、《李林甫外傳》、《蚍蜉傳》、《甘棠靈會錄》、《顏濬傳》、《張無頗傳》、《板橋記》、《鄶侯外傳》、《洛京獵記》、《玉壺記》、《姚生傳》、《唐晅手記》、《獨孤穆傳》、《王恭伯傳》、《崔煒傳》、《陸顒傳》、《潤玉傳》、《李衛公別傳》、《齊推女傳》、《魚服記》、《聶隱娘傳》、《袁天綱外傳》、《曾季衡傳》、《蔣子文傳》、《張遵言傳》、《侯元傳》、《同昌公主外傳》、《睦仁蒨傳》、《韋鮑二生傳》、《張令傳》、《李清傳》、《薛昭傳》、《王賈傳》、《竇玉傳》、《柳參軍傳》、《人虎傳》、《馬自然傳》、《寶應錄》、《白蛇記》、《巴西侯傳》、《柳歸舜傳》、《求心錄》、《山莊夜怪錄》、《五真記》和《小金傳》等五十七部。據《太平廣記》引述注出何書情形，和本書下篇第六章考論各子目書之版本源流後發現，《夢遊錄》收錄六篇故事，亦分別由《太平廣記》引錄，《古今說海》據以彙編而題總名作《夢遊錄》。至若《杜子春傳》、《柳歸舜傳》、《王恭伯傳》和《齊推女傳》係出他本《太平廣記》或《玄怪錄》，《洛京獵記》係出《三水小牘》，皆非今本《太平廣記》。又「說淵部」子目書未見於今本《太平廣記》者，《烏將軍傳》和《知命錄》出《玄怪錄》，《海陵三仙傳》乃王禹錫撰，《中山狼傳》援引版本雖有待商榷，但以《古今說海》所

〔註5〕原文曰：「李徵化虎事，見《太平廣記》卷 427 引唐代張讀《宣室志》，題爲〈李徵〉。而《古今說海》竟改題爲《人虎傳》，撰人署李景亮。」詳論請參王義耀撰：〈也談古今說海〉，《圖書館雜誌》1985 年第 2 期（1985 年 5 月），頁 54。

〔註6〕程有慶撰：〈古今說海有無妄題撰人〉，《圖書館雜誌》1986 年第 1 期（1986 年 2 月），頁 53。

錄書多前有所據，則《中山狼傳》理亦如此。由於《太平廣記》載《靈應傳》未注出何書與作者，且今亦無法考見，而《古今說海》本《林靈素傳》原係耿延禧撰卻遭誤題，又《遼陽海神傳》題林屋山人蔡羽述，則《古今說海》「說淵部」除《靈應傳》、《林靈素傳》、《遼陽海神傳》外，餘六十一部書亦皆有所據，但《古今說海》都不題撰人。尤以「說淵部」子目書與今本《太平廣記》重複篇目相較，發現除《靈應傳》外，餘五十六部書或因今本《太平廣記》不題撰人而承襲之，且又未能按照其文本而刊刻出處。

此外，「說選部」《眞臘風土記》、《北戶錄》、《滇載記》，「說畧部」《宣政雜錄》、《靖康朝野僉言》、《朝野遺紀》、《墨客揮犀》、《續墨客揮犀》、《聞見雜錄》、《三朝野史》、《文昌雜錄》、《就日錄》、《碧湖雜記》、《霏雪錄》、《東園友聞》和「說纂部」《漢武故事》、《煬帝海山記》、《煬帝迷樓記》、《煬帝開河記》、《靖難功臣錄》等二十部書亦不題撰人。其中，《靖康朝野僉言》、《朝野遺紀》、《三朝野史》、《煬帝海山記》、《煬帝迷樓記》、《煬帝開河記》，《古今說海》所據出《說郛》即未著撰人，《古今說海》於此六部書不題撰人，乃據實呈現所錄書情形。又餘十四部書和上述「說淵部」六十一部書之不題撰人現象，皆有編纂上的疏忽或違反實錄原則之嫌。

其次，除前述《林靈素傳》誤題趙與時撰外，《古今說海》誤題撰人情形，如《蒙韃備錄》題孟珙撰、《瀟湘錄》題李隱撰、《談藪》題龐元英撰，乃皆據《說郛》而誤。另，《北轅錄》題周煇撰、《三水小牘》題皇甫枝撰，則分別爲「周煇」、「皇甫枚」的形近之訛，屬校勘未精導致。

再者，將《古今說海》子目書與所據書比勘，其於《諧史》、《昨夢錄》、《睽車志》、《蒙齋筆談》皆有妄改撰人情形。其中，《蒙齋筆談》或乃節錄葉夢得《巖下放言》之偽作，歷代公私家藏書目錄皆題宋鄭景望著，《古今說海》復因形近致訛，誤題爲鄭景璧撰。又《古今說海》本《諧史》、《睽車志》、《昨夢錄》係出《說郛》，卻依次將撰人「沈儆」改爲「沈俶」、「郭彖」改爲「陸偉」、「康與之」改爲「康譽之」。且除了把「郭彖」改題「陸偉」爲明顯錯誤外，由於《諧史》撰者問題迄今仍未有定論，《古今說海》所載或能聊備參考；至若將《昨夢錄》改題爲「康譽之」撰，實乃還原眞相，提供解決《昨夢錄》作者懸案之佐證。

據此，《古今說海》誤題和妄改撰人處，除《睽車志》屬改題致誤外，餘多因形近致訛，或以所據《說郛》本已誤題在先，《古今說海》不察而沿襲之。

但由於《古今説海》所錄書多前有所據，《諧史》、《睽車志》、《昨夢錄》雖皆出《説郛》，正文卻都有節錄情形，抑或此三書另據他本，故所題撰人與今本《説郛》不同。復以《古今説海》本《昨夢錄》還原撰者眞相爲例，及《清尊錄》刪略王東〈跋〉之目的，乃或欲避免讀者誤解陸游爲其作者，以見陸楫似無必要在一百三十五部書中，僅杜撰《睽車志》、《諧史》二書作者，藉此眩惑讀者耳目。故筆者以爲《古今説海》誤題和妄改撰人處，或皆非刻意作僞，而乃無心之過。

　　綜合上述，《古今説海》有關撰人問題，包括不題撰人、誤題撰人和妄改撰人三類。所謂的誤題撰人和妄改撰人，其前提是已知撰者爲誰，卻刻意隱瞞事實、改題他人，企圖湮滅眞相；若還原時空於明嘉靖年間，《古今説海》乃呈現援引版本如《説郛》等之原貌，非有意地顛倒是非，而今人所論爲誤題與妄改者，係魯魚亥豕和審度未精所造成。又關於不題撰人現象，《古今説海》確實存在，其有部分雖乃肇因於所據原本即未題撰人，非陸楫等故意刪落；但以《古今説海》凡七十五部書脫漏撰人或出處，至少反映出其對於版權意識的缺乏。

## （二）改題篇名

　　有關《古今説海》改題篇名之評，魯迅已先發其論。李劍國亦以《古今説海》「説淵部」多取《太平廣記》，因事立題，皆所未聞，肇妄僞之端，提出《古今説海》改題篇名的現象，集中在「説淵部」裡的唐人傳奇〔註7〕。陳大康也認爲《古今説海》開啓後世小説匯編「妄造書名而且亂題撰人的風氣」〔註8〕。俞頌雍據程毅中《古小説簡目》、李劍國《唐五代志怪傳奇敍錄》和《宋代志怪傳奇敍錄》、寧稼雨《中國文言小説總目提要》等研究成果，除去《林靈素傳》和《中山狼傳》分別採自宋人和明代時人之作品，及《杜子春傳》等六篇同時採自《玄怪錄》和《太平廣記》之作，得到「説淵部」有五十一篇作僞小説爲唐代作品之結論，進而整理出「《古今説海》作僞之篇名與《太平廣記》原有之篇名對照表」。細究其原委，「説淵部」所據出《太平廣記》，且改制篇目者，實共有五十篇〔註9〕。據此，《古今説海》「説淵部」之

〔註7〕李劍國著：《唐五代志怪傳奇敍錄》（天津：南開大學出版社，1993年），頁1159。

〔註8〕陳大康著：《明代小説史》（上海：上海文藝出版社，2000年），頁312。

〔註9〕按：俞頌雍謂「《杜子春傳》等六篇同時採自《玄怪錄》和《太平廣記》」之

作僞篇目，除在原有篇名後直接加「傳」、「外傳」或「別傳」，或保留原有篇名之主體，而稍作改動後，再加「傳」、「別傳」、「記」或「錄」等共三十二篇外；其完全替換原有篇名後，再加上「傳」、「記」或「錄」者，凡十八篇〔註10〕，即易《太平廣記》之〈蕭曠〉爲《洛神傳》、〈孫恪〉爲《袁氏傳》、〈封陟〉爲《少室仙姝傳》、〈徐玄之〉爲《蚍蜉傳》、〈許生〉爲《甘棠靈會錄》、〈元柳二公〉爲《玉壺記》、〈姚氏三子〉爲《姚生傳》、〈裴諶〉爲《王恭伯傳》、〈沈警〉爲《潤玉傳》、〈薛偉〉爲《魚服記》、〈李徵〉爲《人虎傳》、〈蕭宗朝八寶〉爲《寶應錄》、〈李黃〉爲《白蛇記》、〈張鋋〉爲《巴西侯傳》、〈楊叟〉爲《求心錄》、〈甯茵〉爲《山莊夜怔錄》、〈楊敬眞〉爲《五眞記》、〈盧頊〉爲《小金傳》。《古今說海》替換原有篇名，主要以文中的主要人物、事件或物件之名來替換，屬於有依據的替換，是基於匯編之需所做的修改。因此，俞頌雍以《古今說海》「說淵部」將篇名不作或稍作修改後，輔以「傳」、「外傳」、「別傳」、「記」或「錄」等文學體裁之名，屬於統一體例的作法，認爲是小說史上小說文體進一步細化、獨立化的表現，且謂陸楫等若想改題篇名以眩惑讀者，實無必要將一半以上的作品保留原有篇名或篇名主體，故若據此而言其有意作僞者，眞乃不明究裡而昧於《古今說海》妄

---

作，所指應是《杜子春傳》、《王恭伯傳》、《齊推女傳》、《烏將軍傳》、《柳歸舜傳》和《知命錄》。由於今本《太平廣記》未載《烏將軍傳》和《知命錄》，而《杜子春傳》、《王恭伯傳》、《齊推女傳》和《柳歸舜傳》係出他本《太平廣記》或《玄怪錄》，《夢遊錄》乃據《太平廣記》彙編而另題總名，《洛京獵記》出《三水小牘》。又《中山狼傳》、《海陵三仙傳》、《林靈素傳》、《遼陽海神傳》係宋、明人作品，成書於《太平廣記》之後，且《古今說海》本《靈應傳》之篇名同《太平廣記》，《鄴侯外傳》乃原傳之名，皆不該被列爲作僞篇名。另外，據本書下篇第二章「《古今說海》「說淵部」——別傳家之研究」所得，則俞頌雍「《古今說海》作僞之篇名與《太平廣記》原有之篇名對照表」所得五十一篇作僞篇目，或得再去除《夢遊錄》和《洛京獵記》，且增加俞頌雍漏列、但《古今說海》所據出《太平廣記》卷340之《李章武傳》，而稍事調整成爲五十篇。有關俞頌雍「《古今說海》作僞之篇名與《太平廣記》原有之篇名對照表」及相關論述，請參見俞頌雍著：《古今說海考》（上海：華東師範大學中國語言文學系碩士論文，2007年），頁27～28。

〔註10〕按：此處分類雖參據俞頌雍「《古今說海》作僞之篇名與《太平廣記》原有之篇名對照表」的歸納與分析，然其數據內涵與俞頌雍的分析所得則有不同：一是前述三十二篇，乃先別除《姚生傳》和《夢遊錄》，但增加《李章武傳》，故較俞頌雍所論少一篇；二是十八篇所指，除先別除《洛京獵記》外，且將《姚生傳》從保留原有篇名之主體改置入完全替換原有篇名之屬，故篇目總數仍與俞頌雍相同。

制篇目的表面現象〔註11〕。

但改題篇名之現象除發生在「說淵部」外，「說畧部」《蒙齋筆談》、《東園友聞》和《聞見雜錄》三書，也都有相同情形。首先，《蒙齋筆談》乃節錄葉夢得《巖下放言》之僞作，雖然嘉靖十九年（1540）刊行的《百川書志》，已先於卷八子志小說類中著錄關於《蒙齋筆談》之訊息，但《古今說海》之亦將書名題作《蒙齋筆談》，應至少有考覈未精問題。其次，《東園友聞》係節錄孫道易《東園客談》而改名，今所傳，亦未見有版本早先於《古今說海》，前此亦無有目錄著錄《東園友聞》，此或即陸楫節錄而改稱之。其三，《聞見雜錄》乃節錄《聞見近錄》而改名，《古今說海》本乃據《說郛》本《聞見近錄》而來，前此亦無有書目著錄《聞見雜錄》，則陸楫或即改題作《聞見雜錄》者。雖然「友聞」是指「朋友所聽聞」，「客談」意謂「客朋之所談」，二者詞義相通；而《聞見雜錄》與《聞見近錄》雖僅一字之差，又縱使嘉靖前之筆記論叢多以「雜錄」命名，鮮少名爲「近錄」者，但若據與原本書名相較，實都屬改題篇名。另外，《古今說海》本改《太平廣記》卷六九〈張雲容〉爲《薛昭傳》、卷三八〈李泌〉爲《鄴侯外傳》，雖或皆復其原傳之名，而削弱陸楫作僞的可能性，卻也都是改題篇名之例證。再根據《古今說海》之編纂動機得知，是書除出於牟取利益的考量外，同時爲明人好奇尚博風氣之展現，且陸楫等所改題篇名多係前所未見，故相信其有營造《古今說海》廣納祕本印象之目的，以提高收藏聲望，並藉此吸引讀者目光，增加圖書的銷售量。

## 二、體例問題

陸楫以「說海」二字統冠書名，標誌所收書性質的一致性，復以唐人傳奇和宋人筆記居其大宗，故歷來多認爲《古今說海》是中國最早的小說類叢書。因《古今說海》由陸楫及姜南等共十三人參與編輯、校書工作，四部七家之立意各具特色，子目書之內容亦多相稱七家命意，知《古今說海》不單只有總聚眾書合爲一編，而是按照既定的編纂體例執行。但要說明處有二：

〔註11〕 俞頌雍將《古今說海》作僞之篇名分爲三大類、十小類，認爲當今學者未能探究《古今說海》成書之時代背景、不細查陸楫等修改《古今說海》所收篇名之主觀原因的情況下，只一味強調《古今說海》妄制篇名之表面現象，乃有違歷史之眞實。詳論請參俞頌雍著：《古今說海考》，頁28～29。

## （一）節鈔現象

《古今說海》之節鈔現象，在「說淵部」和「說畧部」間，論其關鍵，主要爲「說畧部」《三水小牘》的版本問題。按：《三水小牘》，《直齋書錄解題》著錄三卷，已佚。明《天一閣書目》著錄明楊儀二卷本，爲清盧文弨刻入《抱經堂叢書》，共三十五則〔註 12〕。《古今說海》「說淵部」《洛京獵記》和《侯元傳》係與《抱經堂叢書》本《三水小牘》同一系統，而分別得自卷上〈王知古爲狐招壻〉和卷下〈侯元違神君之戒兵敗見殺〉。但因《古今說海》「說畧部」所收《三水小牘》出《說郛》本前七則，又《說郛》本《三水小牘》並無〈侯元違神君之戒兵敗見殺〉，知「說淵部」《洛京獵記》和《侯元傳》乃分別取自《說郛》本《三水小牘》和《太平廣記》卷二八七，「說淵部」節鈔「說畧部」者，實只有《洛京獵記》。

從《古今說海》分類七家以觀，別傳家所錄爲單篇傳奇小說，雜記家所錄爲筆記小說，而不論是以志怪、志人或諧謔故事爲主。然自唐人傳奇以下，志怪體和傳奇體間「尤易出入」〔註 13〕，一書之中往往兼有二體，故今人論其體時，多以「志怪傳奇」泛稱〔註 14〕。黃東陽則從傳奇和志怪體裁之外徵，認爲二者之別在於前者的立意和體裁是以仿傚史體的創作，而其他以記異爲要、缺乏史傳特徵者，則稱爲志怪〔註 15〕。改竄刊刻書籍誠爲明代叢書之普遍現象，「說畧部」刪脫《說郛》本《三水小牘》之〈步飛烟〉、〈却要〉和〈王知古〉，只保留前七則，固然爲明人刻書缺失之具體反映。但此三篇體近傳奇，迥異於雜記家所錄書之條文性質，則《古今說海》節鈔《說郛》本《三水小牘·王知古》入「說淵部」，或可視爲陸楫兩分傳奇和志怪體之證明。

---

〔註12〕 李劍國對校《宛委別藏》本與《抱經堂叢書》本，得二者之款式、題署、篇目、字句和注語悉同，而知《抱經堂叢書》本所據乃出楊儀藏本。詳論請參李劍國著：《唐五代志怪傳奇敘錄》，頁 962～963。

〔註13〕 （明）胡應麟著：〈九流緒論下〉，《少室山房筆叢》（北京：中華書局，1958年），卷 29，頁 374。

〔註14〕 隨著學門分類愈趨詳細，志怪體和傳奇體之相涉情形，並未因此而被截然區分，這從當代學者進行全面性地相關研究時，於論著命名上之泛稱情形可見一斑。臺灣方面，如黃東陽《唐五代志怪傳奇之記異題材研究》；大陸方面，如俞汝捷《幻想和寄託的國度：志怪傳奇新論》和《仙鬼妖人——志怪傳奇新論》、李劍國《唐五代志怪傳奇敘錄》和《宋代志怪傳奇敘錄》、占饒勇《清代志怪傳奇小說集研究》、陳國軍《明代志怪傳奇小說研究》。

〔註15〕 詳論請參黃東陽著：《唐五代記異小說的文化闡釋》（臺北：秀威資訊科技，2007 年），頁 7～10。

### （二）篇目重複

　　《古今說海》由黃標擔任總校勘編次，其他成員各司其職，或負責校勘、謄稿工作，編輯陣容龐大。但在面對和處理此卷帙浩繁的大部書時，仍不免顧此失彼，有篇目重複現象，而主要發生在「說畧部」與「說纂部」，如《默記》第三則與《避暑漫抄》第十三則皆載李後主「小樓昨夜又東風」事，《默記》第十一則與《行營雜錄》第三十三則皆載歐陽脩及其姪女事，《默記》第十三則與《避暑漫抄》第十三則皆引《江南錄》小周后事，《聞見雜錄》第十五則與《山房隨筆》第二十則均載揚州瓊花無雙事，《續墨客揮犀》第十五則與《拊掌錄》第十三則均載李庭彥爲求對仗而捏造兄弟皆亡事，《續墨客揮犀》第十六則與《拊掌錄》第十六則均載許義方妻招鄰僧事，《樂府雜錄‧安公子》與《教坊記》第十五則均載安公子事。《古今說海》篇目重複現象有七處，經比對各組條文後發現：重複情形雖顯而易見，但因原書編撰者不同，記載事情繁簡不一，用字遣詞或有不同。

　　又篇目重複的例證中，除安公子事出《樂府雜錄》和《教坊記》外，餘皆存錄於《默記》、《聞見雜錄》、《山房隨筆》、《續墨客揮犀》、《拊掌錄》、《行營雜錄》、《避暑漫抄》等宋代筆記小說。《古今說海》本《拊掌錄》、《行營雜錄》、《避暑漫抄》和《樂府雜錄》所據版本雖無法考見，但以《默記》、《聞見雜錄》、《山房隨筆》、《續墨客揮犀》和《教坊記》皆出《說郛》本，且多保留《說郛》本原貌，或可推知《古今說海》於其他子目書亦當據所得版本刊刻。復可理解爲參與編輯工作者或採分工方式，各據所錄書進行校勘，未打破書本建制覆核內容，故才未能發現篇目重複而予刪除。總之，就《古今說海》子目書與所錄書相較，維持原書樣貌愈完整，意味校勘過程愈嚴謹，文獻保存的價值意義也就愈高，雖然《古今說海》所據非善本係影響其版本價值，但若從其忠實呈現原書來看，卻有值得稱道之處。尤其《古今說海》鴻篇巨帙，卻僅有七處的篇目重複，算是九牛一毛，可見其選擇子目書之用心所在。

## 第二節　　《古今說海》之價值與影響

　　明朝嘉靖、萬曆年間，「坊肆翻刻古書，汗牛充棟。如《古今逸史》、《漢魏叢書》、《古書十九種》、《祕冊彙函》，每一部中各百十家，皆是流行篇卷，

故於此集絕不雷同。至如《百川學海》、《百家名書》、《古今說海》、《歷代小史》、《稗海》小說等，又皆唐宋以後耳目近事，亦此中所不贅也。」〔註16〕論《古今說海》之貢獻，主要在匯聚資料和保存書籍文獻，作爲研讀《太平廣記》之另外版本，和爲明清及民國以後叢書、類書所引據；又因其子目書具備文學與史料價值，蘊含民族、音樂、歷史、文化等相關知識，提供學者研究和讀者閱讀十分寶貴的資料，故不管就版本刊刻或思想內容言，《古今說海》都有一定的價值與意義。

## 一、就版本文獻言

根據本書下篇對各子目書版本源流之探討，知《古今說海》所錄書出《太平廣記》和《說郛》爲主，間有不詳其版本來源，而爲現存諸本中時代最早者。由於《古今說海》各子目書以一卷本居多，篇幅短小，難以單行，保存不易。陸楫以匯編方式置於一部，則能避免書籍散佚，具有保存文獻功用；益以傳播快速，流傳廣遠，版本足供稱道，故多受到後世叢書、類書援引，在版本文獻上的貢獻如下：

### （一）具備匯聚資料和保存書籍文獻之價值

張之洞《書目答問》曰：「叢書最便學者，爲其一部之中，可該群籍，蒐殘存佚，爲功尤鉅。欲多讀古書，非買叢書不可。」〔註17〕劉承幹序張海鵬《借月山房彙鈔》亦云：「叢書之刻，其裨益於學者厥功爲鉅哉何？則士之有志於古者恆患購求不易，無以增擴其見聞，有叢書爲之薈萃，則得一書而諸類俱備，足以供我之探討，較彼中郎閟枕，僅僅爲仲任《論衡》，其相去蓋不可以道里計。故叢書之刊布，豈惟掩骼埋胔，有德於往賢，嘉惠來哲，尤足多焉。」〔註18〕叢書搜羅宏富，使用方便，除有以搜奇集異著稱，或保留傳本較少且富有價值的著作外，往往刊刻許多不著名和罕見作品，對古籍文獻的保存與廣布影響深遠。尤其纂輯本身即能避免單篇散逸，讓許多書籍得以流傳至今，若再經過編者的整理校勘，輒能成爲精本、善本，提高叢書品

〔註16〕（明）孫穀編：〈古微書略例〉，《古微書》（臺北：臺灣商務印書館，1983年影清文淵閣《四庫全書》本），頁812。

〔註17〕（清）張之洞著：〈叢書目・古今人著述合刻叢書目〉，《書目答問》（臺北：臺灣商務印書館，1986年），頁73。

〔註18〕劉承幹撰：〈借月山房彙鈔序〉，見（清）張海鵬著：《借月山房彙鈔》（臺北：藝文印書館，1967年影清嘉慶張海鵬輯刊本）。

質。雖然古書在傳鈔重刻時，亦難免有郢書燕說、郭公夏五等現象，造成文不盡意、疑信相參的後果。文人爲沽名釣譽，炫耀個人藏書與眾不同，往往節錄卷帙，任意改換書籍名目，不惜僞造作孤本、珍本假象。書商基於牟利之需，眩惑讀者耳目，或爲降低成本，只擷取部分出版，致使後世所見非原書樣貌。《古今說海》雖亦存在不題撰人、節錄原書、校勘不精等問題，被視爲造成叢書割裂群書之淵藪〔註19〕，然書業刻本爛惡之風，於南宋時已經存有〔註20〕，非肇於《古今說海》。又據與現存其他傳本相較，其中不乏有完善作品，可爲校讎輯佚之需，如以《古今說海》本和《歷代小史》本參校，《歷代小史》本《宣政雜錄》、《遂昌雜錄》、《桐陰舊話》、《江行雜錄》、《行營雜錄》和《避暑漫抄》較《古今說海》本之條文均有刪落，且刪略《江行雜錄》、《行營雜錄》和《避暑漫抄》之條文出處。再以《古今說海》本和《重編說郛》本參校，《重編說郛》本《眞臘風土記》、《宣政雜錄》、《談藪》、《睽車志》、《話腴》、《錢氏私誌》、《抱掌錄》、《蓼花洲閒錄》、《北里誌》較《古今說海》本有脫文或刪落條文情形，且刪略《江行雜錄》、《行營雜錄》、《避暑漫抄》、《養痾漫筆》、《盧谷閒抄》、《蓼花洲閒錄》之條文出處，說明《古今說海》本具備輯佚功能。

　　由於古代叢書的版本價值，取決於採用版本的優劣與否，刊刻校勘的精良程度，文獻資料的流傳情形，及是否具備提供當代研究的實用性。一般而言，版本精善者，可利用價值愈高，往往成爲後世翻刻再版的依據，或被近代叢書收錄，成爲校勘、校注和研究援引的底本，而向爲版本學家重視。因此，從近、現代叢書收錄《古今說海》情形，尤其從講求精善版本的叢書集成著作以觀，若某書同時爲《古今說海》和其他叢書收錄，則對《古今說海》

〔註19〕清黃廷鑑云：「妄改之病，唐宋以前，謹守師法，未聞有此。其端肇自明人，而盛于啓、禎之代。凡《漢魏叢書》，以及《稗海》、《說海》、《秘笈》中諸書，皆割裂分幷，句刪字易，無一完善。古書面目坌失，此載籍之一大厄也。」故秦川認爲《古今說海》割裂古今，分隸名目的現象，對後來的《五朝小說》、《重編說郛》妄題妄改直接產生不良影響。上述引文據（清）黃廷鑑著：〈校書說二〉，《第六絃溪文鈔》（臺北：新文豐出版公司，1985 年《叢書集成新編》據知不足齋叢書本排印），卷 1，頁 188。又參見秦川著：《中國古代文言小說總集研究》（上海：上海古籍出版社，2006 年），頁 81。

〔註20〕潘銘燊舉《百家詞》、《十七史詳節》、《誠齋揮塵錄》等爲例，認爲書業惡風大半在南宋已經存在，非始於明代。詳論請參潘銘燊撰：〈書業惡風始於南宋考〉，《香港中文大學中國文化研究所學報》第 12 期（1981 年），頁 276。

本的取／捨，適對應其版本的優／劣。1935 年，上海商務印書館集宋元明清重要叢書一百部，輯成《叢書集成初編》，將全書分爲十大類，其下又各有小類，使各書能夠按類部居。書首〈凡例〉云：「初編叢書百部之選擇標準，以實用與罕見爲主；前者爲適應要需，後者爲流傳孤本。……一書分見數叢書中，詳略不一者，取最足之本；其同屬足本，無校注者取最前出之本，有校注者取最後出之本。名同而實異者兩存之。」〔註 21〕《叢書集成初編》對所用書乃擇善而從，收入的四千一百種書中，從《古今說海》選出的有一百二十多種，其中選錄而僅出自《古今說海》者，也有六、七十種之多〔註 22〕，又影印《古今說海》爲底本，或據以重新排印者，凡一○一部書，可見《古今說海》本具備實用與罕見價值。

　　1965 年，臺北藝文印書館編《百部叢書集成》，對《古今說海》本《洛神傳》、《吳保安傳》、《崑崙奴傳》、《鄭德璘傳》、《李章武傳》、《韋自東傳》、《趙合傳》、《裴伷先別傳》、《少室仙姝傳》、《李林甫外傳》、《遼陽海神傳》、《蚍蜉傳》、《甘棠靈會錄》、《顏濬傳》、《張無頗傳》、《板橋記》、《洛京獵記》、《玉壺記》、《姚生傳》、《唐晅手記》、《獨孤穆傳》、《中山狼傳》、《崔煒傳》、《潤玉傳》、《齊推女傳》、《袁天綱外傳》、《曾季衡傳》、《張遵言傳》、《睦仁蒨傳》、《韋鮑二生傳》、《張令傳》、《李清傳》、《薛昭傳》、《王賈傳》、《寶玉傳》、《柳參軍傳》、《寶應錄》、《白蛇記》、《巴西侯傳》、《求心錄》、《山莊夜怪錄》、《小金傳》、《海陵三仙傳》、《續墨客揮犀》、《清尊錄》、《虛谷閒鈔》、《蓼花洲閒錄》、《北里誌》、《青樓集》、《雜纂》，皆註明「所選百部叢書僅有此本」。又《溪蠻叢笑》、《蒙韃備錄》、《北轅錄》、《靈應傳》、《夢遊錄》、《震澤龍女傳》、《袁氏傳》、《蔣子文傳》、《靖康朝野僉言》、《朝野遺紀》、《諧史》、《昨夢錄》、《三朝野史》、《瀟湘錄》、《談藪》、《古杭雜記》《就日錄》、《碧湖雜記》、《桐陰舊話》、《霏雪錄》、《東園友聞》、《青溪寇軌》、《養痾漫筆》、《損齋備忘錄》、《備遺錄》，則謂爲所選百部叢書中刊刻時代較早且內容較完足之作。對於《宣政雜錄》、《聞見雜錄》、《拊掌錄》、《艮嶽記》、《江行雜錄》、《行營雜錄》、《避暑漫抄》、《教坊記》，更評價爲版本完足且較佳者。《百部叢書集成》對各叢書所選之重複作品乃擇優刊印，其取自《古今說海》本有八十三部，約占《古

〔註21〕 商務印書館編：〈凡例〉，《叢書集成初編目錄》（上海：商務印書館，1935 年）。
〔註22〕 王義耀撰：〈也談古今說海〉，《圖書館雜誌》1985 年第 2 期（1985 年 5 月），
　　　　 頁 53。

今說海》的 58.4%，足見《古今說海》本受肯定情形。

　　另一方面，由於《古今說海》據《太平廣記》和《說郛》本甚繁，但《說郛》對所收書多僅取片段、略存梗概，又《古今說海》審核未精、據以刊刻，則連帶有刪削割裂、不取全書之失，如今傳《北戶錄》有三卷本，《古今說海》則據《說郛》本載錄一卷，「或篇刪其章，或章刪其句，凡今本謁奪多者，所刪亦多，謁奪少者，所刪亦少，注則一字不錄」〔註23〕。其他如今傳《墨客揮犀》有十卷本，《古今說海》則據《說郛》本載錄一卷；今傳《山房隨筆》通行本作四十六則，《古今說海》則據《說郛》本載錄二十六則；今傳《三水小牘》有二卷本三十五則，《古今說海》據《說郛》本卻僅載錄七則；今傳《睽車志》有六卷本，《古今說海》則據《說郛》本載錄一卷；今傳《文昌雜錄》有六卷本，《古今說海》則據《說郛》本載錄一卷；今傳《遂昌雜錄》至多有作四十七則，《古今說海》則據《說郛》本載錄十八則。《古今說海》以引據版本關係，於所收書或有殘缺不全的弊病，然如《平夏錄》、《西使記》、《滇載記》、《遼陽海神傳》、《海陵三仙傳》、《艮嶽記》、《青溪寇軌》、《江行雜錄》、《行營雜錄》、《避暑漫鈔》、《養疴漫筆》、《虛谷閒抄》、《蓼花洲閒錄》、《復辟錄》、《靖難功臣錄》雖非最完足之本，卻是現存最早刊本，而《備遺錄》亦乃現存最早的續增本。其他如《話腴》、《青樓集》、《損齋備忘錄》雖為節錄本，且非現存諸本中最早或最完足者，卻保存他本未見之條文或序跋，而可作為補遺和校勘之用。再若《拊掌錄》和《北里誌》亦非現存最早版本，卻為古本中較完足且通行者，而自成系統。胡應麟曾謂《古今說海》之「《北征》、《半夏》（案：當作「平夏」）諸編襍彙本朝故實，又皆人所常見，家有之書也。」〔註24〕此就明朝言或許如此，若以目前論，當時常見之書或有為今日罕見者，《古今說海》保存明代作品，從與著者年代相近、訊息取得容易的角度言，是提供現存較早刻本。再如《平夏錄》作者黃標乃陸楫表兄弟，總校勘編次《古今說海》，則所刊刻《平夏錄》之版本豈有較差之理？總之，《古今說海》對所收書雖偶有刪削、脫文或衍文情形，多少減損是書的版本價值；然其中卻至少有六成書籍符合刊刻時代較早、今傳最早版本或保存佚文之條件，提高《古今說海》在校勘輯佚方面的優勢。尤其在原本、足本

---

〔註23〕　（清）陸心源撰：〈重刊北戶錄敘〉，見（清）陸心源編：《十萬卷樓叢書》（臺
　　　　　北：傅斯年圖書館藏清光緒 6 年（1880）歸安陸氏刊本）。

〔註24〕　（明）胡應麟著：〈讀古今說海〉，《少室山房集》（臺北：臺灣商務印書館，
　　　　　1973 年影清文淵閣《四庫全書》本），卷 104，頁 754。

皆未見流傳的情形下，《古今說海》之刊行，不失爲稽考相關小說作品的重要文獻。

## （二）提供今本《太平廣記》研究參稽之用

《少室山房集》載：「雲間邇輯《說海》，余稚歲，從人借讀，大詫爲奇書，即該洽亦往往見欺纂人，以家藏祕本也。比長，博考諸說家，乃知此書《就日》、《瀟湘》等錄多出《說郛》，《靈應》、《洛神》等傳多出《廣記》，……蓋是時《廣記》未行，《說郛》罕蓄，一時老宿訂證無從，如前此陸氏小說三十家，後此顧氏小說四十家皆《廣記》鈔出，襍他書不過什一二耳。」〔註25〕余嘉錫亦謂《古今說海》之刻時，「《廣記》尚不經見」〔註26〕，可見《古今說海》係明人閱讀小說的主要依據，具備保存當時罕見作品的時代意義。尤其《古今說海》被當今學界重視的原因之一，在於「說淵部」別傳家收錄眾多唐人志怪傳奇小說之精品，這在明清眾多小說匯編著作中乃一枝獨秀〔註27〕。特別是與《太平廣記》的版本關係，係爲研究《古今說海》者的關注焦點。

《太平廣記》網羅宋代以前大量文言小說，內容豐富，有「小說家之淵海」〔註28〕的美譽。然自宋太宗太平興國三年（978）編成刊刻後，因屬稗編小說，對一般讀書人用處不大，故而版片很快被收藏放置太清樓。兩宋士大夫間雖曾有印本或抄本流傳，清代後亦存有抄宋本之蹤，而今卻不見有完整無缺的宋、元版《太平廣記》留存〔註29〕。魯迅亦云：「唐人小說單本，至明什九散亡；宋修《太平廣記》成，又置不頒佈，絕少流傳，故後來偶見其本，仿以爲文，世人輒大聳異，以爲奇絕矣。……殆嘉靖間，唐人小說乃復出，書估往往刺取《太平廣記》中文，雜以他書，刻爲叢集，眞僞錯雜，而頗盛行。」〔註30〕《古今說海》「說淵部」所錄唐傳奇雖多輯自《太平廣記》，今所見《太平廣記》卻以嘉靖四十五年（1566）談愷刻本最早，又《古今說海》

---

〔註25〕（明）胡應麟著：〈讀古今說海〉，《少室山房集》，卷104，頁754。
〔註26〕余嘉錫著：〈古今說海〉，《四庫提要辨證》，卷15雜家類，頁797。
〔註27〕俞頌雍著：《古今說海考》，頁1。
〔註28〕（清）永瑢等奉敕著：《四庫全書總目》（臺北：藝文印書館，1989年），卷142子部52·小說家類，頁2801。
〔註29〕詳論請參王國良撰：〈談太平廣記——以文獻學爲主的考察〉，見東吳大學中文系編：《文獻與資訊學術研討會論文集》（臺北：東吳大學中文系，2001年6月），頁183～207。
〔註30〕魯迅著：《中國小說史略》（香港：三聯書局，1996年），頁215。

刻於嘉靖二十三年，則陸楫所據乃另有他本。今傳《太平廣記》諸本，明人沈與文野竹齋抄本、清人孫潛以抄宋本校正談愷刻本和清人陳鱣校宋本都有「宋本依據而互有出入、互相補充」〔註31〕，經與「說淵部」相較，發現與《震澤龍女傳》、《玉壺記》、《崔煒傳》、《柳參軍傳》、《人虎傳》、《馬自然傳》、《山莊夜怪錄》、《五眞記》有較大的異文或佚文差異。尤其《人虎傳》的異文篇幅均是《古今說海》中的大於《太平廣記》，而《玉壺記》的異文篇幅均是《太平廣記》大於《古今說海》，而可能是「《古今說海》在匯編過程中，其材料來源的文本已經經過後人的增補，或者《太平廣記》在當初採錄之時或者流傳過程中就已有過一定的增刪。」再者，發現《古今說海》與談愷刻本之不同處，卻有與孫潛校宋本或陳鱣校宋本之原文相同或基本相同，而推斷《古今說海》編輯群中，有人藏有《太平廣記》之宋刻本或宋刻殘本或舊抄本，且此本與孫潛校宋本和陳鱣校宋本不完全一致，可能是當時存世的《太平廣記》之又一版本〔註32〕。

　　根據上述，《古今說海》收錄唐代志怪傳奇的文獻意義可分成兩階段言：嘉靖四十五年《太平廣記》談愷本未刊之前，因《太平廣記》流傳未廣，《古今說海》提供時人閱讀唐人小說的書籍來源；但自談愷諸本刊行後，經比對《古今說海》與《太平廣記》諸本的篇目和內容，得「說淵部」別傳家所據雖以《太平廣記》為主，卻為宋刻本或舊抄本之結論，故有助於今本《太平廣記》版本研究之校勘與整理。

〔註31〕張國風著：《太平廣記版本考述》（北京：中華書局，2004年），頁16。

〔註32〕俞頌雍認為《古今說海》取自《太平廣記》的篇目中，共有十一處出現了相當明確的長句甚至是成段的不同，且分別出自於六篇作品，又表現較為集中者為《玉壺記》和《人虎傳》。由於俞頌雍《古今說海考》未述及另外四篇為何，但謂所製成「《古今說海》作偽篇目與《太平廣記》原有篇目相異之處對照表」及其相關分析等內容，將另外撰文論述。由於筆者迄今仍未見到其所謂相關論述，但將《古今說海》與《太平廣記》逐字逐句比對後，得到有較多異文或佚文差異者，主要在《震澤龍女傳》、《玉壺記》、《崔煒傳》、《柳參軍傳》、《人虎傳》、《馬自然傳》、《山莊夜怪錄》、《五眞記》等八篇。此與俞頌雍所論雖有兩篇誤差，但應該是「異文或佚文差異大小」的主觀認知不同所致，不影響此處所要論述結果。另外，俞頌雍謂《古今說海》與不同版本《太平廣記》之比較，乃據張國風《太平廣記版本考述》為基礎，認為《太平廣記》沈與文野竹齋抄本與孫潛校宋本之文字相吻合而略去不談，逕只探討《古今說海》「說淵部」與孫潛校宋本、陳鱣校宋本和談愷刻本之異同。詳論請參俞頌雍著：《古今說海考》，頁30～33。另，《太平廣記》各版本之異文和佚文情形，請參張國風著：《太平廣記版本考述》，頁399～465。

## （三）提供後世刊刻叢書、類書之珍貴文獻

叢書的形成與古籍叢抄關係密切，如葉德輝云：「古書無刻本，故一切出於手鈔，或節其要以便流觀，如《隋志》所載梁庾仲容《子鈔》，其書雖佚不傳，而唐魏徵《群書治要》、馬總《意林》，固其流派也。宋有曾慥《類說》、無撰人之《續談助》，元有陶九成《說郛》，明有陸楫《古今說海》，其體例頗相類。」〔註33〕繆荃孫亦認爲：「至唐宋人始合各家書而摘要刻之，曰馬總《意林》，曰曾慥《類說》，曰《紺珠集》，曰《說郛》，曰《說海》。」〔註34〕彙抄與否雖非判別叢書起源的依據，然以其內容多爲筆記、小說、雜錄等說部書，可知爲早期叢書體制的內容特色〔註35〕。《古今說海》版本雖非完善，但頗有可觀，尤其說部概念寬泛，體兼野史、小說，又小說包括傳奇和筆記形式，筆記統攝志人、志怪和諧謔內容，古今兼顧，突破前此匯編小說多著重前人作品之侷限。復以明清以下對小說認知仍有商討空間，《古今說海》鴻篇巨帙擴大所能涵蓋面向，故不論從版本文獻或書籍內容言，輒能符合各種叢書、類書的收書標準，使後代如《豔異編》、《豔異續編》、《豔異編續》、《續虞初志》、《青泥蓮花記》、《祕冊叢說》、《歷代小史》、《古今逸史》、《紀錄彙編》、《合刻三志》、《續百川學海》、《今獻彙言》、《唐宋叢書》、《國朝典故》、《情史類略》、《廣虞初志》、《綠窗女史》、《綠窗小史》、《雪窗談異》〔註36〕、《重編說郛》、《續說郛》、《廣百川學海》、《學海類編》、《古今圖書集成》、《五朝小說》、《五朝小說大觀》、《秘書廿一種》、《藝海珠塵》、《龍威秘書》、《唐人說薈》、《唐代叢書》、《借月山房彙鈔》、《墨海金壺》、《學津討原》、《澤古齋重鈔》、《勝朝遺事初編》、《藝苑捃華》、《金華叢書》、《畿輔叢書》、《函海》、《武林掌故叢編》、《雙楳景闇叢書》、《無一是齋叢鈔》、《篷經室叢書》、《香

---

〔註33〕 （清）葉德輝著：〈書節鈔本之始〉，《書林清話》，卷2，頁1右。

〔註34〕 （清）繆荃孫撰：〈適園叢書序〉，見（清）張鈞衡輯：《適園叢書》（臺北：傅斯年圖書館藏民國4年（1915）吳興張氏宋輯善本彙刊本）。

〔註35〕 詳論請參郭雅雯著：《明代叢書研究》（臺北：淡江大學中國文學研究所碩士論文，2005年），頁9～10。

〔註36〕 《雪窗談異》，署名（明）楊循吉輯，書前雖亦有「吳郡楊儀夢儀羽士題」〈雪窗談異引〉，但根據所收錄作品如〈西玄青鳥記〉、〈韓朝議鸚哥傳〉、〈觀海市傳〉等之出於崇禎七年之後，和〈甘澤謠〉抄本之廣爲流傳乃在崇禎七年到十三年間，因此認爲《雪窗談異》所謂「楊循吉輯」、「楊儀序」乃僞託，而當出版於崇禎七年到十六年間（1634～1643）。詳論請參陳國軍著：《明代志怪傳奇小說研究》（天津：天津古籍出版社，2006年），頁482～494。

豔叢書》、《唐開元小說六種》、《古今說部叢書》、《說庫》、《舊小說》、《晉唐小說六十種》、《郎園先生全書》、《豫章叢書》、《滿蒙叢書》、《湖北先正遺書》、《增補曲苑》、《叢書集成初編》、《中國內亂外禍歷史叢書》、《唐宋傳奇集》、《唐宋史料筆記叢刊》、《虞初廣志》、《宋元筆記小說大觀》、《全宋筆記》、《古籍珍本遊記叢刊》之收書，或有少數與《古今說海》採用相同版本，而大多乃直接或間接取自《古今說海》本系統。因此，《古今說海》不僅爲「明代小說類叢書的起點」，《稗乘》、《稗海》、《古今名賢說海》等皆繼之而迭起〔註37〕，對清代和民國以來的叢書匯編亦有相當程度的影響力。縱使《古今說海》子目書中，有部分在當時並非最完足的版本，如《明良集》本《北征錄》、《北征後錄》、《北征記》皆較《古今說海》本完善，但《祕冊叢說》、《歷代小史》、《國朝典故》、《續說郛》、《廣百川學海》、《勝朝遺事初編》、《滿蒙叢書》、《叢書集成初編》、《古籍珍本遊記叢刊》等卻皆以《古今說海》爲底本；又《古今說海》本《眞臘風土記》和《樂府雜錄》皆有不足處，卻多爲後世叢書引據，在版本流傳上自成系統。

　　再若吳曾祺《舊小說》乙集所選一百八十一部唐代作品中，得自《古今說海》「說淵部」有三十九部，依次爲：《靈應傳》、《洛神傳》、《吳保安傳》、《鄭德璘傳》、《李章武傳》、《趙合傳》、《杜子春傳》、《裴伷先別傳》、《少室仙姝傳》、《袁氏傳》、《李林甫外傳》、《虯蚜傳》、《甘棠靈會錄》、《鄰侯外傳》、《玉壺記》、《姚生傳》、《唐晅手記》、《李衛公別傳》、《齊推女傳》、《魚服記》、《聶隱娘傳》、《袁天綱外傳》、《蔣子文傳》、《睦仁蒨傳》、《韋鮑二生傳》、《薛昭傳》、《烏將軍傳》、《柳參軍傳》、《人虎傳》、《馬自然傳》、《寶應錄》、《白蛇記》、《巴西侯傳》、《求心錄》、《知命錄》、《山莊夜怪錄》、《五眞記》、《小金傳》、《夢遊錄》。將此三十九部書與「說淵部」相較，得《舊小說》乙集除將《袁氏傳》和《少室仙姝傳》之次第對調，把《夢遊錄》提置唐人小說集之列〔註38〕，且只收錄〈櫻桃青衣〉、〈獨孤遐叔〉、〈沈亞之〉、〈張生〉等四篇，又改易《洛京獵記》篇目爲《獵狐記》外，其餘作品次第和篇目名稱均與《古今說海》本相同，知是以爲祖本。

---

〔註37〕詳論請參宋莉華著：《明清時期的小說傳播》（北京：中國社會科學出版社，2004年），頁220。
〔註38〕《舊小說》乙集收唐人小說之順序乃先置單篇傳奇、再置小說集，而將《夢遊錄》置於小說集之列。

　　總之，就現存文獻進行考察，書坊大規模地刊刻小說，是從明朝萬曆中期開始，前此坊刻小說的數量、品種、影響都較小〔註39〕。「明代後期隨著文言小說創作之風的興盛和讀者的愛好，搜集、整理、出版文言小說的專集或總集，也蔚然成風。」〔註40〕儼山書院洞燭先機，於嘉靖二十三年刊刻《古今說海》，創造數量之多、品種之盛和影響之大的優勢，從叢書發展史來看，《古今說海》實係領航小說匯編風潮之作。

## 二、就選書內容言

　　《四庫全書總目・古今名賢說海》提要：「二十卷，直隸總督採進本。不著編輯者名氏。前有隆慶辛未自序一首，題曰『飛來山人』。所錄皆明人說部，分為十集，以十干標目。自陸粲《庚己編》以下凡二十二種，種各一卷，皆刪節之本，非其完書。考明陸楫有《古今說海》一百四十二卷，此似得其殘闕之板，偽刻序目以售欺者也。」〔註41〕《欽定續文獻通考》卷一七八亦遵從四庫館臣說法，認為《古今名賢說海》似據《古今說海》「殘缺之本，偽刻序目以售欺者也。」〔註42〕事實上，隆慶五年（1571）署名飛來山人的《古今名賢說海》，除「借用了陸楫《古今說海》之名」外，其或自《古今說海》取材〔註43〕，可見《古今說海》在當時造成的迴響。

---

〔註39〕詳論請參程國賦著：《明代書坊與小說研究》（北京：中華書局，2008年），頁53～54。

〔註40〕吳志達著：《中國文言小說史》（濟南：齊魯書社，2005年），頁712。

〔註41〕（清）永瑢等奉敕著：《四庫全書總目》，卷131子部41・雜家類存目，頁2597～2598。

〔註42〕（清）嵇璜、曹仁虎等奉敕編：〈經籍考〉，《欽定續文獻通考》（臺北：臺灣商務印書館，1983年清文淵閣《四庫全書》本），卷178，頁400。

〔註43〕陳國軍認為《說部零種》的二十二種或二十部明人小說作品，沒有一種與《古今說海》相同，而《說部零種》（《古今名賢說海》等）不過是借用陸楫《古今說海》之名，且曾以《今賢彙說》、《古今名賢說海》、《名賢匯語》、《類編古今名賢匯語》（按：當作《類編古今名賢匯語原》）等名目廣為出版、流傳，又取材《烟霞小說》和《顧氏四十家小說》頗多。按：《說部零種》、《今賢彙說》、《古今名賢說海》、《名賢匯語》、《類編古今名賢匯語原》諸書未見，但據《天一閣藏書經見錄》載，《說部零種》著錄子目書三十七種，與《古今說海》相同者唯有《霏雪錄》，又《烟霞小說》和《顧氏四十家小說》之子目書皆無是書，則《說部零種・霏雪錄》或有取材《古今說海》之可能。再者，《四庫全書總目・名賢彙語》提要是書「從《古今名賢說海》而變幻」，而《今賢彙說》係《說部零種》之籤題，又《江浙訪書記・類編古今名賢匯語原》例舉是書所收明古番闌莊《駒陰冗記》、明閔文振《仰山脞錄》、明程文憲《中

　　明萬曆年間商濬輯刻《稗海》時，認爲：「正史猶未足憑據。於是有虞初、稗官之譚，下俚、齊東之語。……亦足識時遺事，垂示後人耳目所不及。蓋禮失而求諸野也。即是非褒貶，不足衮鉞當世，而渺緬坐披，景色神照，則亦博古蒐奇者所不可闕。」〔註44〕又〈稗海凡例〉謂《古今說海》等書所收，蓋不重載，「鈔本中又必撥其優者。而碌碌無奇則罷去之。間有散見諸書，未經盛行者不妨收入，以免遺珠之嘆。」〔註45〕商濬一方面肯定野史小說之價值，另一方面則間接稱許《古今說海》善選書籍。然各子目書內容不同，其影響不可一概而論，如《四庫全書總目・三楚新錄》提要：「僅據故老所傳述，纂錄成書，故不能盡歸精審。然其所聞軼事爲史所不載者，亦多可採。稗官野記，古所不廢，固不妨錄存其書，備讀五代史者參考焉。」〔註46〕又《樂府雜錄》今傳本雖仍有許多誤謬處，但因「唐時樂制絕無傳者，存此尚足略見一斑。」〔註47〕故兩《唐書》、《文獻通考》、《樂府詩集》多採其說。尤其書末〈別樂識五音輪二十八調圖〉乃有關唐燕樂二十八調最寶貴之文獻，清

---

洲野錄》雖並見於《說部零種》，至若明沈周《客座新聞》則未見。但據《江浙訪書記》錄《類編古今名賢匯語原》現存卷數及刊刻出版適與《四庫全書總目・名賢彙語》提要所載相同，推測其原本或爲同一部書。據此，可知《古今名賢說海》與《古今說海》的關係如下：若《客座新聞》係《說部零種》佚書，或書賈混雜入《說部零種》，又改以《類編古今名賢匯語原》標目，則《古今名賢說海》係據《說部零種》而來，《霏雪錄》乃《古今名賢說海》與《古今說海》在書名外的又一聯繫；否則，據筆者所見文獻言，《古今名賢說海》、《名賢匯語》、《類編古今名賢匯語》與《說部零種》、《今賢彙說》之繫聯，只存在於《駒陰冗記》、《仰山脞錄》、《中洲野錄》三部書，在無法得知《古今名賢說海》等其他子目書的前提下，至少能夠肯定《古今名賢說海》借用了《古今說海》之名。相關論述請參陳國軍著：《明代志怪傳奇小說研究》，頁 288～290；（清）永瑢等奉敕著：《四庫全書總目》，卷 131 子部 41・雜家類存目，頁 2598；羅振常原著，周子美編：《天一閣藏書經見錄》（上海：華東師範大學出版社，2000 年），頁 164～167 和謝國楨著：〈類編古今名賢匯語原〉，《江浙訪書記》（北京：三聯書店，2008 年），頁 136～137。

〔註44〕引文參見（明）商濬輯：〈序〉，《稗海》（臺北：大化書局，1985 年影振鷺堂原刻本）。

〔註45〕鄭振鐸以所見明刻本《稗海大觀》與《稗海》細校，得《稗海》初名《稗海大觀》，且此本之〈序〉與〈凡例〉都在。由於後來印本多將〈凡例〉刪除，故此處乃轉引自鄭振鐸著，吳曉鈴整理：《西諦書跋》（北京：文物出版社，1998 年），頁 190。

〔註46〕（清）永瑢等奉敕著：《四庫全書總目》，卷 66 史部 22・載記類，頁 1391。

〔註47〕（清）錢熙祚〈樂府雜錄跋〉，見於（唐）段安節著：《樂府雜錄》（北京：中華書局，1985 年《叢書集成初編》據守山閣叢書本排印），頁 45～46。

代方成培、凌廷堪、陳澧等研究唐朝燕樂，均以此爲主要依據，《樂府雜錄》保存唐季音樂文獻居功甚偉〔註48〕。而《教坊記》乃爲詳錄唐代平康倡家概況的專門文獻，深入描寫市井歌妓，對唐代倡妓的生活概況作了進一步的紹述，也扭轉一般人對營妓的不詳與不良印象〔註49〕。其他如《江南別錄》、《桂海虞衡記》、《眞臘風土記》、《西使記》、《北轅錄》、《滇載記》、《文昌雜錄》、《北里誌》、《青樓集》等書內容也都有可道處，《四庫全書總目》均予公允評價，本書下篇分述各子目書之內容時並有援引，此處不復贅述。《古今說海》除保存唐人志怪傳奇中的精品外，所收宋人筆記小說亦爲突出〔註50〕，而據上述所得，偏記家與雜纂家也頗有可觀而輒爲其他叢書收錄，是見《古今說海》四部所收書之內容各擅勝場。

明代江浙地區藏書家的收藏興趣普遍較爲廣泛，不專以獵取功名的科舉用書，或只收藏經史類的書籍爲主，而包括各種文學體裁之作，且以古爲主，兼及當世〔註51〕。《古今說海》被譽爲明代第一部小說叢書，其子目書突破科舉和經史書籍的藩籬，跨越唐宋元明的時間幅度，適正體現當時藏書風氣之轉變。此種以匯編方式創造出新的典籍，不僅爲民族文化增添新的內容、新的財富，且提供更多知識與典籍的累積〔註52〕。至若《古今說海》所收錄書，則反映明代雲間文人，尤其以陸楫爲首的文學集團之小說和史學思想，而以類相從、按部歸類的方式，對後世叢書亦多有啓發，成爲叢書編纂的參考範例。清張之洞評價明朝古代叢書時曾說：「明刻叢書極爲荒率，脫誤固然，其專輒刪改，最爲大害，然不聞陶淵明語云：『慰情聊勝無』耶？」〔註53〕今人

〔註48〕 洪惟助撰：〈樂府雜錄箋訂上〉，《中華學苑》第 12 期（1973 年 9 月），頁 77。
〔註49〕 李黃臏撰：〈北里志新探〉，《東吳中文研究集刊》第 9 期（2002 年 9 月），頁 121。
〔註50〕 劉尚恆認爲《古今說海》所收書以說部爲主，其中所收宋人筆記小說最爲突出。詳論請參劉尚恆著：《古籍叢書概說》（上海：上海古籍出版社，1989 年），頁 15。此雖爲一家之言，卻代表對《古今說海》雜記家和散錄家內容之肯定。
〔註51〕 詳論請參韓文寧撰：〈明清江浙藏書家的主要功績和歷史局限〉，《東南文化》1997 年第 2 期，頁 143。
〔註52〕 詳論請參蕭東發、袁逸撰：〈中國古代的官府藏書與私家藏書〉，《圖書與資訊學刊》第 32 期（2000 年 2 月），頁 53。
〔註53〕 （清）張之洞著：〈語學弟二・讀子宜買叢書〉，《輶軒語》（臺北：新文豐出版公司，1989 年《叢書集成續編》影慎始基齋叢書本），頁 515。

謝國楨亦言明代藏書家皆愛刻書，然喜妄立名目，臆改卷第，刪改文字，自立標題；但對於原書罕見，若隱若亡，經其刊刻出版，則賴以得存〔註 54〕。從《古今說海》之編輯體例和刊刻情形，得其於版本文獻上雖確實存在不題撰人姓名、改題篇名、刪減竄改原文內容和刪略原書作品則數等缺失。但就整體而論，「尚存始末，較他書所編特爲詳贍云。」〔註 55〕中國古代說部叢書，自「《說海》、《稗海》、《祕笈》、《津逮》諸刻，搜羅歷代不下千百種，誠說部之大觀。然其中瑕瑜兼攬，彼此互見，或訛而未正，或刪而不全者有之。夫刻前人所不必刻，此如小兒強作解事；刻前人所已刻，又如太倉之粟，陳陳相因。」〔註 56〕適因爲《古今說海》所刻書在野史、小說方面有其重要性，廣受讀者青睞，才得以被後世叢書不斷收錄、翻刻；其版本雖未必皆精良，卻也因爲保存部分珍本、罕見本而足堪稱許。尤其明清以降有許多叢書、類書直接或間接採取《古今說海》系統版本，是見其流傳廣遠，影響範圍廣大，輒成爲學界研究之參考。

---

〔註54〕謝國楨論明人刊刻叢書情形，雖係就所舉例言其得失，然其所云，實乃明代叢書之普遍現象，亦可作爲《古今說海》之註解。詳論請參謝國楨著：《叢書刊刻源流考》（臺北：臺聯國風出版社，1974 年），頁 2～3。

〔註55〕（清）嵇璜、曹仁虎等奉敕編：〈經籍考〉，《欽定續文獻通考》，卷 178，頁 401。

〔註56〕（清）金忠淳輯：〈硯雲甲編小引〉，《硯雲》（臺北：藝文印書館，1966 年《百部叢書集成》影清道光庚子年（1840）蔡氏紫梨花館刊本）。

下　篇

# 凡　例

一、本書下篇考述《古今說海》各子目書，包括唐宋至明代之說部著作一百三十五種，凡一百四十二卷。

二、《古今說海》採取以類相從方式，分成「說選」、「說淵」、「說畧」、「說纂」四部，並小錄、偏記、別傳、雜記、逸事、散錄、雜纂七家；故本書之分章原則及順序，係以第五、第六、第七和第八章，依次對應《古今說海》列分之四部。

三、考述《古今說海》四部七家各子目書前，先論述各部、家之內容概況，其次敘錄各子目書。敘錄之體：首列書名及卷數，其先後順序、名稱及卷次，係以《古今說海》明嘉靖本爲據；其下分作者、傳本、內容三部分。

四、作者部分：先敘《古今說海》明嘉靖本題載撰人情形，再予申辯其眞僞，繼而略述撰人生卒、里籍、生平及著述。隱者顯之，誤者正之，其有不可考者，則付闕如。

五、傳本部分：是書若有異名，則先述之；再詳列諸家書志歸置部類及卷數異同，以明該書類屬及原本卷帙。同時考述《古今說海》子目書引據版本，及對後世叢書、類書之影響，且比較各版本優劣。

六、內容部分：引述撰人自序，或他人序跋，或《四庫全書總目》，或相關評論，以明全書之主旨、得失及價值，並概述《古今說海》本之內容情形。

七、以上爲《古今說海》子目書之敘錄編例大凡，如遇特例，則在內文調整，此不贅述。

# 第五章　《古今說海》「說選部」
## —— 小錄家、偏記家之研究

　　《史通‧雜述》云：「大抵偏記、小錄之書，皆記即日當時之事，求諸國史，最爲實錄。然皆言多鄙朴，事罕圓備，終不能成其不刊，永播來葉，徒爲後生作者削藁之資焉。」〔註1〕劉知幾認爲偏記、小錄之書雖與正史同爲實錄作品，卻因爲所記事情不夠完整，輒遭後世史家刪改補敘，難登正史之堂，但肯定其具備取資參考價值。《古今說海》首置「說選部」，「說選部」又分小錄、偏記兩家。小錄家三卷、三部書，都描寫明成祖率軍北征、開疆闢土事，展現明朝泱泱大國的氣勢，突顯其智勇雙全、禮賢下士的政治風範；偏記家二十卷、十五部書，側重前朝別史、地方物產與風土民俗，或爲稗史和地方史。

## 小錄家

　　《史通‧雜述》云：「普天率土，人物弘多，求其行事，罕能周悉，則有獨舉所知，編爲短部。……此之謂小錄者也。」浦起龍注「小錄」云：「此謂私志之書，各錄知交。」〔註2〕《古今說海》「說選部」小錄家收《北征錄》、《北征後錄》和《北征記》，每書一卷。三書皆乃撰者親見親聞，採取類日誌

---

〔註1〕　（唐）劉知幾著，（清）蒲起龍釋，（清）趙燁舉例舉要：〈雜述〉，《史通通釋》（臺北：世界書局，1962年），卷10，頁132。

〔註2〕　（唐）劉知幾著，（清）蒲起龍釋，（清）趙燁舉例舉要：〈雜述〉，《史通通釋》，卷10，頁131。

寫法，記載明成祖北征始末，間及君臣互動；至若刻劃成祖英明形象，多少帶有歌功頌德意味。

## 一、《北征錄》一卷

### （一）作者

明金幼孜（1367～1431）撰。幼孜本名善，以字行，號退庵，新淦（今江西新淦縣）人。建文己卯（1399）舉人，隔年舉進士第，授戶科給事中。燕王篡位後，改任翰林檢討，晉侍講，直文淵閣，參預機務。幼孜曾隨成祖多次北征，所過山川要害，成祖輒命記載，其據鞍起草立就。歷官戶部侍郎，禮部尚書，兼武英殿大學士，卒諡文靖。著有《春秋直指》、《春秋要旨》、《北征錄》、《北征後錄》、《金幼孜文集》。《明史》卷一四七有傳。

### （二）傳本

《北征錄》，一名《北征前錄》、《前北征錄》、《金文靖公北征錄》、《金文靖公前北征錄》、《新刊金文靖公前北征錄》。《百川書志》卷四史志史鈔類、《千頃堂書目》卷五別史類、《徐氏家藏書目》卷二史部本朝史類、《徐氏紅雨樓書目》卷二史部本朝世史彙類、《世善堂藏書目錄》卷上四譯載記類、《明史》卷九七〈藝文志〉史類雜史類、《欽定續通志》卷一五八〈藝文略〉史類雜史類、《欽定續文獻通考》卷一六三〈經籍考〉史部雜史類、《四庫全書總目》卷五二史部載記類存目、《鄭堂讀書記》卷一八史部別史類、《萬卷堂書目》卷二史類起居注、《八千卷樓書目》卷四史部雜史類著錄一卷。《絳雲樓書目》本朝制書實錄類、《培林堂書目》史部雜史類、《傳是樓書目》史部雜史類、《笠澤堂書目》史部雜史類、《持靜齋書目・續增》卷五子部小說家類不著錄卷數。

今傳《北征錄》通作一卷，除弘治甲子（1504）劉氏安正堂刊本未見外，其餘分成兩個系統：一是嘉靖十二年（1533）刻《明良集》本系統，今收入《續修四庫全書》。除正文外，附錄秦民悅〈序〉和桑悅〈序〉〔註3〕。《紀錄

---

〔註 3〕 按：秦民悅〈序〉和桑悅〈序〉併述《北征錄》和《北征後錄》始末，故有將桑悅〈序〉置於秦民悅〈序〉後、《北征錄》正文前，或置於《北征後錄》之末者，至若《明良集》則將之置於《北征後錄》卷末。但為避免敘述上的混淆，凡秦民悅〈序〉和桑悅〈序〉於諸本中之刊刻情形，在此一併論列，其下《北征後錄》處則不作探討。

彙編》本、《金聲玉振集》本和《六經堪叢書初集》本悉自此出。但《金聲玉振集》本脫秦民悅〈序〉，《六經堪叢書初集》本併脫秦民悅〈序〉和桑悅〈序〉。又，萬曆四十六年（1618）金鐘刻本亦據此，收入《四庫禁毀書叢刊補編》，題作三卷，卷一為《北征錄》，卷二為《北征後錄》，卷三載永樂二十二年四月三日明成祖親征阿魯台事。此或即為「中文古籍書目資料庫」載中國國家圖書館藏《初從北征錄》、《二從北征錄》、《三從北征錄》抄本。二是《古今說海》本系統，除刪削秦民悅〈序〉和桑悅〈序〉外，正文部分和《明良集》本刪節情形不一，如《明良集》本「（永樂八年二月十四日）午後，次懷來，得黃學士宗豫、楊諭德士奇、編脩周述書，開緘讀之，不覺情況與異日殊也。不歷此者，自是不覺。午，次鎮安驛。十六日早，發鎮安驛」，《古今說海》本作「（永樂八年二月十四日）午後，次懷來。十五日早，發懷來；午，次鎮安驛。十六日早，發鎮安驛。」《古今說海》本節略情形嚴重，然《明良集》本亦脫「十五日」三字，可見二本皆非原帙，可互為校勘補闕。《祕冊叢說》本、《歷代小史》本、《續說郛》本、《廣百川學海》〔註4〕本、《勝朝遺事初編》本、《國朝典故》本、《豫章叢書》本、《滿蒙叢書》本、《叢書集成初編》本和《古籍珍本遊記叢刊》本所載同《古今說海》本。但《豫章叢書》本卷首有〈四庫全書提要〉，卷末附錄〈校勘記〉；《滿蒙叢書》本卷首有日人內藤虎次郎所作〈解題〉及〈四庫全書提要〉，且注出「說選小錄」。

## （三）內容

　　永樂八年二月初十明成祖親征北虜，金幼孜擔任扈從，乃按日記錄往返見聞，迄七月十七返回北京為止。文中間及明朝兵甲車馬旌旗之盛和北塞千巖萬壑景象，且刻畫明成祖博學多聞、料事如神和親愛下屬形象，同時穿插

---

〔註4〕有關《百川學海》本之版本問題，及與《續百川學海》本、《廣百川學海》本之關係，併與《說郛》本、《續說郛》本和《重編說郛》本之掇拾情形，劉寧慧著：《百川學海研究》（臺北：中國文化大學中國文學研究所碩士論文，1989年）已有詳細討論，此處不復贅述。唯以《百川學海》之宋咸淳九年（1273）刊本與明弘治十四年（1501）無錫華珵覆宋活字刻本為例，二者在子目和卷次方面即有極大差異，再經與《古今說海》本比較其版本流傳，勢必無法得到一致的結果。是如劉寧慧謂民國十六年（1927）陶湘據宋咸淳景刊本乃最接近左圭原輯，又民國五十八年新興書局、六十七年中文出版社亦據以影印出版，且近年流傳亦皆以此為主。故本書探討《古今說海》之版本時，於《百川學海》本、《續百川學海》本和《廣百川學海》本部分，皆以臺北新興書局影印本為主。

地方風俗典故，備載沿途所經山川要害。至與北虜交戰經過，如五月八日，胡騎都指揮使「獲虜一人至」；九日，成祖「以輕騎逐虜人」；十日，「哨馬營獲胡寇數人及羊馬輜重」；六月九日，「見虜列陣以待」，成祖先率數十騎登山眺望地勢，麾宿衛即催敗之，追奔數十餘里；十四日，生擒北虜數人，因其餘皆死，由是遂絕等之描寫，皆可供撰史參考。

## 二、《北征後錄》一卷

### （一）作者

明金幼孜撰。生平資料已見《北征錄》。

### （二）傳本

《北征後錄》，一名《後北征錄》、《金文靖公北征後錄》、《金文靖公後北征錄》。《百川書志》卷四史志史鈔類、《千頃堂書目》卷五別史類、《徐氏家藏書目》卷二史部本朝史類、《徐氏紅雨樓書目》卷二史部本朝世史彙類、《世善堂藏書目錄》卷上四譯載記類、《明史》卷九七〈藝文志〉史類雜史類、《欽定續通志》卷一五八〈藝文略〉史類雜史類、《欽定續文獻通考》卷一六三〈經籍考〉史部雜史類、《四庫全書總目》卷五二史部載記類存目、《鄭堂讀書記》卷一八史部別史類、《八千卷樓書目》卷四史部雜史類著錄一卷。《絳雲樓書目》本朝制書實錄類、《培林堂書目》史部雜史類、《傳是樓書目》史部雜史類、《持靜齋書目・續增》卷五子部小說家類不著錄卷數。

今傳《北征後錄》通作一卷，除弘治甲子（1504）劉氏安正堂刊本未見外，其餘分成兩個系統：一是嘉靖十二年（1533）刻《明良集》本系統，今收入《續修四庫全書》。《紀錄彙編》本、明萬曆四十六年（1618）金鏜刻本、《金聲玉振集》本和《六經堪叢書初集》本皆據此。但《紀錄彙編》本和《六經堪叢書初集》本卷末附錄羅鏊〈序金文靖公北征錄後〉，知《續修四庫全書》對《明良集》本之有刪略情形。二是《古今說海》本系統，除脫羅鏊〈序金文靖公北征錄後〉，且節略情形嚴重，如《明良集》本「（永樂十二年三月）二十一日早陰，晨發龍慶州，至榆林，雨；午後至懷來，下營，雨不止。二十二日雨止，發懷來，午次沙城，晚晴。二十三日晴，晨發沙城，午次雞鳴山，大風。二十四日晴，晨發雞鳴山，午次泥河。二十五日晴，晨發泥河，午次宣府；大風雨下即止，是日穀雨。二十六日，次宣府。二十七日晴，晨發宣府。」《古今說海》本節略作「（永樂十二年三月）二十一日至榆林，雨；

午後至懷來，下營，雨不止。二十二日早雨止，發懷來，午次沙城，晚晴。二十三日，午次雞鳴山，大風。二十四日，午次泥河。二十五日，次宣府；大風雨下即止，是日穀雨。二十七日，晨發宣府。」《祕冊叢說》本、《歷代小史》本、《續說郛》本、《廣百川學海》本、《勝朝遺事初編》本、《國朝典故》本、《豫章叢書》本、《滿蒙叢書》本、《叢書集成初編》本和《古籍珍本遊記叢刊》本所載同《古今說海》本。又《豫章叢書》本卷首有〈四庫全書提要〉，卷末附錄〈校勘記〉；《滿蒙叢書》本卷首有日人內藤虎次郎所作〈解題〉及〈四庫全書提要〉，且注出「說選小錄」。

（三）內容

本書承襲《北征錄》按日記載之寫作方式，述明成祖自永樂十二年三月十七日率五十萬大軍出發，北征瓦刺胡寇答里巴、馬哈木太平、把禿孛羅等之過程，迄八月初一由安定門入京為止。唯內容簡略，或僅交代行經地點和天候狀況。至若描寫兩軍交鋒情形，如六月四日，「報哨見胡寇數百人」，成祖率兵稍與戰而敵皆退去；五日，前哨馬再與敵軍交鋒殺敗；七日，賊首答里巴和馬哈木太平侵犯，成祖領精銳者數百為前驅，繼以火筒，而敵寇人馬死傷無算；十一日，餘寇據峽口和雙海子，以不能拒火筒而遁去；十七日，阿魯台遣頭目數十人詣軍門謁見成祖，接受賜封後遣回等，皆可供撰史參考。《四庫全書總目·北征錄、北征後錄》提要（按：《四庫全書總目》作《後北征錄》），言此二書所記北征「往返大綱，均與史傳相合，其瑣語雜事，則史所不錄者也。」〔註5〕

## 三、《北征記》一卷

### （一）作者

明楊榮（1371～1440）撰。榮初名子榮，字勉仁，建安人（今福建建甌市）。建文庚辰（1400）進士，除翰林編修。燕王篡位後，入直內閣，參預機務，進右諭德，右庶子，侍諸皇孫讀書文華殿。仁宗即位，進太常寺卿兼謹身殿大學士、工部尚書。正統三年（1438），進光祿大夫，柱國少師兼尚書大學士，卒諡文敏。著有《訓子編》、《北征記》、《明賜進士太學題名碑記并額及陰》、《明順天府廟學記》、《兩京類稿》、《玉堂遺稿》、《楊文敏集》。《明史》

---

〔註5〕　（清）永瑢等奉敕著：《四庫全書總目》（臺北：藝文印書館，1989 年），卷　52 史部 8·雜史類存目，頁 1138。

卷一四八有傳。

## （二）傳本

《北征記》，一名《後北征記》。《百川書志》卷四史志史鈔類、《千頃堂書目》卷五別史類、《徐氏紅雨樓書目》卷二史部本朝世史彙類、《明史》卷九七〈藝文志〉史類雜史類、《欽定續通志》卷一五八〈藝文略〉史類雜史類、《欽定續文獻通考》卷一六三〈經籍考〉史部雜史類、《四庫全書總目》卷五二史部載記類存目、《鄭堂讀書記》卷一八史部別史類、《八千卷樓書目》卷四史部雜史類著錄一卷。《玄賞齋書目》卷四國記類、《絳雲樓書目》本朝制書實錄類、《培林堂書目》史部雜史類、《持靜齋書目・續增》卷五子部小說家類不著錄卷數。

今傳《北征記》通作一卷，除弘治甲子（1504）劉氏安正堂刊本未見外，其餘分成兩個系統：一是嘉靖十二年（1533）刻《明良集》本系統，今收入《續修四庫全書》，《紀錄彙編》本、《金聲玉振集》本和《六經堪叢書初集》本皆據此。二是《古今說海》本系統，但較《明良集》本脫文嚴重，如《明良集》本「請發兵討之，願身爲前鋒自効」句下，原本接「上曰：『兵豈堪數動，朕固厭之矣，何況下人？』忠曰：『雖天地大德，無物不容，其如邊人荼毒，何時可已？』上曰：『卿意甚善，但事須有名。文帝嘗言漢過不？先姑待之。』至是召公侯大臣計之，且告之忠勇王之意。己酉，群臣奏曰：『忠言不可拒，逆賊不可縱，邊患不可坐視，用兵之名不可避也。惟上決之。』」一段文字，《古今說海》本則完全刪削。《祕冊叢說》本、《歷代小史》本、《續說郛》本、《廣百川學海》本、《勝朝遺事初編》本、《國朝典故》本、《滿蒙叢書》本、《叢書集成初編》本和《古籍珍本遊記叢刊》本所載同《古今說海》本。又，《滿蒙叢書》本卷首有日人內藤虎次郎所作〈解題〉及〈四庫全書提要〉，且注出「說選小錄」。

## （三）內容

《四庫全書總目・北征記》提要（《四庫全書總目》作《後北征記》）：「（楊）榮以永樂二十二年四月扈從北征，記其往還始末，著此書。編排月日，敘述頗詳。榆木川之事，即是役也。其事世多異說，榮所記則與史符合。蓋史官以其帷幄之臣，身預顧命，故用以爲據。」〔註6〕本書從永樂二十二年正月七

---

〔註 6〕　（清）永瑢等奉敕著：《四庫全書總目》，卷 52 史部 8・雜史類存目，頁 1139。

日邊疆守將上奏阿魯台所部侵略邊境開始記載，繼述明成祖因厚愛子民而御駕親征；復體察上蒼有好生之德，故厚賞招降阿魯台部屬；又以不願勞苦將士關係，最後班師回朝。唯駐蹕榆木川時，明成祖病危身亡，然部隊在外得以穩固軍心爲要，因此楊榮、金幼孜等早晚供奉飲食如常，直至八月己酉日皇太孫至北京哭迎始發喪。末載壬子日文武官員及皇太子著喪服迎成祖靈柩回宮爲止。

# 偏記家

　　《史通・雜述》云：「夫黃土受命，有始有卒，作者著述，詳略難均，有權記當時，不終一代。……此之謂偏記者也。」浦起龍注「偏記」云：「此謂短述之書，但記近事而非全史。」〔註7〕《古今說海》「說選部」偏記家凡錄十五部書，二十卷。除《三楚新錄》三卷、《星槎勝覽》四卷外，餘均作一卷。各書或載前朝和地方史事，或政權遞嬗、或風土民俗、或地形景觀、或草木蟲魚。其若按照四庫分類以觀，有別史類者，如《遼志》和《金志》；有雜史類者，如《平夏錄》和《蒙韃備錄》；有載記類者，如《江南別錄》和《三楚新錄》；有地理類者，如《溪蠻叢笑》、《桂海虞衡志》、《眞臘風土記》、《北戶錄》、《西使記》、《北轅錄》、《滇載記》和《星槎勝覽》；有政書類者，如《北邊備對》，皆有一定的史料價值。今分述各書如下：

## 一、《平夏錄》一卷

### （一）作者

明黃標撰。生平資料已見本書上篇第三章第二節。

### （二）傳本

　　本書《千頃堂書目》卷五別史類、《徐氏家藏書目》卷二史部本朝史類、《徐氏紅雨樓書目》卷二史部本朝世史彙類、《明史》卷九七〈藝文志〉史類雜史類、《萬卷堂書目》卷二史類起居注、《八千卷樓書目》卷四史部雜史類著錄一卷。《寶文堂分類書目》卷二子雜類、《玄賞齋書目》卷四國記類、《絳雲樓書目》本朝制書實錄類、《笠澤堂書目》史部雜史類、《持靜齋書目・續

---

〔註7〕　（唐）劉知幾著，（清）蒲起龍釋，（清）趙焜舉例舉要：〈雜述〉，《史通通釋》，卷10，頁131。

增》卷五子部小說家類不著錄卷數。

今傳《平夏錄》通作一卷，除《古今說海》本外，《祕冊叢說》本、《歷代小史》本、《紀錄彙編》本、《今獻彙言》本、《續說郛》本、《廣百川學海》本、《澤古齋重鈔》本、《借月山房彙鈔》本、《勝朝遺事初編》本和《叢書集成初編》本皆據此出。另，《國朝典故》本《平夏錄》乃輯合黃標《平夏錄》與佚名《平蜀記》而成，故前半部與《平夏錄》相合，自洪武四年春正月丁亥起則屬《平蜀記》之文。

### （三）內容

元朝末年明玉珍起兵抗元，繼而歸順徐壽輝；後壽輝遭陳友諒弒殺，玉珍被擁爲隴蜀王。未久，玉珍即位重慶，國號大夏，改元天統。四年（1365），玉珍入蜀，棄官隱居瀘洲。時朱元璋正起兵興元，遣使共商興復中原事宜，而玉珍亦派使答禮致意。未久而玉珍逝世，子明升即位。明升初向明朝進貢，後遭群臣議論牽制，終未能接受明朝招諭。洪武四年（1371），明朝出兵討伐，大夏敗降滅亡，明升受封爲歸義侯，賜居第於京師。

## 二、《江南別錄》一卷

### （一）作者

宋陳彭年（961～1017）撰。彭年，字永年，撫州南城（今江西南城縣）人。少以文學知名，雍熙二年（985）進士，同年調江陵府司理參軍。咸平三年（1000），召試學士院，爲祕書丞。景德初，遷直秘閣。後官至兵部侍郎，參知政事，諡曰文。曾參與修訂《廣韻》、《冊府元龜》，著有《貢舉敘略》、《大中祥符編敕》、《轉運司編敕》、《志異》、《宸章集》等。《宋史》卷二八七有傳。

### （二）傳本

本書《郡齋讀書志》卷二下僞史類、《通志》卷六五〈藝文略〉史類霸史類、《文獻通考》卷二〇〇〈經籍考〉史部僞史霸史類、《宋史》卷二〇四〈藝文志〉史部霸史類、《世善堂藏書目錄》卷上偏據僞史類著錄四卷。《澹生堂藏書目》卷四史部霸史類著錄二卷。《國史經籍志》卷三史類霸史類、《徐氏家藏書目》卷二史部旁史類、《徐氏紅雨樓書目》卷二史部旁史類、《四庫全書總目》卷六六史部載記類、《邵亭知見傳本書目》卷五史部載記類、《孫氏

祠堂書目》內編卷三史學著錄一卷。《寶文堂分類書目》卷二子雜類、《清吟閣書目》卷一不著錄卷數。

晁公武謂《江南別錄》乃「皇朝陳彭年撰僞吳僞唐四主傳也。」〔註8〕知原四卷本或一卷載一主之事。今傳除一卷節本，餘無見，且悉出《說郛》本。除《古今說海》本外，《歷代小史》本、《四庫全書》本、《墨海金壺》本、《學海類編》本、《說庫》本、《叢書集成初編》本和《全宋筆記》本皆據此。另，《全宋筆記》本新輯集外佚文三則，附於卷末。

### （三）內容

《四庫全書總目・江南別錄》提要：「此書所紀爲南唐義祖、烈祖、元宗、後主四代事實。時湯悅、徐鉉等奉詔撰《江南錄》，彭年是編蓋私相纂述，以補所未備，故以『別錄』爲名。……其書頗好語怪，如徐知誨妻呂氏爲崇、陳仁杲神助戰、趙希操聞鬼語諸條，皆體近稗官。……此書但言『唐之宗室』，亦深得傳疑之義。以《資治通鑑》相參校，其爲司馬光所採用者甚夥，固異乎傳聞影響之說也。」〔註9〕按：《資治通鑑》卷二六六〈後梁記一・太祖開平二年〉載：「淮南左牙指揮使張顥、右牙指揮使徐溫專制軍政，弘農威王心不能平，欲去之而未能。二人不自安，共謀弒王，分其地以臣於梁。戊寅，顥遣其黨紀祥等弒王於寢室，詐云暴薨。」〔註10〕《江南別錄》雖體近稗官，司馬光《資治通鑑》此處所載但據其書而來，能提供相互比對之參考，可見有史料價值。

## 三、《三楚新錄》三卷

### （一）作者

宋周羽翀撰。羽翀，生卒里貫俱未詳，自署「儒林郎試祕書省校書郎前桂州修仁令」，蓋宋初人也。

### （二）傳本

本書《崇文總目》卷四傳記類、《直齋書錄解題》卷五僞史類、《通志》

〔註8〕　（宋）晁公武著：《郡齋讀書志》（臺北：臺灣商務印書館，1983 年影清文淵閣《四庫全書》本），卷 2 下僞史類，頁 199。

〔註9〕　（清）永瑢等奉敕著：《四庫全書總目》，卷 66 史部 22・載記類，頁 1386。

〔註10〕　（宋）司馬光著，（元）胡三省音注：〈後梁記一・太祖開平二年〉，《資治通鑑》（北京：中華書局，1956 年），卷 266，頁 8679。

卷六五〈藝文略〉史類霸史類、《文獻通考》卷二〇〇〈經籍考〉史部僞史霸史類、《宋史》卷二〇四〈藝文志〉史部霸史類、《國史經籍志》卷三史類霸史類、《徐氏紅雨樓書目》卷三子部小說類、《世善堂藏書目錄》卷上偏據僞史類、《培林堂書目》史部霸史類、《也是園藏書目》卷二史部雜史類、《浙江採輯遺書總錄》丁集史部霸史類、《四庫全書總目》卷六六史部載記類、《竹崦庵傳鈔書目》史部載記類、《邵亭知見傳本書目》卷五史部載記類、《孫氏祠堂書目》內編卷三史學類、《稽瑞樓書目》、《抱經樓藏書志》卷二三史部載記類、《善本書室藏書志》卷一〇史部、《佳趣堂書目》、《述古堂藏書目》卷三雜史、《唫香僊館書目》卷二史部載記類、《蕘圃藏書題識》卷三史類、《藏園群書經眼錄》卷四史部雜史類、《八千卷樓書目》卷五史部史鈔類著錄三卷。《澹生堂藏書目》卷四史部霸史類著錄二卷。《遂初堂書目》僞史類、《寶文堂分類書目》卷二子雜類、《玄賞齋書目》卷二雜史類、《近古堂書目》卷上雜史類未著錄卷數。

昌彼得以《說郛》未注云《三楚新錄》卷全，當出節錄，而非全帙〔註11〕。今傳悉出《說郛》節本，但著錄卷數有別，三卷者有《古今說海》本、《四庫全書》本、《墨海金壺》本、《藝海珠塵》本、《學海類編》本、《叢書集成初編》本和《全宋筆記》本，一卷者有《歷代小史》本、《續百川學海》本和《重編說郛》本。三卷本與一卷本乃分帙不同所致，內容並無大異，間或有脫文誤字情形。如以《說郛》本、《古今說海》本和《學海類編》本相較：《說郛》本「殷寬厚大度，能得士之死力。何氏卒，諸將在外者皆擁兵歸，以爭其位。唯殷如故，且素服爲何氏發喪，識者謂之知禮。」《古今說海》本作「殷寬厚大度，得士死力。何氏卒，諸將在外者皆擁兵歸，以爭其位。惟殷素服發喪，識者謂之知禮。」《學海類編》本作「殷寬厚大度，能得士之死力。何氏卒，諸將在外者皆擁兵歸，以爭其位。唯殷領士卒如故，且素服爲何氏發喪，識者謂之知禮。」其他文字出入情形多類如此。

## （三）內容

《四庫全書總目・三楚新錄》提要：「其稱『三楚』者，以長沙馬殷、武陵周行逢、江陵高季興皆據楚地稱王，故論次其興廢本末，以一國爲一卷。」〔註12〕是書卷一載馬殷原爲渠帥何氏裨將，何氏亡後，殷以知禮而爲部將擁

〔註11〕 昌彼得著：《說郛考》（臺北：文史哲出版社，1979年），頁253。
〔註12〕 （清）永瑢等奉敕著：《四庫全書總目》，卷66史部22・載記類，頁1390。

立。及馬殷亡，其子希範、希萼相繼爲王，卻分別以好大喜功、荒淫酒色而身亡、被囚，旋爲吳將邊鎬討伐，後遭王逵驅逐。卷二述王逵領兵侵犯南越失敗，身死於途，其部屬周行逢自立爲王，但因爲人善忌，好發人陰事，麾下多有謀叛之意。周行逢亡後，子保權繼之，部將張文表起而叛變。保權先命下屬討伐，且派人北上乞援於宋朝，後以不得故，乃自請入觀謁見宋皇。卷三述高季興任江陵尹時，以地利而有割據念頭，後以梁震輔佐得雄霸一方。待其孫高繼沖在位，宋將李處耘以假道往救周保權爲由，迫使繼沖上表入朝。又提要云：「其中與史牴牾不合者甚多，如馬殷本爲武安節度使劉建鋒先鋒指揮使，佐之奪湖南，及建鋒爲陳瞻所殺，軍中迎殷爲留後，亦未嘗爲邵州刺史。今羽狲乃稱殷隨渠帥何氏南侵，何命爲邵州刺史。何氏卒，眾軍迎殷爲主。其說皆鑿空無據。又謂馬希範入觀，桑維翰旅遊楚泗，求貨不得，拂衣而去，及希範立，維翰已爲宰相，奏削去其半仗云云。今考希範嗣立在唐明宗長興三年，時晉未立國，安得有維翰爲宰相之事？亦爲誣罔。又如王逵爲潘叔嗣所襲，與戰，敗沒，而羽狲以爲敗於南越，僅以身免，竟死於路，與諸書所紀竝有異同。蓋羽狲未覯國史，僅據故老所傳述，纂錄成書，故不能盡歸精審。然其所聞軼事爲史所不載者亦多可採。稗官野記，古所不廢，固不妨錄存其書，備讀五代史者參考焉。」〔註13〕

## 四、《溪蠻叢笑》一卷

### （一）作者

宋朱輔撰。輔，字季公，桐鄉（安徽桐城縣）人，生於1150年左右，最遲卒於十三世紀初。爲人風流博雅，謙遜正直，不圖名利，饒富科學精神。曾在湘西麻陽附近擔任通判之類小官，《溪蠻叢笑》即據所見、所聞、所歷寫成。晚年可能在蘇州生活一段較長時間，並與高僧談玄論禪〔註14〕。著有《溪

---

〔註13〕（清）永瑢等奉敕著：《四庫全書總目》，卷66史部22・載記類，頁1390～1391。

〔註14〕《四庫全書》之編修者據南宋末年編纂之《虎丘志》載朱輔題〈詠虎丘〉詩一首，推測其可能爲南宋末人。符太浩則以〈詠虎丘〉詩內容、其父朱潛山生平事略和葉錢〈溪蠻叢笑序〉反駁《四庫全書》之說，且概況其仕宦經歷。詳論請參符太浩撰：〈歷史民族志溪蠻叢笑論略——兼論作者朱輔其人〉，《雲南民族學院學報（哲學社會科學版）》第20卷第1期（2003年第1期），頁50～54；符太浩撰：〈溪蠻叢笑價值評述〉，《貴州民族研究》第23卷總第94期（2003年第2期），頁62～68和符太浩著：《溪蠻叢笑研究》（貴陽：貴州

蠻叢笑》。

## （二）傳本

《溪蠻叢笑》，一名《新刻溪蠻叢笑》。《百川書志》卷五史志地理類、《千頃堂書目》卷八地理類、《澹生堂藏書目》卷四史部記傳類、《徐氏家藏書目》卷三子部小說類、《徐氏紅雨樓書目》卷三子部小說類、《補遼金元藝文志》史部地理類、《也是園藏書目》卷三史部別志類、《欽定續通志》卷一五九〈藝文略〉史類地理類、《欽定續文獻通考》卷一七一〈經籍考〉史部地理類、《四庫全書總目》卷七一史部地理類、《韓氏讀有用書齋書目》史部、《邵亭知見傳本書目》卷五史部地理類、《稽瑞樓書目》、《述古堂藏書目》卷四別志類、《堯圃藏書題識》卷三史類、《八千卷樓書目》卷八史部地理類、《讀有用齋書目》、《蕘圃善本書目》卷六下批校本子部著錄一卷。《寶文堂分類書目》卷二子雜類、《近古堂書目》卷上地誌類、《絳雲樓書目》地誌類不著錄卷數。

昌彼得以《說郛》題云二卷，認為是《溪蠻叢笑》原書卷帙。但原本久佚，四庫所收及傳本皆作一卷，蓋自《說郛》節本出。《說郛》本凡錄葉芬〔註15〕〈序〉及文七十九則，《古今說海》本七十九則皆自此出，但少〈飛生〉一則，而將〈拕親〉分為〈拕親〉與〈出面〉兩則，以足其數，又〈門款〉、〈跳雞模〉、〈洗面〉三則亦頗有刪削〔註16〕。此外，《說郛》本未標篇目，或將篇目嵌入文中而置於文末，各則名稱、次第及內容亦與《古今說海》本不同，得見《古今說海》本刪改情形。如名稱部分：《說郛》本之〈爬舡〉和〈曹首〉，《古今說海》本作〈爬船〉和〈賣首〉。又次第部分：《說郛》本自〈銀鵀鳩〉以下，依次為〈奴狗〉、〈背籠〉、〈葬堂〉、〈爬船〉、〈隘口〉、〈十莊院〉、〈漚榔〉、〈椎結〉、〈富貴坊〉、〈對刀〉、〈喫鄉〉、〈瘃魚〉、〈賣首〉、〈打寮〉、〈生界〉、〈呈生〉、〈出面〉、〈骨浪〉、〈隊小〉、〈舞杯〉、〈平坦〉、〈例牛〉、〈跳雞模〉、〈洗面〉、〈筒環〉、〈門款〉、〈大設〉、〈入地〉、〈鸕鶿號〉、〈羊棲〉、〈左右押衙〉、〈坐草〉、〈客語〉、〈準把〉、〈踏歌〉、〈讐殺〉、〈專事〉、〈骨債〉、〈走鬼〉、〈鼻飲〉，《古今說海》本則為〈筒環〉、〈門款〉、〈大設〉、〈入地〉、〈鸕

---

民族出版社，2003 年）。此外，陳茂昌撰：〈朱輔非「南宋末年人」辨〉，《貴陽金筑大學學報》總第 58 期（2005 年第 2 期），頁 46～48，則將朱輔生年更往前推至 1147 年前後。

〔註15〕按：《古今說海》本作「葉錢」，生平資料無可考，不知何者為是。

〔註16〕請參昌彼得著：《說郛考》，頁 109～110。

鸕號〉、〈羊棲〉、〈左右押衙〉、〈坐草〉、〈客語〉、〈準把〉、〈踏歌〉、〈讐殺〉、〈專事〉、〈骨債〉、〈走鬼〉、〈鼻飲〉、〈喫鄉〉、〈瘄魚〉、〈賣首〉、〈打寮〉、〈生界〉、〈呈生〉、〈扡親〉、〈骨浪〉、〈隊小〉、〈舞枕〉、〈平坦〉、〈例牛〉、〈跳雞模〉、〈洗面〉、〈奴狗〉、〈背籠〉、〈葬堂〉、〈爬船〉、〈隘口〉、〈十莊院〉、〈溫榔〉、〈椎結〉、〈富貴坊〉、〈對刀〉、〈出面〉。又內容部分：《古今說海》本除少〈飛生〉一則，將〈扡親〉分爲〈扡親〉與〈出面〉，以足其數，且〈門款〉、〈跳雞模〉、〈洗面〉頗有刪削外，〈燕子花〉亦有刪削情形。《續百川學海》本、《續說郛》本、《格致叢書》本、《夷門廣牘》本、《四庫全書》本、《學海類編》本、《古今說部叢書》本、《說庫》本和《叢書集成初編》本所載同《古今說海》本。但《四庫全書》本和《學海類編》本刪略〈溪蠻叢笑序〉，且《四庫全書》本又將〈爬船〉改作〈大十五〉。

## （三）內容

　　《四庫全書總目·溪蠻叢笑》提要：「溪蠻者，即《後漢書》所謂五溪蠻。章懷太子註，稱武陵有雄溪、橫溪、酉溪、潕溪、辰溪，悉是蠻夷所居，故謂五溪蠻，今在辰州界者是也。輔蓋嘗服官其地，故據所聞見，作爲是書。所記諸蠻風土、物產頗備，如闌干布之傳於漢代、三脊茅之出於包茅山，數典亦爲詳贍。至其俗尚之異、種類之別，曲折纖悉，臚列明晰。事雖鄙而詞頗雅，可謂工於敘述。用資考證，多益見聞，固不容以瑣屑廢焉。」〔註 17〕據葉錢〈溪蠻叢笑序〉記載，五溪蠻所指爲猫、猺、獠、獞、犵狫五族，其「風聲氣習，大略相似。不巾不屨，語言服食，率異乎人。由中州官于此者，其始見也，皆訝之；既乃笑之，久則恬不知怪。……手錄溪蠻事，識其所產、所習之異，目曰『叢笑』，誠可笑也。」本書除引文資料外，內容載述約介於西元 1150～1195 年間，且有少數條目間及土家族、水族和毛南族〔註 18〕，未必侷限於猫、猺、獠、獞、犵狫五族之事。

　　《古今說海》本凡錄七十九則，依次爲〈木契〉、〈犵黨〉、〈釣藤酒〉、〈金雞〉、〈茅花被〉、〈辰砂〉、〈犵狫裙〉、〈金繫帶〉、〈粉紅水銀〉、〈砂床〉、〈水秀鐵〉、〈順水班〉、〈葫蘆笙〉、〈燕子花〉、〈不闌帶〉、〈野雞斑〉、〈娘子布〉、〈點蠟幔〉、〈絲金〉、〈馬王菜〉、〈三脊茅〉、〈鴉銜草〉、〈雞骨香〉、〈出山銀〉、〈雞末子〉、〈九勒鼈〉、〈銅鼓〉、〈不乃羹〉、〈圈布〉、〈豎眼犵狫〉、〈獨木船〉、

---

〔註 17〕　（清）永瑢等奉敕著：《四庫全書總目》，卷 71 史部 27·地理類，頁 1492。
〔註 18〕　詳論請參符太浩著：《溪蠻叢笑研究》，頁 39。

〈芷〉、〈黃猫頭〉、〈光面蠟〉、〈飛紓〉、〈客鼓〉、〈固項〉、〈銀鵣鳩〉、〈筒環〉、
〈門款〉、〈大設〉、〈入地〉、〈鸕鷀號〉、〈羊棲〉、〈左右押衙〉、〈坐草〉、〈客
語〉、〈準把〉、〈踏歌〉、〈讐殺〉、〈專事〉、〈骨債〉、〈走鬼〉、〈鼻飲〉、〈喫鄉〉、
〈瘮魚〉、〈賣首〉、〈打寮〉、〈生界〉、〈呈生〉、〈扡親〉、〈骨浪〉、〈隊小〉、〈舞
杌〉、〈平坦〉、〈例牛〉、〈跳雞模〉、〈洗面〉、〈奴狗〉、〈背籠〉、〈葬堂〉、〈爬
船〉、〈隘口〉、〈十莊院〉、〈漚榔〉、〈椎結〉、〈富貴坊〉、〈對刀〉、〈出面〉。內
容包括蠻族風俗習慣、衣食住行、飛禽走獸、農林礦產和語言用詞等之介紹，
幫助瞭解各蠻族之生活細節，增廣讀者見聞。

## 五、《遼志》一卷

### （一）作者

宋葉隆禮撰。隆禮，字士則，號漁林，嘉興（今浙江嘉興市）人，生卒
年不詳。宋理宗淳祐七年（1247）進士。以承奉郎任建康西廳通判，改國子
監簿，調兩浙轉運判官，後由朝散郎直祕閣、兩浙運判除軍器少監，再以兩
浙轉運判官兼知臨安府，續轉朝奉大夫。景定元年（1260），除軍器監，兼職
如故；後除直寶文閣，知紹興府，離任後謫居袁州。入元以後，聲蹟銷匿。
著有《遼志》。

### （二）傳本

《遼志》，一名《契丹國志》、《契丹志》。《萬卷精華樓藏書記》卷三一史
部別史類、《千頃堂書目》卷五別史類、《培林堂書目》史部雜史類、《補遼金
元藝文志》史部雜史類、《讀書敏求記》卷二史類、《讀書敏求記校證》卷二
上史類、《欽定文獻通考》卷一六三〈經籍考〉史部雜史類、《浙江採輯遺書
總錄》丁集史部別史類、《四庫全書總目》卷五〇史部別史類、《鄭堂讀書記》
卷一八史部別史類、《愛日精廬藏書志》卷一一史部別史類、《韓氏讀有用書
齋書目》史部、《稽瑞樓書目》、《藏園群書經眼錄》卷四史部雜史類、《八千
卷樓書目》卷四史部別史類、《讀有用齋書目》著錄「《契丹國志》，二十七卷」。
《述古堂藏書目》卷三雜史著錄二十卷。《孫氏祠堂書目》內編卷三史學著錄
十八卷。《皕宋樓藏書志》卷二三史部別史類、《抱經樓藏書志》卷一八史部
別史類、《藝風藏書記》卷四史學類著錄十七卷。《也是園藏書目》卷二史部
雜史類著錄十卷。除二十七卷本外，餘皆或有殘缺，或分卷不同所致。另，《澹
生堂藏書目》卷四史部霸史類、《徐氏家藏書目》卷三子部小說類、《絳雲樓

書目》卷一雜史類、《孫氏祠堂書目》外編卷三史學著錄一卷，乃記其節本。
《玄賞齋書目》卷二雜史類、《脈望館書目》宇字號偽史霸史類、《徐氏紅雨
樓書目》卷三子部小說類、《近古堂書目》卷上雜史類、《絳雲樓書目》雜史
類、《清吟閣書目》卷四部不著錄卷數。

　　《遼志》二十七卷本「有《武英殿》聚珍版叢書本、席氏掃葉山房刊《四
朝別史》本，其版又印入汲古閣十七史版改印之二十三史中，及《國學基本
叢書》等本。昭文張氏愛日精廬藏有元刻本，商務印書館擬印入《四部叢刊·
三編》而未出書。」〔註19〕今傳一卷者乃其節本，且悉出《說郛》本，《古今
說海》和《歷代小史》本即據此，但《歷代小史》本刪略其篇目，《古今說海》
本則將〈併合部落〉改作〈併今部落〉，〈治盜〉改作〈詔盜〉。《古今逸史》
本、《重編說郛》本和《叢書集成初編》本所載同《古今說海》本，但《重編
說郛》本又將〈衣服制度〉改作〈衣冠制度〉。

### （三）內容

　　《遼志》原書二十七卷，「卷首有一〈進書表〉，一〈初興本末〉，一〈世
系圖〉，一〈九主年譜〉，一〈地理圖〉。正文計皇帝紀年（自阿保機至天祚皇
帝）十二卷，各種人物傳記七卷（卷十三為后妃，卷十四為諸王，卷十五為
外戚，卷十六至十九為文武大臣），卷二十編排遼與石晉、北宋往來文牘，卷
二十一輯錄遼與北宋、西夏以及其他鄰國相通饋獻禮物，卷二十二為地理方
域，卷二十三為政治制度，卷二十四至二十五節鈔宋人使遼行程錄，卷二十
六為諸蕃雜記，卷二十七雜錄歲時風俗。」〔註20〕在歷史編纂方面具有鮮明
的時代特色，客觀記錄契丹民族的歷史文化認同意識、漢化進程及契丹皇朝
盛衰成敗的經驗教訓，係現在僅存的一部私修紀傳體遼史，在中國史學發展
史上佔有重要位置〔註21〕。《古今說海》本乃其節本，凡錄十二篇，依次為〈本
末〉、〈族姓原始〉、〈國土風俗〉、〈部落〉、〈併今部落〉、〈兵馬制度〉、〈建官
制度〉、〈宮室制度〉、〈衣服制度〉、〈漁獵時候〉、〈試士科制〉、〈歲時雜記〉（其
下又分為正旦、立春、人日、中和、上巳、佛誕日、端午、朝節、三伏、中
元、中秋、重九、小春、多至、臘月、詔盜、行軍、午日、旋風、舍利、跪

〔註19〕昌彼得著：《說郛考》，頁367。
〔註20〕有關葉隆禮之生平和《契丹國志》原書概況，參見（宋）葉隆禮著，賈敬顏、
　　　　林榮貴點校：〈點校說明〉，《契丹國志》（上海：上海古籍出版社，1985年）。
〔註21〕詳論請參舒習龍撰：〈契丹國志的編纂特色與史學價值〉，《河北學刊》第29
　　　　卷第3期（2009年5月），頁94～99。

拜、長白山、澤蒲、回鶻豆、螃蟹等）。內容包括契丹始祖傳說，契丹族對應漢族所建立各朝代之興革演變，及各種典章制度和歲時雜記等。

## 六、《金志》一卷

### （一）作者

《古今說海》本題「宇文懋昭撰」〔註22〕。懋昭生平資料未詳，據〈端平元年進書表〉自稱爲「淮西歸正人」，知其爲金朝遺民。少讀父書，曾任抄書小史，故得以日親文苑，粗知載記之詳，獲清流之選，改授承事郎工部架閣。著有《大金國志》。

### （二）傳本

《金志》，一名《大金國志》、《金國志》。《萬卷精華樓藏書記》卷三一史部別史類、《千頃堂書目》卷五別史類、《江陰李氏得月樓書目摘錄》、《補遼金元藝文志》史部雜史類、《讀書敏求記》卷二史類、《讀書敏求記校證》卷二上史類、《欽定續文獻通考》卷一六三〈經籍考〉史部雜史類、《浙江採輯遺書總錄》丁集史部別史類、《四庫全書總目》卷五〇史部別史類、《鄭堂讀書記》卷一八史部別史類、《思適齋集外書跋輯存》史類、《韓氏讀有用書齋書目》史部、《持靜齋書目》卷二史部別史類、《孫氏祠堂書目》內編卷三史學、《稽瑞樓書目》、《抱經樓藏書志》卷一八史部別史類、《善本書室藏書志》卷七史部、《述古堂藏書目》卷三雜史、《藏園群書經眼錄》卷四史部雜史類、《八千卷樓書目》卷四史部別史類、《讀有用齋書目》著錄四十卷。《也是園藏書目》卷二史部雜史類著錄十卷，當是分卷不同所致。《澹生

---

〔註22〕 《金志》是否爲宇文懋昭所作，學界仍未有定論。崔文印認爲，今本《大金國志》出自兩人之手，卷一到卷一五，及記載典章制度和開國功臣傳，乃宋人宇文懋昭於端平元年（1234）著成；卷一六到卷二六，和文學翰苑傳，則是另一元人於大德十年（1306）以前續成。都興智則主張，《大金國志》前後的撰述水準相當，又據與《契丹國志》之關係，和文中描述年號、官號等問題，認爲《大金國志》乃宇文懋昭入元後所輯成。又，艾慧提出如果〈端平元年進書表〉的自述確實是宇文懋昭之經歷，則其至少爲《大金國志》的第一作者。相關論述請參崔文印撰：〈大金國志校證前言〉，見（宋）宇文懋昭著，崔文印校證：《大金國志校證》（北京：中華書局，1986年）；都興智撰：〈大金國志及其作者〉，《遼寧大學學報（哲學社會科學版）》總第 102 期（1990年第 2 期），頁 17～19 和艾慧撰：〈大金國志與宇文懋昭其人〉，《黑龍江史志》2008 年第 9 期，頁 16～17。

堂藏書目》卷四史部霸史類、《徐氏家藏書目》卷三子部小說類、《孫氏祠堂書目》外編卷三史學類著錄一卷，乃據其節本著錄。《玄賞齋書目》卷二雜史類、《脈望館書目》宇字號偽史霸史類、《近古堂書目》卷上雜史類、《絳雲樓書目》雜史類、《培林堂書目》史部雜史類、《清吟閣書目》卷一史部不著錄卷數。

　　《金志》四十卷本「舊傳率抄本，蘇州席氏掃葉山房始刻入《四朝別史》，其版後印入二十三史中。《國學基本叢書》亦印之。」〔註23〕今傳一卷者乃其節本，悉出《說郛》本。除《古今說海》本外，《古今逸史》本、《歷代小史》本、《重編說郛》本和《叢書集成初編》本亦皆據此。

### （三）內容

　　本書原四十卷，其中九帝紀年二十六卷，列傳三卷，楚、齊始末及有關文錄三卷，各項制度及雜儀四卷，宋金往來誓書一卷，京府州軍及女眞民俗二卷，許亢宣和乙巳奉使燕雲行程錄一卷。書前附有〈經進大金國志表〉、〈金國初興本末〉、〈金國世系之圖〉和〈金國九主年譜〉。《古今說海》本乃節本，內容依次爲〈初興本末〉、〈初興風土〉、〈男女冠服〉、〈婚姻〉、〈飲食〉、〈皀隸〉、〈浮圖〉、〈道教〉、〈科條〉、〈赦宥〉、〈屯田〉、〈田獵〉、〈兵制〉、〈旗幟〉、〈車輿〉、〈服色〉等十六篇。包括女眞族歷代異名演變，傳至阿骨打後以其國產金和有金水源而國號大金緣由，及其國裡佛道兩教、法律條文、赦免寬宥、官品服色等制度之介紹。

## 七、《蒙韃備錄》一卷

### （一）作者

　　《古今說海》本署孟珙撰。據王國維（1877～1927）考證，「孟珙」當爲「趙珙」之誤。趙珙，生卒年不詳，曾任都統司計議官。嘉定十三年（1220），朝命諭京東。隔年，淮東制置使賈涉遣至河北蒙古軍前議事，謁昪國王木華黎，得其大將撲庵花所獻皇帝恭膺天命之寶玉璽一座、元符三年（1100）寶樣一冊，及鎮江府諸軍副都統翟朝宗所獻寶檢一座，繳進於朝。詔下，禮部太常寺討論受寶典禮〔註24〕。著有《蒙韃備錄》。

〔註23〕昌彼得著：《說郛考》，頁368。
〔註24〕詳論請參王國維撰：〈蒙韃備錄箋證自跋〉，見《海寧王靜安先生遺書》（臺北：臺灣商務印書館，1979年），頁4735～4737。

## （二）傳本

本書《國史經籍志》卷三史類地理類、《澹生堂藏書目》卷四史部記傳類、《徐氏家藏書目》卷二史部外夷類、同書卷三子部小說類、《徐氏紅雨樓書目》卷二史部外夷類、《藝風藏書記》卷三地裡類著錄一卷。《寶文堂分類書目》卷二子雜類、《玄賞齋書目》卷二雜史類、《絳雲樓書目》雜史類不著錄卷數。

今傳一卷者悉出《說郛》本，《古今說海》本、《歷代小史》本和《重編說郛》本皆據此。但《古今說海》本將〈婦人〉改作〈婦女〉，《重編說郛》本同此，而《歷代小史》本刪削其篇目。另，清曹元忠（1865～1923）校注，收入《箋經室叢書》，卷末附錄光緒辛丑（1901）曹元忠〈跋〉。又，王國維嘗為箋註，收入《王靜安遺書》和《蒙古史料四種校註》。

## （三）內容

《古今說海》本凡錄十七篇，依次為〈立國〉、〈韃主始起〉、〈國號年號〉、〈太子諸王〉、〈諸將功臣〉、〈任相〉、〈軍政〉、〈馬政〉、〈糧食〉、〈征伐〉、〈官制〉、〈風俗〉、〈軍裝器械〉、〈奉使〉、〈祭祀〉、〈婦女〉、〈燕聚舞樂〉。內容包括韃靼族由沙陀族分出始末、成吉思汗建立蒙古國過程、蒙古國國號年號由來、分封諸子功臣情形、放養馬匹三年始做騎乘習慣、藉馬奶解飢渴所需、官制多襲自金國由來和出征打仗必帶妻子隨行等。

# 八、《北邊備對》一卷

## （一）作者

宋程大昌（1123～1195）撰。大昌，字泰之，徽州休寧（今安徽洪里）人。十歲能屬文，紹興二十一年（1151）進士，歷官太平州教授、大學正、著作佐郎、秘書少監、國子祭酒兼給事中、禮部侍郎、中書舍人。熙寧七年（1180），出知泉州建寧府，後徙知明州。紹熙五年（1194），以龍圖閣直學士致仕，卒諡文簡。大昌學術湛深，經世思想有儒道合流傾向，於諸經皆有論說。著有《易原》、《易老通言》、《書譜》、《禹貢論》、《禹貢後論》、《禹貢論圖》、《山川地理圖》、《考古編》、《雍錄》、《北邊備對》、《慶曆邊議》、《演繁露》、《續演繁露》、《程大昌文集》等。《宋史》卷四三三有傳。

## （二）傳本

本書《直齋書錄解題》卷八地理類、《文獻通考》卷二〇六〈經籍考〉史

部地理類、《宋史》卷二○三〈藝文志〉史部故事類、《絳雲樓書目》雜史類、《八千卷樓書目》卷八史部地理類著錄六卷。唯六卷原本自明以來久佚，今傳悉爲一卷節本，故《澹生堂藏書目》卷四史部記傳類、《徐氏家藏書目》卷二史部邊海類、同書卷三子部小說類、《欽定續通志》卷一五九〈藝文略〉史類地理類、《四庫全書總目》卷七五史部地理類存目、《鄭堂讀書記・補逸》卷一五史部地理類、《持靜齋書目》卷二史部地理類、《孫氏祠堂書目》外編卷二地理類、《稽瑞樓書目》、《抱經樓藏書志》卷二七史部地理類、《述古堂藏書目》卷五小說家類著錄一卷。《寶文堂分類書目》卷二子雜類、《玄賞齋書目》卷二雜史類、《徐氏紅雨樓書目》卷三子部小說類不著錄卷數。

　　今傳一卷節本悉出《說郛》本，唯《古今說海》以下傳本，如《古今逸史》本、《歷代小史》本、《重編說郛》本和《叢書集成初編》本皆將〈黃河四大折〉附圖刪落。2008 年，鄭州大象出版社以《古今逸史》本爲底本，校以《說郛》本等，且自《永樂大典》輯得佚文二則，附於卷末，收入《全宋筆記》。

### （三）內容

　　據《北邊備對》書前序，知程大昌於淳熙二年（1175）爲宋孝宗講解《禹貢》時，因邊虜文史多弗詳實，而未能言及北方各國地理事。嗣後擔仟奉祠閒職，追探古來中華北邊樞紐資料，記述其地理沿革及少數民族的歷史淵源，條列其地而推言之，故曰備對〔註25〕。《古今說海》本除節錄紹熙辛亥（二年，1191）程大昌自序外，正文凡二十一篇，依次爲〈四海〉、〈漢緣邊九郡〉、〈秦漢河南〉、〈虜名號〉、〈契丹〉、〈回紇（九姓）〉、〈匈奴庭〉、〈北狄無城郭〉、〈突厥建牙〉、〈黃河四大折〉、〈長城〉、〈大漠〉、〈玉門陽關〉、〈居庸關〉、〈天山〉、〈陰山〉、〈燕然山〉、〈焉支山〉、〈浚稽山〉、〈金山〉、〈賀蘭山〉，對北方邊地有詳實介紹。

## 九、《桂海虞衡志》一卷

### （一）作者

　　宋范成大（1126～1193）撰。成大，字致能，號石湖居士，吳郡（今江蘇蘇州）人。紹興二十四年（1153）進士，官禮部員外郎，兼崇政殿說書，假資

---

〔註25〕　（宋）陳振孫著：《直齋書錄解題》（臺北：臺灣商務印書館，1983 年影清文淵閣《四庫全書》本），卷 8 地理類，頁 691～692。

政殿大學士。孝宗淳熙五年（1178），自禮部尙書，兼直學士院，遷中大夫，除參知政事，進資政殿學士，提舉洞霄宮，卒諡文穆。生平有文名，尤工詩，與陸游、楊萬里、尤袤合稱南宋中興四大詩人。著有《石湖詩集》、《石湖詞》、《石湖居士文集》、《桂海虞衡志》、《攬轡錄》、《驂鸞錄》、《吳船錄》、《吳郡志》、《吳門志》等。《宋史》卷三八六有傳。

### （二）傳本

本書《宋史》卷二〇四〈藝文志〉史部地理類著錄三卷。《文獻通考》卷二〇五〈經籍考〉地理類、《萬卷精華樓藏書記》卷四四史部地理類、《國史經籍志》卷三史類地理類、《徐氏家藏書目》卷二史部各省雜志、《世善堂藏書目錄》卷上方州各志類、《絳雲樓書目》地誌類著錄二卷。《澹生堂藏書目》卷四史部記傳類、《欽定續通志》卷一五九〈藝文略〉史類地理類、《浙江採輯遺書總錄》戊集史部地理類、《四庫全書總目》卷七〇史部地理類、《鄭堂讀書記・補逸》卷一八史部地理類、《韓氏讀有用書齋書目》史部、《邵亭知見傳本書目》卷五史部地理類、《持靜齋書目》卷二史部地理類、《皕宋樓藏書志》卷三四史部地理類、《孫氏祠堂書目》內編卷四說部、《稽瑞樓書目》、《抱經樓藏書志》卷二七史部地理類、《善本書室藏書志》卷一二史部、《萬卷堂書目》卷三子類小說家、《述古堂藏書目》卷五小說家、《蕘圃藏書題識》卷三史類、《八千卷樓書目》卷八史部地理類、《讀有用齋書目》著錄一卷。《玄賞齋書目》卷三山川類、《近古堂書目》卷上地誌類、《江南通志》卷一九一〈藝文志〉史部地志不著錄卷數。

《四庫全書總目・桂海虞衡志》提要：「檢《文獻通考・四裔考》中引《桂海虞衡志》幾盈一卷，皆〈志蠻〉之文，而此本悉不載。其餘諸門，檢《永樂大典》所引，亦多在此本之外。蓋原書本三卷，而此本併爲一卷，已刊削其大半。則諸物之或有或無，亦非盡原書之故矣。」〔註26〕蓋原書「寫成以後，曾以單行本問世，後收入《石湖大全集》。到了元代，《大全集》與《桂海虞衡志》即已散佚」〔註27〕，難見全貌。《說郛》凡錄淳熙二年（1175）范成大自序、目錄及十三篇共二百三十四則，《古今說海》本即據此，但刪落〈志果〉「蕉子」衍文「亦四季實」四字及〈志蠻〉「羈縻州洞」中「其田計口給

〔註26〕 （清）永瑢等奉敕著：《四庫全書總目》，卷 70 史部 26・地理類，頁 1478。
〔註27〕 （宋）范成大原著，胡起望、覃光廣校注：《桂海虞衡志輯佚校注》（成都：四川民族出版社，1986 年），頁 8。

民」句上衍文「酋豪或娶數妻，皆曰媚娘」十字。《重編說郛》本、《古今逸史》本、《唐宋叢書》本、《四庫全書》本、《知不足齋叢書》本、《學海類編》本、《說庫》本、《秘書廿一種》本和《叢書集成初編》本所載同《古今說海》本，唯他處間有脫文誤字情形〔註28〕，尤其《四庫全書》本有他本皆脫而此獨存之佚文，及別本皆誤而此獨確之勝義〔註29〕，可爲校補時參用。此外，「清嚴可均嘗輯佚文一卷，稿未刻而散失，見《四錄堂類集》。又王仁俊亦輯一卷，收入《經籍佚文》中，稿亦未刻。」〔註30〕其餘如日本藏洼木俊校文化九年（1813）睡仙堂刻本、長澤規几也輯《漢籍隨筆錄》本和日本抄本皆未見〔註31〕。1984 年，齊治平以《知不足齋叢書》爲底本，校以《說郛》本、《古今說海》本和《古今逸史》本，由廣西民族出版社出版。1986 年，胡起望、覃光廣以《說郛》本、《古今說海》本、《古今逸史》本、《唐宋叢書》本和《四庫全書》本等通行本爲據，又從《資治通鑑》、《文獻通考》和《永樂大典》等輯得佚文頗多，補其闕漏，由四川民族出版社出版。1986 年，嚴沛以《說郛》本、《古今說海》本、《古今逸史》本、《知不足齋叢書》本、《學海類編》本、《說庫》本、《秘書廿一種》本爲據，校以《桂林風土記》、《南方草木狀》等書，由廣西人民出版社出版。

## （三）內容

　　據范成大〈桂海虞衡志序〉，知成大以白居易、韓愈詩作憧憬桂林，迄乾道八年（1172）三月至當地後，因其「風氣清淑，果如所聞。而巖岫之奇絕，習俗之醇古，府治之雄勝，又有過所聞者。……因追記其登臨之處，與風物、土宜，凡方志所未載者，萃爲一書。蠻陬絕徼見聞可紀者，亦附著之，以備

〔註28〕 如比較《古今說海》本和《四庫全書》本，得《四庫全書》本有更改篇目情形，如將〈志巖洞〉改作〈志山〉，將〈志蟲魚〉中之「車磲」改作「硨磲」，「蟠蝐」改作「瑇瑁」，「鬼蛺蝶」改作「鬼蝴蝶」。且行文間有不同，如《古今說海》本「伏波巖」：「突然而起且千丈，下有洞，可容二十榻。」《四庫全書》本作「在灕江濱，突然而起且千丈，可容二十榻。」「蠻鞭」：「刻木節，節如竹根，朱墨間漆之，長纏四五寸，其首有鐵環，貫二皮條，以策馬。」《四庫全書》本作「刻木節，節如竹根，朱黑間漆之，長纏四五寸，小首有鐵環，貫二皮條，以策馬。」

〔註29〕 詳論請參楊武泉撰：〈評桂海虞衡志校補〉，《古籍整理出版情況簡報》第 154 期（1986 年 3 月），頁 24。

〔註30〕 昌彼得著：《說郛考》，頁 287。

〔註31〕 參見（宋）范成大原著，胡起望、覃光廣校注：《桂海虞衡志輯佚校注》，頁 319。

土訓之圖。」《古今說海》本除載范成大自序和目錄外，凡錄十三篇，二百三十四則。其中，〈志巖洞〉記「讀書巖」、「伏波巖」、「疊綵巖」、「白龍洞」、「劉仙巖」、「華景洞」、「水月洞」、「龍隱洞龍隱巖」、「雉巖」、「立魚峯」、「棲霞洞」、「元風洞」、「曾公洞」、「屏風巖」、「隱山六洞」、「北潛洞」、「南潛洞」、「佛子巖」、「虎秀洞」等十九處奇巖山洞，〈志金石〉記「生金」、「丹砂」、「水銀」、「鐘乳」、「銅」、「綠」、「滑石」、「鉛粉」、「無名異」、「石梅」、「石柏」等十一種金石礦物，〈志香〉記「沉水香」、「蓬萊香」、「鷓鴣斑香」、「箋香」、「光香」、「沉香」、「香珠」、「思勞香」、「排草」、「檳榔苔」、「橄欖香」、「零陵香」等十二種香料，〈志酒〉記「瑞露」、「古辣泉」、「老酒」等三種當地特產酒類，〈志器〉記「竹弓」、「黎弓」、「蠻弩」、「猺人弩」、「藥箭」、「蠻甲」、「黎兜鍪」、「雲南刀」、「峒刀」、「黎刀」、「蠻鞍」、「蠻鞭」、「花腔腰鼓」、「銅鼓」、「盧沙」、「胡盧笙」、「藤合」、「雞毛筆」、「練子」、「絞」、「蠻氈」、「黎幕」、「黎單」、「檳榔合」、「鼻飲盃」、「牛角盃」、「蠻椀」、「竹釜」、「戲面」等三十種兵甲什器，〈志禽〉記「孔雀」、「鸚鵡」、「白鸚鵡」、「烏鳳」、「秦吉了」、「錦雞」、「山鳳凰」、「翻毛雞」、「長鳴雞」、「翡翠」、「灰鶴」、「鷓鴣」、「水雀」等十三種飛禽，〈志獸〉記「象」、「蠻馬」、「大理馬」、「果下馬」、「猿」、「蠻犬」、「鬱林犬」、「花羊」、「乳羊」、「綿羊」、「麝香」、「人狸」、「風貍」、「孏婦」、「山猪」、「石鼠」、「香鼠」、「山獺」等十八種走獸，〈志蟲魚〉記「珠」、「車磲」、「蚺蛇」、「蟂蝎」、「蜈蚣」、「青螺」、「鸚鵡螺」、「貝子」、「石蟹」、「鬼蛺蝶」、「黑蛺蝶」、「嘉魚」、「蝦魚」、「竹魚」、「天蝦」等十五種蟲魚，〈志花〉記「上元紅」、「白鶴花」、「南山茶」、「紅荳蔻花」、「泡花」、「紅蕉花」、「枸那花」、「史君子花」、「水西花」、「裹梅花」、「象蹄花」、「素馨花」、「茉莉花」、「石榴花」、「添色芙蓉花」、「側金盞花」等十六種土產花朵，〈志果〉記「荔枝」、「龍眼」、「饅頭柑」、「金橘」、「綿李」、「石栗」、「龍荔」、「木竹子」、「冬桃」、「羅望子」、「人面子」、「烏欖」、「方欖」、「椰子」、「蕉子」、「雞蕉子」、「芽蕉子」、「紅鹽草果」、「鸚哥舌」、「八角茴香」、「餘甘子」、「五梭子」、「黎朦子」、「菠蘿蜜」、「柚子」、「櫓罟子」、「槎㯬子」、「地蠶」、「赤柚子」、「火炭子」、「山韶子」、「山龍眼」、「部諦子」、「木賴子」、「粘子」、「羅晃子」、「千歲子」、「赤棗子」、「藤韶子」、「古米子」、「殼子」、「藤核子」、「木連子」、「蘿蒙子」、「毛栗」、「特乃子」、「不納子」、「羊矢子」、「日頭子」、「秋風子」、「黃皮子」、「朱圓子」、「匾桃」、「粉骨子」、「塔骨子」、「布衲子」、「黃

肚子」等五十七種可食果實，〈志草木〉記「桂」、「榕」、「沙木」、「桄榔木」、「思儡木」、「臙脂木」、「雞桐」、「龍骨木」、「風膏藥」、「南漆」、「蕩竹」、「澀竹」、「人面竹」、「釣絲竹」、「斑竹」、「貓頭竹」、「桃枝竹」、「笐竹」、「箭竹」、「宿根茄」、「銅鼓草」、「大蒿」、「石髮」、「匾菜」、「都管草」、「花藤」、「胡蔓藤」等二十七種草木，〈雜志〉記「雪」、「風」、「癸水」、「瘴」、「俗字」、「捲伴」、「草子」等七則風土異聞、〈志蠻〉記「羈縻州洞」、「猺」、「獠」、「蠻」、「黎」、「蜑」等六族西南諸蠻部落。本書為後世研究廣西等地的古代民俗，特別是宋代少數民族民俗的變化、演進過程提供珍貴資料〔註32〕。對研究宋代廣右、尤其是桂林地區的生態文化、生態環境地理、歷史生物地理和桂林周邊地區瘴病分布，也提供重要史料，對後世的史書寫作產生一定影響〔註33〕。同時釐清南宋廣西地區的釀酒技術、礦物冶煉、紡織技術及樂器等手工技藝的發展情況〔註34〕。

## 一〇、《真臘風土記》一卷

### （一）作者

《古今說海》本不題撰者，《千頃堂書目》、《國史經籍志》、《澹生堂藏書目》、《徐氏家藏書目》、《四庫全書總目》皆注云周達觀撰。

元周達觀（約 1266～1346），字草庭，號草庭逸民，浙江永嘉（今浙江永嘉縣）人。元成宗元貞元年（1295），奉命出使真臘國（今柬埔寨），三年始歸。著有《真臘風土記》。

### （二）傳本

本書《述古堂藏書目》卷四別志類、《也是園藏書目》卷三史部別志類著錄三卷。《千頃堂書目》卷八地理類、《國史經籍志》卷三史類地理類、《澹生堂藏書目》卷四史部記傳類、《徐氏家藏書目》卷二史部外夷類、《世善堂藏書目錄》卷上四譯載記類、《絳雲樓書目》地誌類、《補遼金元藝文志》史部地理類、《讀書敏求記校證》卷二下地理輿圖類、《欽定續通志》卷一五九〈藝

---

〔註32〕詳論請參漆亞莉撰：〈桂海虞衡志民俗學價值淺析〉，《廣西地方志》2007 年第 6 期，頁 60。

〔註33〕詳論請參張全明撰：〈桂海虞衡志的生態文化史特色與價值〉，《華中師範大學學報（人文社會科學版）》第 42 卷第 1 期（2003 年第 1 期），頁 88～92。

〔註34〕詳論請參萬英敏、吳自林撰：〈淺析南宋時期廣西地區的手工技藝——以桂海虞衡志等書為比較〉，《民族論壇》2009 年 3 月，頁 52～53。

文略〉史類地理類、《欽定續文獻通考》卷一七一〈經籍考〉史部地理類、《補元史藝文志》史類地理類、《四庫全書總目》卷七一史部地理類、《邵亭知見傳本書目》卷五史部地理類、《持靜齋藏書紀要》卷下史部、《持靜齋書目》卷二史部地理類、《佰宋樓藏書志》卷三四史部地理類、《孫氏祠堂書目》外編卷二地理類、《稽瑞樓書目》、《抱經樓藏書志》卷二七史部地理類、《藏園群書經眼錄》卷五史部地理類、《浙江通志》卷二四四史部地理類、《八千卷樓書目》卷八史部地理類著錄一卷。《近古堂書目》卷上地誌類、《浙江採輯遺書總錄》戊集史部地理類不著錄卷數。

《眞臘風土記》於元朝便有抄本流傳，清初錢曾《讀書敏求記》曾見過一部元抄本，且云「是冊從元鈔校錄，《說海》中刻者牴牾錯落，十脫六七，幾不成書矣。」〔註35〕知今傳一卷本脫落散佚嚴重。今傳一卷節本主要分三個系統，一是《古今說海》本系統，凡錄四十一則，《歷代小史》本、《古今逸史》本、《重編說郛》本、《四庫全書》本、《古今圖書集成》本、《說庫》本和《叢書集成初編》本悉出此本。但《歷代小史》本脫落篇目；《重編說郛》本和《古今圖書集成》本脫《古今說海》本第十六頁全頁，致使〈語言〉結尾處脫文一百三十九字，〈野人〉起首處脫文四十八字，形成〈語言〉與〈野人〉兩段相連情形。另，溫州市立圖書館藏道光己丑（1829）瑞安許氏刊本，北京大學圖書館藏清吳翌鳳手抄本，未見，但亦出《古今說海》本系統。又，馮承鈞譯伯希和《眞臘風土記箋註》，乃採《說庫》本爲底本。二是《說郛》百卷本系統，此本流傳雖最早，但與《古今說海》本相較，除脫各則篇目，且將〈山川〉和〈出產〉合爲一則；又〈國主出入〉「雖白日亦照燭」句下脫「又有宮女皆執內中金銀器皿及文飾之具，制度迴別，不知其何所用」二十七字。然因此本或最接近原本，故行文敘述較他本亦多有勝處〔註36〕。三是《說郛》六十九卷抄本系統，未見，現藏香港大學馮平山圖書館。據金榮華研究，《說郛》六十九卷本全書分四十段，起訖大致與分作四十一段者相同，

---

〔註35〕 （清）錢曾著：《讀書敏求記》（上海：商務印書館，1936 年《叢書集成初編》據海山仙館叢書本排印），卷 2，頁 70～71。

〔註36〕 有關《眞臘風土記》各版本之淵源和優劣情形，請參陳正祥著：《眞臘風土記研究》（香港：中文大學，1975 年）；金榮華撰：〈眞臘風土記校注序〉，見（元）周達觀原著，金榮華校注：《眞臘風土記校注》（臺北：正中書局，1976 年）和（元）周達觀原著，夏鼐校注：《眞臘風土記校注》（北京：中華書局，1981 年）。

唯〈耕種〉與〈山川〉兩段不分，遂為四十段。各段標題多異於他本，除首段不標〈總敘〉外，餘者如〈宮室〉作〈室廬〉，〈三教〉作〈儒釋道〉等。此本錯誤脫文之處甚多，然亦有佳處，可與他本相參〔註37〕。又，「日本所藏中文古籍數據庫」載蓬左文庫藏有江戶中期松平秀雲手鈔本。《香豔叢書》本錄有六則，《舊小說》本戊集錄有五則。1975年，陳正祥據通行版本注釋，由香港中文大學出版。1976年，金榮華以《古今逸史》為底本，校以《說郛》本，而用《說郛》六十九卷本為輔，旁稽《古今說海》本、《歷代小史》本、《四庫全書》本、《稗史彙編》、《殊域周咨錄》及《東西洋考》諸書，由臺北正中書局出版。1981年，夏鼐以《古今逸史》為底本，校以《說郛》百卷本、《古今說海》本、《歷代小史》本等共十五種刊本或抄本，由北京中華書局出版。

## （三）內容

　　《四庫全書總目・真臘風土記》提要：「元成宗元貞元年乙未（1295），遣使招諭其國，達觀隨行。至大德元年丁酉（1297）乃歸。首尾三年，諳悉其俗。因記所聞見為此書，凡四十則。文義頗為賅贍。……然《元史》不立真臘傳，得此而本末詳具，猶可以補其佚闕。是固宜存備參訂，作職方之外紀者矣。」〔註38〕提要所謂四十則，未包括〈總敘〉，而計有〈城郭〉、〈宮室〉、〈服飾〉、〈宮屬〉、〈三教〉、〈人物〉、〈產婦〉、〈室女〉、〈奴婢〉、〈語言〉、〈野人〉、〈文字〉、〈正朔時序〉、〈爭訟〉、〈病癩〉、〈死亡〉、〈耕種〉、〈山川〉、〈出產〉、〈貿易〉、〈欲得唐貨〉、〈草木〉、〈飛鳥〉、〈走獸〉、〈蔬菜〉、〈魚龍〉、〈醞釀〉、〈鹽醋醬麵〉、〈蠶桑〉、〈器用〉、〈車轎〉、〈舟楫〉、〈屬郡〉、〈村落〉、〈取膽〉、〈異事〉、〈澡浴〉、〈流寓〉、〈車馬〉、〈國主出入〉，《古今說海》本乃皆輯錄。本書從真臘國之歷史、政治、經濟、民俗、宗教等相關記載，幫助瞭解當時該地的風土民情，尤其周達觀親歷真臘國前後一年多，透過實地訪查方式，所記載結果尤為詳實可信。此外，本書對於真臘國之佛教文化景況，如佛教教派、宮觀特徵、南傳佛教儀式、儀式音樂活動及相關民俗活動等亦有詳盡紀錄，有助於釐清今天中國南傳佛教樂舞文化的來龍去脈，對東南亞南傳佛教文化史的研究也有參考價值，同時保存「陣毯」儀式活動記錄，可

---

〔註37〕請參金榮華撰：〈真臘風土記校注序〉，見（元）周達觀原著，金榮華校注：《真臘風土記校注》，頁7。

〔註38〕（清）永瑢等奉敕著：《四庫全書總目》，卷71史部27・地理類，頁1492。

算是先人跋涉重洋、遠赴異邦所採集到的一份珍貴史料〔註39〕。

## 一一、《北戶錄》一卷

### （一）作者

《古今説海》不題撰者，《新唐書・藝文志》、《通志》、《國史經籍志》、《澹生堂藏書目》、《徐氏家藏書目》、《四庫全書總目》等皆注云段公路撰。

唐段公路，生卒年不詳，臨淄（今山東臨淄縣）人。《新唐書》卷五八載公路爲宰相文昌孫，則公路乃段成式之子、段安節之弟。咸通年間曾於嶺南供職，官京兆萬年（今陝西長安附近）縣尉，其餘仕宦無可考知。著有《北戶錄》。

### （二）傳本

本書除《國史經籍志》卷三史類地理類譌作五卷。《新唐書》卷五八〈藝文志〉史錄地理類、《崇文總目》卷四地理類、《遂初堂書目》地理類、《通志》卷六六〈藝文略〉史類地理類、《萬卷精華樓藏書記》卷四四史部地理類、《絳雲樓書目》地誌類、《四庫全書總目》卷七〇史部地理類、《鐵琴銅劍樓藏書》卷一一史部地理類、《邵亭知見傳本書目》卷五史部地理類、《皕宋樓藏書志》卷三四史部地理類、《稽瑞樓書目》、《郋園讀書志》卷四史部、《抱經樓藏書志》卷二七史部地理類、《善本書室藏書志》卷一二史部、《祕書省續編到四庫闕書目》卷二子類小説類、《藏園群書經眼錄》卷五史部地理類、《涵芬樓燼餘書錄》史部、《八千卷樓書目》卷八史部地理類、《莚圃善本書目》卷六上批校本子部著錄三卷。但《新唐書》、《崇文總目》、《國史經籍志》和《遂初堂書目》題作《北戶雜錄》，不知是其書原稱，而「雜」字在傳寫過程遭省略，抑或原名作《北戶錄》，「雜」字乃誤衍形成。《祕閣書目》古今通志類、《澹生堂藏書目》卷四史部記傳類、《徐氏家藏書目》卷三子部小説類、《徐氏紅雨樓書目》卷三子部小説類、《也是園藏書目》卷三史部別志類、《鄭堂讀書記・補逸》卷一八史部地理類、《愛日精廬藏書志》卷一七史部地理類著錄一卷。《文淵閣書目》卷一八古今注類、《寶文堂分類書目》卷二子雜類、《近古堂書目》卷上地誌類、《天祿琳琅書目》卷六元版子部不著錄卷數。

---

〔註39〕詳論請參楊民康撰：〈從眞臘風土記看古代柬埔寨與雲南少數民族佛教樂舞〉，《南京藝術學院學報（音樂與表演版）》2009 年第 3 期，頁 27～34。

　　今傳三卷本有《四庫全書》本、《十萬卷樓叢書》本、《湖北先正遺書》本和《叢書集成初編》本。《格致叢書》本則分作二卷。《說郛》本、《古今說海》本、《續百川學海》本、《重編說郛》本、《五朝小說》本、《學海類編》本、《唐人說薈》本、《唐代叢書》、《古今說部叢書》本和《說庫》本均作一卷。今比較各卷本，得二卷本和三卷本乃分卷差異，內容並無不同〔註40〕，且都有崔龜圖註；一卷本除《說郛》本外，餘均脫〈食目〉（《說郛》本題作〈蕪菁〉）一則，且皆刪略本文、刪落陸希聲〈北戶錄序〉，又間錄崔註（《說郛》本未錄）。《類說》卷一三節引《北戶錄》，其中，〈鵁鶄〉、〈天地少女〉、〈九頭鳥〉、〈五月五日作鴉羹〉、〈羽虫毛虫〉、〈鵲腦〉、〈莖草〉、〈紫姑卜〉、〈墨紙〉、〈璽紙〉、〈團油餅〉、〈蟻子醬〉、〈蛤臛〉、〈東家種竹西家治地〉、〈變柑〉、〈胡柑〉、〈壺橘〉、〈胡羯奔逖〉、〈關氏山〉、〈蜈蚣〉、〈壽陽粧〉、〈白大丹鷄盟祭〉、〈吞紙抱火〉、〈奴婢若干頭〉、〈赤丁子〉、〈白鳳銜書〉、〈七木之精〉、〈南山木強人〉不見今本〔註41〕，知今傳諸本皆非原帙，可為補闕。

---

〔註40〕　相較於《古今說海》本，《十萬卷樓叢書》本卷首有光緒六年（1880）陸心源〈重刻北戶錄序〉及陸希聲〈北戶錄序〉，卷一載〈通犀〉至〈水母〉，卷二載〈蚊母扇〉至〈斑皮竹笋〉（《古今說海》本脫〈食目〉一則），卷三載〈無核荔枝〉至〈睡蓮〉，但將〈山橘子〉置於〈橄欖子〉前，把〈山花燕脂〉題作〈山花燕芰〉，〈相思了〉題作〈相思子蔓〉。《四庫全書》本所載同《十萬卷樓叢書》本，但無陸心源〈序〉。又，《格致叢書》本卷首無序文，卷一載〈通犀〉至〈象鼻炙〉，卷二載〈鵝毛脡〉至〈睡蓮〉，有〈食目〉一則，且將〈山橘子〉置於〈橄欖子〉前。

〔註41〕　按：《類說》卷一三節錄《北戶錄》及其條文分合情形，與今傳諸本差異頗大，今與《古今說海》本相較如下：《類說》節錄各則依次為〈通犀〉、〈孔雀不匹偶〉、〈白孔雀〉（《古今說海》本合併以上二則作〈孔雀媒〉）、〈鵁鶄〉、〈天地少女〉、〈九頭鳥〉、〈五月五日作鴉羹〉（以上四則，《古今說海》本缺）、〈鸚鵡〉（《古今說海》本作〈鸚鵡瘴〉）、〈赤白吉了〉、〈羽虫毛虫〉（《古今說海》本缺）、〈紅蟹〉（《古今說海》本作〈紅蟹殼〉）、〈樹生小兒〉（《古今說海》本〈蛺蝶枝〉即節錄此則後半部）、〈紅蝙蝠〉、〈媚藥〉（《古今說海》本合併以上二則作〈紅蝙蝠〉）、〈鵲腦〉、〈莖草〉（以上二則，《古今說海》本缺）、〈靈水〉、〈明凍三十六〉（《古今說海》本〈乳穴魚〉之前半部即節錄自此，且有增改）、〈魚有三百六十頭，則有蛟龍長之〉（《古今說海》本〈魚種〉即節錄自此，且有增改）、〈蚊母鳥〉（《古今說海》本作〈蚊母扇〉）、〈鵝毛被〉、〈敔筆〉（《古今說海》本作〈雞毛筆〉）、〈紫姑卜〉（《古今說海》本缺）、〈孟公孟姥〉（《古今說海》本作〈雞骨卜〉）、〈桃梛〉（《古今說海》本作〈桃梛炙〉）、〈墨紙〉、〈璽紙〉、〈團油餅〉、〈蟻子醬〉、〈蛤臛〉、〈東家種竹西家治地〉（以上六則，《古今說海》本缺）、〈變柑〉、〈胡柑〉、〈壺橘〉、〈胡羯奔逖〉（以上三則，《古今說海》本缺）、〈紅藤草〉、〈關氏山〉（《古今說海》本缺）、〈石榴

　　昌彼得謂《說郛》本《北戶錄》全書凡五十二則，「僅刪節本文而未錄註，並將〈通犀〉以下首四篇，移於〈紅蛇〉篇之後，而以〈赤吉白了〉爲篇首。……明鈔本書題以〈通犀〉爲首篇，與傳本合，並間錄崔龜圖註，是此本所據之鈔本已經刪削改編，非陶氏之舊書也。」〔註 42〕《古今說海》所據雖出此，但與今本《說郛》相較，除篇首諸則次第與刪削崔註情形等差異外，且脫〈蕪菁〉一則；又將篇目〈猨〉改作〈緋猨〉，〈四足魚〉改作〈乳穴魚〉，〈魚子〉改作〈魚種〉；且〈四足魚〉脫文「治邪病如此之類，豈勝言哉」十一字，但衍文「無鯁」二字；又〈黑象〉（《古今說海》作〈象鼻炙〉）脫文「《山海經》云：性妬不畜淫子」諸字。《續百川學海》本、《重編說郛》本、《五朝小說》本、《五朝小說大觀》本、《學海類編》本、《唐人說薈》本、《唐代叢書》本、《古今說部叢書》本和《說庫》本所載同《古今說海》本。但《唐人說薈》本、《唐代叢書》本和《古今說部叢書》本又較《古今說海》本多〈石榴〉與〈桃葉〉二則；其中，〈石榴〉實從〈山花燕脂〉析出，〈桃葉〉則不知所出。

## （三）內容

　　《四庫全書總目・北戶錄》提要：「是書當在廣州時作，載嶺南風土，頗爲賅備，而於物產爲尤詳。其徵引亦極博洽。」〔註 43〕《古今說海》本凡錄五十一則，依次爲〈通犀〉、〈孔雀媒〉、〈鶹鴣〉、〈鸚鵡瘴〉、〈赤白吉了〉、〈緋猨〉、〈蚺蛇牙〉、〈紅蛇〉、〈蛤蚧〉、〈紅蟹殼〉、〈蛺蝶枝〉、〈紅蝙蝠〉、〈金龜子〉、〈乳穴魚〉、〈魚種〉、〈水母〉、〈蚊母扇〉、〈鵝毛被〉、〈紅蝦盃〉、〈雞毛筆〉、〈雞卵卜〉、〈雞骨卜〉、〈象鼻炙〉、〈鵝毛脡〉、〈桃榔炙〉、〈紅鹽〉、〈米餅〉、〈睡菜〉、〈水韭〉、〈蘿菜〉、〈斑皮竹笋〉、〈無核荔枝〉、〈變柑〉、〈橄欖子〉、〈山橘子〉、〈山胡桃〉〈白楊梅〉、〈偏核桃〉、〈紅梅〉、〈五色藤筌蹄〉、〈香皮紙〉、〈抱木履〉、〈紅藤簟〉、〈方竹杖〉、〈山花燕脂〉、〈鶴子草〉、〈越王竹〉、〈無名花〉、〈指甲花〉、〈相思子〉、〈睡連〉，且引經據典補充說明，便利對嶺南物產有全面性地瞭解。

---

作胭脂〉（《古今說海》本作〈山花燕脂〉）、〈蜈蚣〉、〈壽陽粧〉（以上二則，《古今說海》本缺）、〈花子掩痕〉（《古今說海》本〈鶴子草〉即節錄自此，且有增改〉、〈白大丹雞盟祭〉、〈吞紙抱火〉、〈奴婢若干頭〉、〈赤丁子〉、〈白鳳銜書〉、〈七木之精〉、〈南山木強人〉（以上七則，《古今說海》本缺）。

〔註 42〕昌彼得著：《說郛考》，頁 63。
〔註 43〕（清）永瑢等奉敕著：《四庫全書總目》，卷 70 史部 26・地理類，頁 1473。

## 一二、《西使記》一卷

### （一）作者

元劉郁（1210？～1270？）撰。郁，字文季，別號歸愚，應州渾源（今屬山西）人，後徙居眞定（今河北正定縣）。元中統元年（1260）組建中書省，徵召郁爲左右司都事，至元元年（1264）前後，出任新河縣（今河北新河縣）尹，後召拜監察御史。郁能文辭，工書翰，篆、隸、眞、行諸體皆擅長，乃元代著名書法家，與兄祁同被時人稱爲西京才子〔註44〕。著有《西使記》。

### （二）傳本

《西使記》，一名《常德西使記》。《千頃堂書目》卷八地理類、《國史經籍志》卷三史類地理類、《澹生堂藏書目》卷四史部記傳類、《徐氏家藏書目》卷三子部小說類、《徐氏紅雨樓書目》卷三子部小說類、《補遼金元藝文志》史部地理類、《欽定續通志》卷一五九〈藝文略〉史類地理類、《欽定續文獻通考》卷一六五〈經籍考〉史部傳記類、《補元史藝文志》史類地理類、《四庫全書總目》卷五八史部傳記類、《鄭堂讀書記》卷二四史部傳記類、《邵亭知見傳本書目》卷五史部傳記類、《藏園群書經眼錄》卷五史部地理類、《八千卷樓書目》卷五史部傳記類著錄一卷。《絳雲樓書目》雜史類不著錄卷數，但注與《北轅錄》合一冊，又同書地誌類著錄一卷。《近古堂書目》卷上地誌類不著錄卷數。

《西使記》以叢書收入而流傳者，咸出《古今說海》本，唯《四庫全書》本在人名、地名之翻譯上與《古今說海》本不同，《榕園叢書》本除正文外，並有注解，卷末附錄同治甲戌（十三年，1874）六月番禺李光廷〈西使記跋〉。其他如《續百川學海》本、《歷代小史》本、《重編說郛》本、《學津討原》本、《畿輔叢書》本、《學海類編》本、《海寧王忠慤公遺書》本、《叢書集成初編》本和《古籍珍本遊記叢刊》本所載同《古今說海》本。此外，「日本所藏中文古籍數據庫」載日本有《曾餘錄》本（十五集），現存東洋文庫和愛知大學，又蓬左文庫藏有江戶中期松平秀雲手鈔本，未見。

### （三）內容

《四庫全書總目・西使記》提要：「是書記常德西使皇弟錫里庫軍中，往

---

〔註44〕有關劉郁之生平事略，請參杜成輝撰：〈西使記作者劉郁事迹考〉，《北方文物》
2009 年第 4 期，頁 64～68。

返道途之所見。……所記雖但據見聞，不能考證古蹟，然亦時有異聞。……計常德所經，今皆在屯田列障之內。業已《欽定西域圖志》，昭示億齡。郁所紀錄，本不足道，然據其所述，亦足參稽道里，考證古今之異同，故仍錄而存之也。」〔註45〕本書載劉郁隨常德（字仁卿）西使觀見皇弟旭烈途中見聞，主要包括：木乃奚國刺客得歷經親殺父兄過程方能養成，訖立兒城所產蛇都四足且五尺長有餘，報達國裡奇珍異寶多不勝數，密乞兒國內凡夜裡見有發光處即可掘得黃金，富浪國婦女衣冠如菩薩狀，印毒國都城懸掛大鐘以供投訴，遭黑契丹國雄獅尾部拂中即傷，西南大海產五色鴨、金剛鑽、撒八兒、骨篤犀、龍種馬、黑雕等奇珍異獸。

## 一三、《北轅錄》一卷

### （一）作者

《古今說海》本題作「周煇」，實乃「周煇」之譌。

宋周煇（1127～？）撰。煇，字昭禮，父周邦，海陵（今江蘇泰州）人〔註46〕。曾試宏詞奏名，五十歲時為使節下屬出使金國，晚年隱居杭州清波門。嗜學工文，當世名公卿多折節下之。著有《清波雜志》、《清波別志》、《北轅錄》等。

### （二）傳本

本書《國史經籍志》卷三史類地理類、《澹生堂藏書目》卷四史部記傳類、《徐氏家藏書目》卷三子部小說類、《徐氏紅雨樓書目》卷三子部小說類、《也是園藏書目》卷三史部朝聘類、《鄭堂讀書記》卷二四史部傳記類、《稽瑞樓書目》、《藝風藏書再續記》校本第五、《述古堂藏書目》卷五小說家

---

〔註45〕（清）永瑢等奉敕著：《四庫全書總目》，卷58史部14‧傳記類，頁1263。

〔註46〕歷來述周煇生平者，皆以周煇「生於1126年，淮海人，周邦彥之子」。方健考得周煇固生於靖康元年，但生日為十二月初一，以西元紀年計，已是1127年元月十五日，故應括注為1127年。至其原籍應為海陵（今江蘇泰州），非淮海（今江蘇揚州）。因宋人自署淮海，為較大地域範疇，約略指江淮之間地望，是泛指而非實稱地名，其相對應治所亦非今之揚州，如秦觀以淮海名集，而其為高郵人，張耒亦自署淮海，又其為淮陰（治今江蘇淮安）人。再者，其父乃周邦，但因著名詞人周邦彥（1056～1121）名氣太大，故編者多沿訛踵謬。詳論請參方健撰：〈全宋詩硬傷數例〉（香港：文匯報，2002年6月20日）。上網日期：2009年5月13日。

網址：http://www.acriticism.com/article.asp?Newsid=2219&type=1001。

類著錄一卷。《玄賞齋書目》卷三朝聘行役類、《絳雲樓書目》雜史類不著錄卷數。

《北轅錄》一卷本悉出《說郛》本，除《古今說海》本，《續百川學海》本、《歷代小史》本、《重編說郛》本和《叢書集成初編》本和《古籍珍本遊記叢刊》本亦皆據此。但《續百川學海》本、《重編說郛》本和《古籍珍本遊記叢刊》本亦誤題周煇撰，知是翻刻《古今說海》本。另，「日本所藏中文古籍數據庫」載蓬左文庫藏有江戶中期松平秀雲手鈔本，未見。

### （三）內容

本書旨述張子政、趙士褒奉派金國祝壽過程。周煇從宋朝使臣角度，採類日誌寫法，紀錄金國派員前來接引出發，到達成使命前後九十六日之見聞。主要內容包括金國之飲食習慣、男女衣著、地理沿革、歷史典故、都城橋樑、皇宮體制、侍衛裝扮和禮儀典章等，對宋金異名、異俗之介紹，誠不遺餘力。《四庫全書總目‧歸潛志》提要是書：「載大定十七年三月朔，諸國使臣朝見，遇雨放朝，與周煇《北轅錄》合，而本紀但載『十六年三月朔，日蝕放朝』一條，……皆足以補正史之闕。」〔註47〕足見《北轅錄》有佐證史料功用。

## 一四、《滇載記》一卷

### （一）作者

《古今說海》本不題撰者，《國史經籍志》、《徐氏家藏書目》、《明史‧藝文志》、《欽定續文獻通考‧經籍考》、《四庫全書總目》等皆注云楊愼撰。

明楊愼（1488～1559），字用修，號升庵，別號博南山人、博南戍史，新都（今四川新都）人。少時聰明穎悟，七歲學文，十一歲能詩；善彈琵琶，每爲新律度音，時人稱升庵琵琶，或對山腰鼓。明武宗正德六年（1511）會試第二、廷試第一，授翰林院修撰。明世宗即位，任經筵講官，以諫大禮遭廷杖下獄，謫戍雲南永昌（今雲南保山），講學著述達三十餘年，最後死於戍地，熹宗天啓間追謚文憲。著有《檀弓叢訓》、《古音騈字》、《丹鉛錄》、《古音略例》、《轉注古音略》、《古音叢目》、《古音獵要》、《古音附錄》、《古音餘》、《六書練證》、《六書索隱》、《古文韻語》、《韻林原訓》、《奇字韻》、《韻藻》、《周

---

〔註47〕 （清）永瑢等奉敕著：《四庫全書總目》，卷141子部51‧小說家類，頁2779。

官音詁》、《夏小正解》、《石鼓文音釋》、《六書索隱》、《經子難字》、《春秋地名考》、《經說》、《滇程記》、《滇載記》、《水經注碑目》、《全蜀藝文志》、《希姓錄》、《卮言》、《墨池瑣錄》、《書品》、《斷碑集》、《素問糾略》、《莊子闕誤》、《禪藻集》、《禪林鉤玄》、《尺牘清裁》、《古今翰苑瓊琚》、《風雅逸編》、《選詩外編》、《五言律祖》、《近體始音》、《詩林振秀》、《明詩鈔》、《經義模範》、《升菴詩話》等。《明史》卷一九二有傳。

### （二）傳本

《滇載記》，一名《滇記》。《千頃堂書目》卷五霸史類、《國史經籍志》卷三史類地理類、《徐氏家藏書目》卷二史部各省雜志類、《明史》卷九七〈藝文志〉史部雜史類、《欽定續通志》卷一五八〈藝文略〉史類雜記類、《欽定續文獻通考》卷一六六〈經籍考〉史部載記類、《四庫全書總目》卷六六史部載記類存目、《鄭堂讀書記》卷二六史部載記類、《持靜齋書目》卷二史部載記類、《八千卷樓書目》卷五史部史鈔類著錄一卷。《持靜齋書目·續增》卷五子部小說家類不著錄卷數。

《四庫全書總目·滇載記》提要是書乃楊慎「謫戍雲南時所作。統紀滇域原始及各部姓種類。舊本與《滇程記》合爲一篇。今以一爲行記，一爲地志，析之各著錄焉。」〔註48〕《滇載記》成書於嘉靖五年（1526）前，初刻於嘉靖十二年，繼有嘉靖二十年吳人陸浚明重刻本，唯今皆未見。今存萬曆乙巳（1605）家刻《升庵雜刻》本，是爲三刻〔註49〕，卷首並有嘉靖癸卯（1543）秋古婁姜龍夢賓甫序。綜合上述，今傳《滇載記》實以《古今說海》本爲最早，《歷代小史》本、《紀錄彙編》本、《續說郛》本、《廣百川學海》本、《藝海珠塵》本、《函海》本、《學海類編》本、《叢書集成初編本》本和《古籍珍本遊記叢刊》本悉據此，但《歷代小史》本、《藝海珠塵》本和《函海》本脫「逸史氏曰」云云一段文字。

### （三）內容

本書詳載滇域歷史原委，先敘九隆族、六詔始祖和昆彌國，待唐朝南詔立國，傳至皮羅閣始統一六詔。其後，皮羅閣子閣羅鳳以雲南太守張乾陁奪

---

〔註48〕 （清）永瑢等奉敕著：《四庫全書總目》，卷66史部22·載記類存目，頁1400。
〔註49〕 有關《滇載記》之成書年代，初刻、重刻及三刻情形，請參王文才撰：〈滇載記書後〉，《中華文化論壇》1994年第1期，頁128。

其家室，憤而改向吐蕃稱臣，不願受唐朝管轄。德宗貞元三年（787），唐臣鄭回曉以大義，南詔尋復臣服大唐。武宗會昌三年〔註50〕（843），南詔國王世隆稱帝，自此爲患西南邊境達二十年。世隆子隆舜即位後，向唐朝求和，子舜化眞遭臣僚鄭買篡位，結束南詔國三百一十年基業。

鄭買立國號爲大長和，二傳鄭旻，爲東川節度使楊千眞所殺。千眞先立趙善政爲王，國號大天興，後復自立稱王，國號大義寧。千眞在位兩年，遭段思平驅逐，國號改作大理，自此爲段氏王朝。傳至段正明後，因避讓王位出家，益以人心歸向，奉段氏臣高昇太爲王，改國號爲大中國。高昇太亡，子太明迎回段氏餘子正淳而立之，號曰後理國，高氏則世相之。後理國傳至段興智，遭元軍俘虜，結束自段思平起共三百五十年之統治。元人滅段氏政權後，仍用段氏子孫如段實、段忠等以總管名義掌管雲南，直至明代設置行政管理，滇域才納入中國版圖。

## 一五、《星槎勝覽》四卷

### （一）作者

明費信（1388～？）撰。信，字公曉，吳郡崑山（今江蘇崑山）人。自幼家境窘困，十四歲代兄從軍，任太倉衛。志篤好學，常借書閱讀，博觀眾覽，遂通習國家文化、商貿事理、航海知識，且學會阿拉伯文。永樂七年（1409），鄭和第三次下西洋，費信任使團文書，隨行出訪，負責宣讀文書、外事翻譯等工作。此後迄宣德年間，先後隨使海外達四次，爲當時著名航海家與翻譯家。著有《星槎勝覽》、《天心紀行錄》。

### （二）傳本

本書《稽瑞樓書目》、《八千卷樓書目》卷八史部地理類著錄四卷。《明史》卷九七〈藝文志〉史類地理類著錄二卷，一般或分作前後二集，前集載費信親歷之地，後集是據他人見聞而紀錄之地。故《千頃堂書目》卷八地理類著錄費信《星槎勝覽》前集一卷、後集一卷。《玄賞齋書目》卷三朝聘行役類、《國史經籍志》卷三史類地理類、《徐氏家藏書目》卷二史部外夷、《徐氏紅雨樓書目》卷二史部外夷類、《絳雲樓書目》地誌類、《也是園藏書目》卷三史部行役類著錄一卷。《世善堂藏書目錄》卷上四譯載記類不著錄卷數。

---

〔註50〕按：《古今說海》本作「武宗會昌十三年」，然武宗會昌僅至六年，此處誤衍「十」字，逕改之。

《星槎勝覽》版本系統有二：一是原天一閣藏明鈔本，爲二卷本，後爲《國朝典故》與《六經堪叢書初集》收錄，臺北傅斯年圖書館藏另有武林羅以智（生卒年不詳）校鈔本，亦作二卷，分前後集。前集載〈占城國〉、〈賓童龍國〉、〈靈山〉、〈崑崙山〉、〈交欄山〉、〈暹羅國〉、〈爪哇國〉、〈舊港〉、〈滿剌加國〉、〈九州山〉、〈蘇門答剌國〉、〈花面王國〉、〈龍牙犀角〉（《古今說海》本作〈龍牙加貌〉）、〈龍涎嶼〉、〈翠藍嶼〉、〈錫蘭山國〉、〈小咀喃國〉（《古今說海》本作〈小葛蘭國〉）、〈柯枝國〉、〈古里國〉、〈忽魯謨斯國〉、〈剌撒國〉、〈榜葛剌國〉。後集載〈眞臘國〉、〈東西竺〉、〈淡洋〉、〈龍牙門〉、〈龍牙善提〉、〈吉里地悶〉、〈彭坑〉、〈琉球國〉、〈三島國〉、〈麻逸國〉、〈假馬里丁國〉、〈重迦羅〉、〈渤泥國〉、〈蘇祿國〉、〈大咀喃國〉（《古今說海》本作〈大葛蘭國〉）、〈阿丹國〉、〈佐法兒國〉、〈竹步國〉、〈木骨都束國〉、〈溜洋國〉（《古今說海》本作〈溜山洋國〉）、〈卜剌哇國〉、〈天方國〉。二是改訂本，因二卷本文字蕪俚，經崑山周復俊（約1545年前後在世）稍加刪析，錄一淨本，分成四卷〔註51〕。相較於二卷原本，改訂本脫〈龍牙善提〉、〈琉球國〉、〈三島國〉、〈渤泥國〉和〈蘇祿國〉，但多〈阿魯國〉一則。此本爲《古今說海》錄後，再經其他叢書輾轉引據，《學海類編》本、《借月山房彙鈔》本、《澤古齋重鈔》本和《叢書集成初編》本皆出此。又，《歷代小史》本與《紀錄彙編》本雖著錄一卷，內容實亦據《古今說海》本，唯《歷代小史》本脫〈星槎勝覽序〉與〈眞臘國〉。1962年，馮承鈞以羅以智校鈔本爲底本，用《國朝典故》本對校，由臺灣商務印書館出版。

## （三）內容

費信〈星槎勝覽序〉：「洪惟聖朝，天啓文運。太祖高皇帝龍飛九五，波澤敷於中外，德威振於萬邦，太宗文皇帝繼統，文明之治，格于四表。于是屢命正使太監鄭和、王景弘、侯顯等開道，九夷八蠻，欽賜璽書禮幣。皇風清穆，覃被無疆。天之所覆，地之所載，莫不貢獻臣服。三五之世，不是過矣，皇上嗣登大寶，詔止海舶及遠征之役。蓋以國家列聖相繼，奕葉重光，治化隆盛。而遠夷小醜，或梗皇化，則移師薄伐，使不忘武備，以鞏固鴻基，爲萬世之宏規也。……至永樂、宣德間，選隨中使至海外，經諸番國；前後數四，二十餘年。歷覽風土人物之宜，采輯圖寫成秩，名日《星槎勝覽》。不

〔註51〕 文參馮承鈞撰：〈星槎勝覽校注序〉，見（明）費信著，馮承鈞校注：《星槎勝覽校注》（臺北：臺灣商務印書館，1962年），頁1～2。

揣膚陋，輒敢自敘其首。一覽之餘，則中國之大，華夷之辨，山川之險易，物產之珍奇，殊方末俗之卑陋，可以不勞遠涉，而盡在目中矣。」《古今說海》本各卷內容如下：卷第一有〈占城國〉、〈靈山〉、〈崑崙山〉、〈賓童龍國〉、〈眞臘國〉、〈暹羅國〉、〈假馬里丁〉、〈交欄山〉、〈爪哇國〉、〈舊港〉、〈重迦羅〉、〈吉里地悶〉；卷第二有〈滿刺加國〉、〈麻逸凍〉、〈彭坑〉、〈東西竺〉、〈龍牙門〉、〈龍牙加貌〉、〈九州山〉、〈阿魯國〉、〈淡洋〉；卷第三有〈蘇門答刺國〉、〈花面國王〉、〈龍涎嶼〉、〈翠藍嶼〉、〈錫蘭山國〉、〈溜山洋國〉、〈大葛蘭國〉、〈小葛蘭國〉、〈柯枝國〉、〈古里國〉；卷第四有〈榜葛刺國〉、〈卜刺哇國〉、〈竹步國〉、〈木骨都束國〉、〈阿丹國〉、〈刺撒國〉、〈佐法兒國〉、〈忽魯謨斯國〉、〈天方國〉。本書所載占城國、交欄山、暹邏國、爪哇國、舊港、滿刺加國等二十國之見聞乃費信親身經歷，其餘多從《島夷志略》摘錄，係研究鄭和下西洋的第一手資料。羅以智〈跋〉云：「是書所紀龍牙犀角、淡洋、龍牙善提、吉里地門、假里馬丁、重迦諸國，則未嘗不可以補《明史》之所闕遺耳。」〔註52〕足見本書的史料價值。

---

〔註52〕羅以智撰：〈星槎勝覽跋〉，見（明）費信著，馮承鈞校注：《星槎勝覽校注》。